데이터는 언제나 옳다!
대규모 데이터 처리와 분석 실무
유스케이스별 빅데이터 및 NoSQL 기술 가이드

데이터는 언제나 옳다!

대규모 데이터 처리와 분석 실무
유스케이스별 빅데이터 및 NoSQL 기술 가이드

지은이 정부환, 류상호, 염화음, 이화경

펴낸이 박찬규 | 엮은이 이대엽 | 디자인 북누리 | 표지디자인 아로와 & 아로와나

펴낸곳 위키북스 | 전화 031-955-3658, 3659 | 팩스 031-955-3660
주소 경기도 파주시 교하읍 문발로 115 세종출판벤처타운 311호

가격 25,000 | 페이지 256 | 책규격 188 x 240

초판 발행 2014년 05월 28일
ISBN 978-89-98139-55-1(93000)

등록번호 제406-2006-000036호 | 등록일자 2006년 05월 19일
홈페이지 wikibook.co.kr | 전자우편 wikibook@wikibook.co.kr

이 도서의 국립중앙도서관 출판시도서목록 CIP는
e-CIP 홈페이지 http://www.nl.go.kr/cip.php에서 이용하실 수 있습니다.
CIP제어번호 CIP2014015482

**데이터는
언제나 옳다!**

**대규모 데이터 처리와
분석 실무**

**유스케이스별
빅데이터 및 NoSQL
기술 가이드**

Data Just Right
Introduction to Large-Scale Data & Analytics

마이클 마누체흐리 지음

정부환, 류상호, 염화음, 이화경 옮김

Addison
Wesley

위키북스

데이터를 수집하고 저장하고 데이터로부터 통찰을 얻는 도구가 현재도 많이 있지만 날로 그 수가 증가하고 있다. 이 분야에 입문하는 분들에게 이것은 대용량 데이터를 다루는 기본 지식을 얻으려면 수백 개의 웹 사이트와 수십 권의 관련 책을 독파해야 한다는 의미다. 이러한 이유로 애디슨웨슬리(Addison-Wesley)에서는 이 책을 데이터 및 분석 시리즈에 추가했고, 이 책에서는 대용량 데이터 분석 시스템을 구축하는 데 필요한 다양한 도구와 기술 및 유용한 팁을 제공한다.

마이클(Michael)은 빅데이터 분석에 관해 이 같은 내용을 소개하기에 제격인 분이다. 마이클은 구글에서 클라우드 플랫폼 개발자(Cloud Platform Developer Relations) 팀에서 근무하면서 개발자들이 구글의 테라바이트급 데이터를 빠르게 분석하는 플랫폼인 빅쿼리(BigQuery)를 이용하는 것을 도왔다. 그 경험을 살려 이 책에서는 빅데이터 처리를 시작하려는 분들이나 추가적인 팁이나, 기술, 도구를 찾는 분들께 실전 가이드를 제공한다.

서론에서는 빅데이터 시스템의 성공을 위한 가이드라인을 제시하고, NoSQL, 분산컴퓨팅, CAP 이론을 소개한다. 하둡(Hadoop)과 하이브(Hive)를 활용한 대용량 분석을 소개한 후 빅쿼리를 이용한 실시간 분석을 다룬다. 맵리듀스(MapReduce), 피그(Pig)와 캐스케이딩(Cascading), 머하웃(Mahout) 기계 학습 등의 고급 주제도 다룬다. 마지막으로 파이썬과 R을 기존의 빅데이터 도구와 통합하는 예제도 제시한다. 그뿐만 아니라 빅데이터 도구를 활용하고 학습하는 예제도 다룰 것이다. 이 모든 것들이 함께 어우러져 빅데이터 분석을 전반적으로 이해할 수 있게 돕는 완벽한 책이 만들어졌다.

폴 딕스(Paul Dix), 시리즈 편집자

눈치 챘는가? 최근 사람들이 이해할 수 있는 수준 이상으로 많은 양의 데이터가 모바일 기술과 소셜 미디어를 통해 만들어지기 시작했다. 대용량 데이터 분석은 어느 순간 마법이 됐다.

분산 및 클라우드 컴퓨팅의 수많은 분야는 데이터를 분석, 처리하는 것으로 급속히 진화하고 있다. 믿을 수 없는 속도로 빠르게 변하는 기술은 데이터 문제에 대한 일반적인 접근법을 완전히 뒤엎어버렸고, 기업들이 때로는 모순되는 기술들을 꾸준히 평가하도록 만들었다.

비즈니스 인텔리전스에서 오랫동안 중요한 역할을 해왔던 관계형 데이터베이스는 이제 급진적인 NoSQL 오픈소스 프로젝트와 결합되어 양쪽의 기능들이 새로운 하이브리드 데이터베이스 솔루션으로 만들어지고 있다. 웹 기반 컴퓨팅의 장점 때문에 대용량 데이터 저장소도 고정된 데이터센터에서 확장 가능한 인프라 서비스로 전환되고 있다. 물론 오픈소스 하둡 생태계를 기반으로 한 프로젝트 덕분에 아마존이나 구글 등의 거대 클라우드 컴퓨팅 기업들만 활용 가능했던 데이터 기술을 일반 개발자들도 사용할 수 있게 됐다.

이러한 기술 혁신의 총체적 결과를 빅데이터(Big Data)라고 한다. 빅데이터라는 용어에 대해서는 이견이 다양하다. 빅데이터는 새로운 트렌드인가? 그저 오랫동안 회자되던 개념들을 응용한 것인가? 빅데이터는 문자 그대로 많은 양의 데이터를 의미하는가? 아니면 새로운 방식으로 데이터에서 가치를 발견하는 프로세스를 의미하는가? 과학 역사학자인 조지 다이슨(George Dyson)은 "데이터를 버리는 비용이 컴퓨팅 비용을 넘어설 때" 빅데이터가 존재한다는 말로 이 현상을 잘 요약했다. 다시 말해, 데이터 자체의 가치가 데이터를 수집하고 가공하는 데 필요한 컴퓨팅 파워의 가치를 능가할 때 빅데이터가 의미를 갖게 된다는 것이다.

빅데이터와 관련해서 일부 기업과 오픈소스 프로젝트가 놀랍게 성공했지만 당황스러울 정도로 많은 새로운 데이터 솔루션과 서비스 제공자를 비교/분석하는 일도 쉽지 않다는 사실을 많은 이들이 깨달았다. 데이터 문제를 해결하기 위한 솔루션을 개발하는 과정은 오랫동안 나타났던 공통적인 활용 사례의 집합으로 일반화할 수 있다는 사실을 발견했다.

효율적인 데이터 솔루션을 찾는다는 것은 트레이드오프를 감당해야 한다는 것을 의미한다. 특정 데이터 환용 사례에 적합한 기술이 다른 활용 사례에는 최적의 해결책이 아닐 수도 있다. 어떤 데이터베이스 소프트웨어는 유연성보다는 빠른 분석 속도에 최적화됐고 어떤 것들은 성능보다는 일관성에 더 비중을 둔다. 이 책에서는 실제 활용 사례와 성공 사례를 통해 다른 기술보다 특정 기술을 사용해야 하는 경우를 설명한다.

대상 독자

무한한 자원으로 해결되지 않는 문제는 거의 없다. 자원이 많은 회사라면 좋든 나쁘든 자체적인 시스템을 구축해 어떤 규모의 데이터라도 저장하고 분석할 수 있다. 이 책은 그러한 무제한의 시간, 여러 우수한 기술자들, 그리고 무한한 예산을 가진 이들을 위한 책이 아니다.

이 책은 제한된 자원 내에서 데이터 문제를 해결하고자 하는 분들을 위한 책이다. 빅데이터 트렌드의 화제 중 하나는 불과 몇 년 전까지만 해도 거대 기업에서만 사용할 수 있었던 도구들을 이제는 아무나 사용할 수 있게 됐다는 것이다. 그러나 실상은 그런 많은 도구들이 혁신적이고 빠르게 진화하고 있지만 그러한 도구들이 항상 매끄럽게 연결되지는 않는다는 것이다. 이 책의 목표는 어떻게 모든 부분들을 효과적인 방법으로 통합해 하나의 시스템으로 구축하느냐를 설명하는 것이다. 이 책에서는 적당하고, 손쉽게 활용할 수 있으며, 실용적인 방법으로 데이터 문제를 해결하는 전략을 알아볼 것이다.

오픈소스 소프트웨어가 무수한 방법으로 기술의 접근성을 제공해왔듯이 빅데이터에서도 기술의 접근성을 제공한다. 하지만 이 책에서 제시하는 기술과 솔루션이 모두 오픈소스인 것은 아니다. 때로는 컴퓨팅에 대한 접근성이 서비스의 형태를 띠기도 한다.

그럼에도 많은 클라우드 기반의 서비스는 오픈소스를 기반으로 구축됐고, 많은 서비스가 오픈소스 없이는 존재할 수 없다. 규모의 경제 때문에 사람들이 중앙집권화된 상수도와 전기를 유료로 사용하듯이 이제는 필요에 따라 슈퍼컴퓨팅 파워를 사용하는 유틸리티 컴퓨팅 플랫폼을 구매할 수도 있다.

이 책에서는 확장 가능한 범위 내에서 가능한 한 최소의 비용으로 최고의 솔루션을 구축하는 전략을 모색하겠다.

왜 지금인가?

지구 상의 모든 사람들이 사용하는 소프트웨어를 구축하는 것이 기술적으로 불가능하지는 않겠지만 경제적 불평등과 언어 장벽 때문에 많은 제약이 따른다. 페이스북, 구글 검색, 야후! 메일, 중국의 큐존(Qzone)과 같은 웹 애플리케이션은 유효 사용자가 수십 억까지는 아니더라도 수천만 명에 이른다. 웹의 규모와 웹과 함께 출현한 도구는 빅데이터가 급격하게 증가하고 있는 것을 설명하는 한 가지 이유에 불과하다. 이 분야의 다른 트렌드에 대해서도 살펴보자.

■ 오픈소스 빅데이터의 성숙

2004년, 구글에서는 맵리듀스(MapReduce)라고 하는 분산 컴퓨팅 프레임워크를 자세히 다룬 유명한 논문을 발표했다. 맵리듀스 프레임워크는 구글이 데이터 처리 문제를 더 작은 단위로 일관되게 쪼개어 사용하는 핵심 기술이다. 얼마 후에 구글 내부에서 사용하는 분산 데이터베이스 기술인 빅테이블(BigTable)을 설명하는 또 다른 연구논문도 발표됐다.

그때 이후로 구글 논문에서 설명한 기술을 구현했거나 거기에 영감을 받은 여러 오픈소스 기술이 등장했다. 동시에 분산 컴퓨팅 시스템으로 관계형 모델의 구조적 약점들에 대응하기 위해 새로운 데이터베이스 패러다임이 받아들여지기 시작했다. 일부 기술들은 관계형 데이터베이스의 핵심 기능인 표준화된 스키마, 일관성 보증, 심지어 SQL까지 완전히 배제했다.

■ 웹 애플리케이션의 성장

더 많은 사람들이 웹에 접근하면서 더 빠르게 데이터가 만들어지고 있다. 웹 사용자의 증가는 웹 애플리케이션의 증가와 궤를 같이한다.

웹 기반 소프트웨어는 분리된 서비스를 네트워크를 통해 연결하는 프로그래밍 인터페이스나 API를 이용해 종종 구현된다. 예를 들어, 많은 애플리케이션은 트위터 계정을 통해 얻은 정보로 개인을 식별할 수도 있고, 구글 지도를 통해 지리정보를 시각적으로 표시할 수도 있다. 각 API는 데이터 기반의 의사결정에 필요한 특정 타입의 로그정보를 제공한다.

현재 정보 범람의 또 다른 요인으로는 계속 증가하는 사용자 저작 콘텐츠(UCC)와 소셜 네트워크의 사용에 기인한다. 인터넷에서는 많은 사용자들이 거의 무료로 콘텐츠를 게시할 수 있다. 많은 정보에 정제해야 할 노이즈도 포함돼 있지만 범람하는 소셜 네트워크 데이터를 수집하고 분석하는 방법을 이해하는 것이 마케팅과 광고 측면에서 유용하다.

이처럼 다양한 웹 서비스에서 수집하는 정보를 취합하고 사용해서 다양한 비즈니스 의사결정을 내릴 수 있다. 예를 들어, 판매 정보를 지역 데이터와 통합한다고 생각해보자. 이때 특정 제품을 구입하는 고유 사용자의 30%는 프랑스에서 유입되고 구매정보를 페이스북을 통해 공유하고 있다는 것을 파악했다면 이런 종류의 데이터는 소셜 네트워크 사이트를 이용해 프랑스 고객에게 맞춤형으로 자원을 배분하는 비즈니스 케이스를 만드는 데 도움을 준다.

■ 모바일 기기

확장 가능한 데이터 기술이 날로 각광받는 또 다른 이유는 전 세계적으로 모바일 기기의 사용이 폭발적으로 증가했다는 것이다. 이러한 트렌드는 주로 피처폰이나 스마트폰을 개별적으로 사용하는 것과 관련이 있지만 사용자 식별과 기기독립성에 대한 트렌드로 생각하는 편이 더 정확할 것이다. 만약 일반 컴퓨터와 스마트폰을 동시에 사용하고 있다면 각 기기에서 같은 개인 데이터에 접근할 것이다. 이러한 정보는 인프라 서비스 제공자가 관리하는 데이터 센터 어딘가에 저장된다. 이와 비슷하게 스마트TV를 통해 화면보호기의 형태로 내가 팔로잉하고 있는 트위터 사용자의 트윗을 볼 수도 있다. 이것은 네트워크로 연결된 어떤 기기에서도 개인 식별정보를 기반으로 다양한 리소스에 접근할 수 있는 유비쿼터스 컴퓨팅의 예다.

모바일 기기가 개인적인 용도로 많이 사용되긴 하지만 비즈니스 목적으로도 많이 사용되는 추세다. 아직은 유비쿼터스 컴퓨팅의 초기 단계에 있고, 개인이 사용하는 기기는 네트워크를 통해 자신의 개인 정보에 접근하는 도구에 불과하다. 기업과 정부기관에서는 100% 클라우드 기반 비즈니스 생산성 소프트웨어를 사용하는 것의 장점을 인지하기 시작했고, 이를 통해 직원들의 이동성 및 업무 효율을 증진시킬 수 있다.

요약하면, 매일 수백 만의 사용자가 계속 증가하는 기기를 통해 다양한 네트워크 애플리케이션에 접근하는 새로운 방법을 찾고 있다. 이를 통해 만들어지는 데이터를 수집하고 가공하고 분석할 수 있다면 비즈니스 의사결정에서 굉장한 가치를 줄 수 있다.

사물 인터넷

미래에는 모든 전자기기가 인터넷에 연결될 것이고 사용자에서 기기 및 서버로, 또는 그 반대 방향으로 많은 데이터가 오갈 것이다. 이런 개념을 사물 인터넷(IoT, Internet of Things)이라고 한다. 오늘날 인터넷을 사용하는 수십억 명의 사람들이 많은 데이터를 만들어낸다고 가정하면 머지않아 우리가 사용하는 모든 자동차, 시계, 전구, 및 토스터기까지도 온라인에 존재하게 될 것이다.

아직까지는 와이파이(Wifi)로 연결할 수 있는 토스터기 시장이 형성될지는 확실하지 않지만 많은 회사와 개인들이 저가의 하드웨어를 이용해 사물인터넷을 활용하려고 노력하고 있다. 사용자가 네트워크에 연결된 가전제품을 스마트폰이나 태블릿으로 조작하는 모습을 상상할 수 있다. 이러한 기술은 이미 TV에 등장했고, 이 추세는 결국 모든 전자레인지의 계기판에도 등장할 것이다.

앞서 설명한 모바일과 웹 애플리케이션 트렌드와 같이 사물인터넷에 대한 프라이버시와 정책 문제에 대한 면밀한 검토가 필요하다(와이파이로 연결된 전자칫솔이 어디서 어떻게 사용되는지 누가 확인할 수 있는가와 같은). 반면 그러한 기기에서 수집되는 정보를 통해 시장의 효율성을 제고하고, 기기의 잠정적인 실패를 발견하며, 사용자에게 시간과 돈을 절약하는 방법을 알려줄 수도 있다.

유비쿼터스 컴퓨팅의 세계로

앞서 언급한 모든 정보의 출처를 통합해 온갖 종류의 다양한 기회를 제공할 수 있지만 여기서는 알아둬야 할 중요한 이야기가 있다. 인터넷을 작동하게 하는 분산 컴퓨팅 기술이 개인의 커뮤니케이션을 더욱 원활하게 만들어 주듯이 빅데이터 기술 트렌드는 과거에는 불가능했던 질문들에 대한 해답을 찾아줄 수 있다.

더욱 중요한 것은 사용자 경험의 진보는 우리가 만들어내는(한때 상상조차 못했던 규모로) 데이터에 관해 질의하는 기술이 더욱 보이지 않고, 경제적이며, 접근 가능해지고 있는 세계로 우리가 나아가고 있음을 의미한다.

이 책의 구성

대용량 데이터를 다루려면 특화된 기술이 필요하고, 각 기술에는 트레이드오프와 해결해야 할 과제가 있다. 이 책은 공통적인 활용 사례 측면에서 데이터 문제와 성공적인 솔루션을 설명하는 내용으로 구성돼 있다. 1부, "빅데이터 시대의 방향"은 1장, "데이터를 성공적으로 다루는 네 가지 법칙"을 담고 있다. 1장에서는 왜 빅데이터가 중요하고 왜 새로운 기술들이 많은 기회만큼 갖가지 문제를 만들어내는지 설명한다. 이 책의 전반에서 다루는 확장 가능한 애플리케이션 구축에 집중하기, 개별 사일로가 아닌 협업을 위한 도구 구축하기, 기술을 사용하기에 앞서 활용 사례 고민하기, 필요하지 않을 경우 인프라 구축하지 않기 등과 같은 공통된 주제를 소개한다.

2부, "대용량 데이터의 수집 및 공유"에서는 대용량 데이터를 수집하고 공유하는 것과 관련된 활용 사례를 설명한다. 2장, "대용량의 미가공 데이터를 호스팅하고 공유하기"에서는 겉으로 보기에는 쉬운, 많은 양의 파일을 서비스하고 공유하는 방법을 설명한다. 올바른 데이터 포맷을 정하는 것은 매우 중요하다. 2장에서는 데이터 공유 방법에 관한 적절한 의사결정을 내리는 데 고려해야 할 사항도 다룬다. 그뿐만 아니라 대용량 데이터를 경제적으로 호스팅하는 데 필요한 인프라의 종류도 다룬다. 데이터를 한곳에서 다른 곳으로 옮길 때 필요한 데이터 직렬화 포맷을 설명하면서 2장을 마무리한다.

3장, "대중이 생성한 데이터를 수집하기 위한 NoSQL 기반의 웹 애플리케이션 구축하기"에서는 확장 가능한 데이터베이스 기술 분야를 소개한다. 관계형 데이터베이스와 비관계형 데이터베이스의 역사를 비롯해 각 기술의 특징을 설명한다. 많이 사용하는 레디스(Redis) 데이터베이스를 소개하고, 여러 대의 장비에 설치된 레디스의 샤딩(sharding) 전략을 다룬다.

대용량 데이터 분석을 위해서는 여러 기술을 사용하고 관련된 지식을 습득해야 하며, 그로 인해 때로는 데이터를 호환되지 않는 여러 곳에 저장하기도 한다. 4장 "데이터 사일로를 다루는 전략"에서는 데이터 사일로가 존재하는 이유와 관련 문제를 극복하는 전략을 다룬다. 또한 데이터 사일로의 이점도 설명한다.

정보가 수집, 저장, 공유되면 수집된 데이터에 대한 통찰이 필요하다. 3부, "데이터에 대해 질문하기"에서는 대용량 데이터 집합에 관해 질문하기와 관련된 활용 사례와 기술을 다룬다. 대용량 데이터를 대상으로 질의하려면 분산 솔루션이 필요할 때가 많다. 5장, "하둡, 하이브, 샤크를 이용해 대용량 데이터 집합에 대해 질문하기"에서는 계속 증가하는 데이터 집합을 대상으로 질의를 수행하는 데 필요한 유명한 확장 가능한 도구를 소개한다. 5장에서는 SQL과 비슷한 질의를 하둡에서 실행 가능한 맵리듀스 잡(job)으로 변환하는 도구인 아파치 하이브(Apache Hive)를 다룬다.

때로는 데이터를 반복해서 질의할 필요가 있다. 분석형 데이터베이스는 빠르게 데이터를 대상으로 질문하고 결과를 검색하는 데 최적화된 소프트웨어다. 6장, "구글 빅쿼리를 이용한 데이터 대시보드 구축하기"에서는 분석형 데이터베이스 활용 사례를 보여주고, 어떻게 하둡과 같은 배치 처리 도구의 보조수단으로 사용되는지 설명한다. SQL과 비슷한 문법을 사용하는 완전히 관리되는 분석형 데이터베이스인 빅쿼리를 소개한다. 6장에서는 웹 기반 대시보드의 엔진 역할을 하는 빅쿼리 API의 사용법도 설명한다.

데이터 시각화는 역사가 오래된 유서 깊은 분야다. 7장, "대용량 데이터 탐색을 위한 데이터 시각화 전략"에서는 대용량 데이터에 시각화 도구를 사용하는 것의 장점과 잠재적 위험을 소개한다.

7장에서는 데이터의 규모가 비약적으로 커질 때 발생하는 시각화 문제와 널리 사용되는 데이터 분석 기술을 이용하는 실용적인 시각화 도구를 설명한다.

확장 가능한 데이터 기술을 이용할 때의 공통적인 주제는 각 소프트웨어 도구가 각기 다른 활용 사례에 최적화돼 있다는 점이다. 그러므로 대용량 데이터를 하나의 포맷에서 다른 포맷으로 변환하는 것이 일반적인 활용 사례다. 4부, "데이터 파이프라인 구축하기"에서는 데이터 변환을 위한 파이프라인과 워크플로우를 구현하는 주제를 다룬다. 8장, "하나로 합치기: 맵리듀스 데이터 파이프라인"에서는 대용량 데이터를 처리하기 위해 하둡 맵리듀스 프레임워크를 사용하는 개념을 소개한다. 하둡 스트리밍 API와 파이썬 같은 스크립트 언어를 이용해 실용적이고 손쉽게 활용 가능한 맵리듀스 애플리케이션을 만드는 방법을 설명한다.

데이터 처리 작업이 매우 복잡할 경우 변환 작업을 자동화하는 워크플로우 도구를 사용할 필요가 있다. 9장, "피그와 캐스케이딩을 활용한 데이터 변환 워크플로우 구축하기"에서는 매우 복잡한 맵리듀스 작업을 표현하는 두 기술을 소개한다. 아파치 피그는 복잡하고 여러 단계에 걸친 맵리듀스 작업을 쉽게 만들어주는 워크플로우 표현 언어다. 또한 캐스케이딩(Cascading)도 소개하는데, 캐스케이딩은 하둡에서 복잡한 데이터 워크플로우 애플리케이션을 구축하는 데 유용한 자바 라이브러리다.

데이터의 규모가 매우 커지면 컴퓨터가 사람들에게 유용한 정보를 제공해주길 바랄 것이다. 기존 데이터 모델을 기반으로 유입되는 정보를 분류, 추천, 예측하기 위해 기계 학습을 활용하면 매우 유용하다. 5부, "대용량 데이터를 위한 기계 학습"에서는 10장, "머하웃을 이용한 대용량 분류기 구축하기"를 통해 기계 학습 분야를 소개한다. 또한 10장에서는 흔히 쓰이는 기계 학습 작업인 텍스트 분류에 아파치 머하웃 기계 학습 라이브러리를 이용하는 것을 시연한다.

데이터의 품질과 의미를 해석하는 것도 통계의 목표 중 하나다. 6부, "대용량 데이터를 위한 통계 분석"에서는 대용량 데이터의 통계 분석을 위한 도구와 활용 사례를 소개한다. R 프로그램은 통계 분석에 널리 사용되는 대표적인 오픈소스 언어다. 11장, "대용량 데이터에 R 활용하기"에서는 R을 이용해 대용량 데이터를 효과적으로 사용하는 일반화된 활용 사례를 다룬다. 11장에서는 데이터의 규모가 가용한 시스템 메모리보다 더 커졌을 때 유용한 R 라이브러리를 다룬다. 또한 하둡과 R을 연동하는 방법도 설명한다.

R이 매우 유명하긴 하지만 데이터 분석이라는 과제를 해결하기 위해 범용 프로그래밍 언어를 사용하는 것은 장점이 있다. 12장, "파이썬과 판다스를 이용한 분석 워크플로우 구축하기"에서는 날로 인기를 얻고 있는 파이썬 분석 기술을 소개한다. 또한 시계열 데이터를 분석하기 위한 판다스(Pandas) 라이브러리를 비롯해 공유와 협업을 위한 스크립트 환경인 아이파이썬 노트북(iPython notebook)의 사용법도 소개한다.

데이터 관련 과제가 모두 기술과 관련된 것은 아니다. 7부, "향후 전망"에서는 데이터 분석 혁신에 직면한 기업의 불확실성을 다루기 위한 실용적인 전략을 소개한다. 13장, "언제 구축하고, 언제 구매하고, 언제 아웃소싱할 것인가?"에서는 매우 혁신적인 데이터 분석을 위한 구매결정 전략을 다룬다. 또한 오픈소스 기술을 활용해 데이터 솔루션을 직접 구축하는 방법의 장단점도 간단히 다룬다.

마지막으로 14장, "데이터 기술의 미래 트렌드"에서는 혁신을 자극하는 몇몇 요소를 비롯해 확장 가능한 데이터 기술의 현재 트렌드를 소개한다. 또한 소위 데이터 과학자(Data Scientist)라고 하는 직무의 역할과 다양한 데이터 기술의 융합을 심도 있게 다룬다.

이 책은 로버트 P.J. 데이(Robert P.J. Day), 케빈 로(Kevin Lo), 멜린다 란킨(Melinda Rankin) 그리고 크리스 잔(Chris Zahn)의 기술과 편집이 없었다면 나오지 못했을 것이다. 데브라 윌리엄스 콜리(Debra Williams Cauley)의 멘토십과 지도에 특별히 감사한다.

동료인 웨슬리 천(Wesley Chun), 크레이그 시트로(Craig Citro), 펠리프 호파(Felipe Hoffa), 주케이 퀵(Ju-kay Kwek), 아인 발데즈(Iein Valdez)를 비롯해 UC버클리 정보대학의 모든 교직원 및 학생들에게 이 책에서 언급된 개념들을 개발하는 데 도움을 준 데 대해 감사의 뜻을 전한다.

마이클 마누체흐리(Michael Manoochehri)는 기업가이자 작가이자 낙관주의자다. 기업과 연구소 및 NGO에서 쌓은 수년간의 경험을 토대로 확장 가능한 데이터 분석을 더욱 적당하고 손쉽게 활용하도록 만드는 것이 목표다. 마이클은 구글의 클라우드 플랫폼 개발자 팀에서 빅쿼리 같은 클라우드 컴퓨팅 및 데이터 개발자용 제품을 만들었다. 또한 ProgrammableWeb.com이라는 기술 블로그에 글을 기고하고 있으며, 우간다 시골의 모바일폰 사용을 연구하는 데 시간을 보냈고, UC버클리의 정보대학에서 정보 관리 및 시스템 석사 학위를 수여했다.

먼저 밝혀야 할 것이 있습니다. 저는 책에 덧붙는 추천사, 감수의 글, 옮긴이의 글 등을 싫어해서 대부분 읽지 않습니다. 개인 블로그에 올린 '추천사가 책을 망친다'는 조금 도발적인 제목의 글에서 그 이유를 밝혔습니다. 그런데 지금 제가 번역에 공동 참여해서 이렇게 옮긴이의 글을 적고 여러분들의 평가를 받아야 하는 아이러니한 상황을 맞았습니다. 블로그에서도 밝혔듯이 이 글이 책의 지면만 차지하는 사족이 될 수도 있고 여러분들의 자유로운 사고 및 시각을 방해할지도 모릅니다. 그렇지만 다른 추천사들의 원래 의도가 그러하듯, 여러 분들이 이 책을 읽고 활용하는 데 가이드가 됐으며 하는 바람으로 적습니다.

본문에도 나오지만 빅데이터 또는 대용량 데이터 분석이라는 용어로 현재 진행 중인 정보 혁명을 모두 설명할 수는 없습니다. 그동안 데이터마이닝이라는 분야가 일반에 덜 알려져서 과소평가를 받아왔지만 최근에는 빅데이터 물결에 휩쓸려 지나치게 과대포장되고 있습니다. 데이터마이닝과 빅데이터는 이 분야에서 오랫동안 연구하고 종사했던 분들에게도 전체를 조망하기에는 너무 광범위합니다. 그렇지만 데이터마이닝, 또는 데이터 기반의 의사결정이라는 것이 소수 전문가들의 전유물에 머무르지 않았으면 하는 오랜 바람이 있습니다. 그런 의미에서 책에서 다루는 다양한 활용 사례와 관련 기술들이 데이터마이닝과 빅데이터를 처음 접하는 많은 분들에게 도움이 됐으면 합니다.

현재 이 물결에 편승한 여러 기술들이 매일 등장하고 진화하고 있습니다. 책에서도 다양한 기술들을 소개하고 있지만 전체를 아우르기에는 반의 반도 채 되지 않는다고 장담합니다. 이 책이 쓰여지고 번역되는 동안에도 수많은 기술들이 새로 만들어져서 우리의 선택을 기다리고 있습니다. 이 한 권의 책으로 모두의 필요를 충족시킬 수 없습니다. 그럼에도 빅데이터 기술의 흐름을 살펴보고 어떤 기술들이 있는지 알아두는 것은 빅데이터의 파도를 헤쳐나가는 데 좋은 길라잡이가 될 수 있습니다. 개인적으로 이 책의 번역에 참여해 그간 필요할 때마다 부분적으로 파악하고 다뤘던 기술 및 흐름을 정리할 수 있는 좋은 계기가 됐습니다.

새로운 분야를 시작할 때 대표 기술을 하나 선택해서 깊게 파고드는 것도 연구의 한 방법입니다. 그러나 적어도 급변하는 빅데이터의 파고에 대응하는 적절한 방법은 아닐 수 있습니다. 대학원에 진학해서 연구를 시작하는 단계라면 적어도 1~2년은 기다려줄 수가 있지만 바로 현장에서 대용량 데이터를 처리해서 의미를 파악하고 새로운 서비스에 적용하는 데는 위험이 따릅니다. 연구를 시작하는 이들에게는 현실적으로 조언하자면 관심/관련 분야의 전체 흐름을 간략하게라도 먼저 확인한 후 더 깊게 파고들 세부 분야를 선택해야 합니다. 나무 몇 그루를 심는다고 당장 숲이 만들어지지 않습니다. 먼저 숲을 확인하고 자신이 가꿀 나무를 선정하는 것이 현실적입니다. 그런 의미에서 이 책은 빅데이터 마이닝을 시작하는 이들에게 좋은 숲지도가 될 것입니다.

처음 출판사로부터 번역 의뢰가 왔을 때 조금 두려웠지만 좋은 경험이 될 것 같아서 수락했습니다. 한 장(章)을 번역한 후 '번역하는 것보다 내가 직접 적는 게 더 낫겠다'라고 푸념했습니다. 번역이라는 것이 오로지 본인의 영어 실력이나 관련 분야의 경험에만 의존하는 것은 아닙니다. 저자의 원래 의도를 파악해야 하고, 그것을 바탕으로 독자들이 쉽게 이해하고 적용할 수 있게 전달해야 합니다. 힘든 과정이었지만 또 의미 있는 시간이었습니다. 부족함을 깨닫고 동료를 믿고 기다려야 하는 시간이었습니다. 여러분들도 기회가 된다면(출판을 전제하지 않더라도) 번역을 직접 해보셨으면 합니다. 개발자가 가장 많이 사용하는 언어는 C도, 자바도, 파이썬도 아닌 영어입니다. 굳이 번역이 아니더라도 영어와 조금이라도 더 친숙해지셨으면 합니다.

처음 하는 장문 번역이라 매끄럽지 못한 부분들도 많습니다. 저희의 부족함에 너른 이해를 바랍니다. 그리고 책 내용이나 빅데이터, 데이터마이닝 등과 관련된 다른 의견 또는 질문이 있으실 때 저의 블로그나 페이스북을 통해 연락해 주시면 저희의 경험을 공유하고 또 저희보다 뛰어난 분들을 연결해드리겠습니다. 제 블로그는 다음 검색에서 서두에 언급한 글을 찾으시면 됩니다.

...

옮긴이의 글이 길어지는 것은 바람직하지 않습니다.

"여러분들의 데이터 항해를 준비하세요. 그리고 떠나세요."

2014년 5월
정부환, 류상호, 염화음, 이화경

1부

빅데이터 시대의 방향 ·· 24

2부

3부

5부

대용량 데이터를 위한 기계 학습 ·· 174

6부

대용량 데이터에 대한 통계 분석 ································ **188**

7부

향후 전망 · 226

1부

빅데이터 시대의 방향

1

데이터를 성공적으로
다루는 네 가지 법칙

비즈니스의 모든 기술 분야에서 통용되는
첫 번째 규칙은 효율적인 작업에 자동화를 적용하면
효율성이 배가된다는 것이다.
두 번째 규칙은 비효율적인 작업에 자동화를 적용하면
비효율성이 배가된다는 것이다.

- 빌 게이츠(Bill Gates)

데이터와 그 데이터를 생성하거나 처리하는 소프트웨어는 가치를 다방면으로 제공한다. 데이터에서 도출된 통찰은 의사결정을 능률화하는 데 활용할 수 있다. 통계 분석은 연구를 추진하거나 정책을 알리는 데 도움될 수 있다. 실시간 분석은 제품 개발의 비효율성을 찾아내는 데 활용할 수 있다. 어떤 경우에는 데이터를 분석하는 것 또는 심지어 데이터 그 자체를 마치 하나의 상품으로 제공할 수 있다.

기존 연구에서 밝혀진 바와 같이 의사결정 과정에서 데이터 분석을 정밀하고 효과적으로 수행한 조직은 그렇지 않은 조직보다 생산성이 높다[1]. 성공적인 조직과 데이터 기반 계획이 없는 조직을 구분하는 것은 무엇일까?

데이터베이스 기술은 혁신으로 가득 찬 빠르게 발전하는 분야다. 1장에서는 데이터베이스 분야의 현황을 서술하고, 이 책의 나머지 부분에서 이야기할 활용 사례에 대한 기본 가이드라인을 제공한다.

----

[1] 에릭 브라이언졸프션(Erik Brynjolfsson), 로린 히트(Lorin Hitt), 김희경(Heekyung Kim), "수치의 힘: 데이터 기반 의사결정이 회사의 성과에 어떻게 영향을 주는가?(Strength in Numbers: How Does Data–Driven Decisionmaking Affect Firm Performanace?)" (2011).

언제부터 데이터가 중요해졌는가?

기본적으로 컴퓨터는 저장된 데이터에 따라 논리적인 연산을 정의할 수 있고, 디지털 데이터 관리는 항상 디지털 컴퓨팅의 주춧돌이었다. 하지만 가용한 디지털 데이터의 규모가 지금 여러분이 이 문장을 읽는 순간보다 더 컸던 적은 없다. 지금 이 문장을 막 읽는 순간에도 세계 도처의 컴퓨터 시스템은 수 테라바이트, 혹은 훨씬 더 많은 데이터를 만들어내고 있다. 데이터가 컴퓨터 작업에서 항상 중요한 부분이었다면 빅데이터가 지금처럼 중요하게 된 이유는 무엇일까? 답은 접근성 (accessibility)이다.

데이터 접근성에 관한 이야기는 IT 버전의 캄브리아 대폭발, 즉 PC의 급격한 증가에서 시작한다. 애플II나 윈도우 플랫폼과 같은 제품이 출시되면서 수백만의 사용자가 데이터를 빠르고 저렴하게 다루거나 분석하는 능력을 갖추게 됐다(요즘 흔히 말하는 대용량 데이터는 아니지만). 비즈니스 세계에서 애플II의 비지캘크(VisiCalc)나 윈도우의 로터스 1-2-3(Lotus 1-2-3) 같은 스프레드시트는 비즈니스와 연구 데이터를 다루는 도구로서 PC가 널리 판매되게 만든, 이른바 킬러앱이었다. 하드디스크의 가격은 떨어지고, 프로세서의 속도는 증가하면서 매스매티카(Mathematica)나 SPSS, 마이크로소프트 액세스(Microsoft Access)와 엑셀(Excel)처럼 데이터를 처리하는 애플리케이션의 수는 끝이 없었다.

물론 PC에서 처리할 수 있는 데이터의 양은 태생적으로 한계가 있다. 즉, 스토리지와 메모리의 양, 데이터를 처리하는 프로세스의 성능에 한계가 있다. 그럼에도 PC는 하드웨어가 지원하는 범위 내에서 최대한의 데이터를 수집, 분석, 처리할 수 있게 했다. 항공 예약 시스템이나 정부의 인구조사 데이터 처리 같은 대규모 데이터 시스템은 여전히 메인프레임과 슈퍼컴퓨터의 영역으로 남아있다.

대용량 데이터를 다루는 엔터프라이즈 업체는 MS-SQL 서버나 오라클(Oracle) 같은 관계형 데이터베이스 관리 시스템(RDBMS)을 개발했다. 인터넷의 성장에 따라 웹 애플리케이션에서 적당한 비용으로 사용할 수 있는 데이터베이스 백엔드 시스템이 필요해졌다. 이에 따라 데이터 접근성에 대한 수요가 또 한 번 늘어났고, PostgreSQL이나 MySQL 같은 강력한 오픈소스 관계형 데이터베이스의 인지도가 높아졌다. 웹사이트 콘텐츠를 관리하는 가장 인기 있는 소프트웨어인 워드프레스는 PHP로 만들어졌고 MySQL을 기본 데이터베이스로 사용했다. 2011년, 워드프레스 측에서는 신규 생성된 전체 웹사이트 중 22%가 자사의 소프트웨어를 이용했다고 발표했다[2].

----

2 http://wordpress.org/news/2011/08/state-of-the-word/

RDBMS는 데이터의 각 레코드가 한곳에 딱 한 번 저장되는 신뢰할 수 있는 설계를 기반으로 한다. 이 시스템은 데이터의 길이가 같고 사전에 정의된 범위 안에 들어가는 경우 놀라우리만치 잘 작동한다.

데이터와 단일 서버

상용 하드웨어의 가격이 계속 떨어지면서 데이터를 분석하거나 웹 애플리케이션의 백엔드 데이터베이스 역할을 하는 성능 좋은 컴퓨터를 제작할 수 있게 됐다. 그러나 앞서 봤듯이 투자 비용을 감안했을 때 단일 컴퓨터의 처리 성능에는 한계가 있다. 더 중요한 것은 부하가 높은 상황에서 고가용성과 고성능이 필요한 경우나 신속한 분석이 필요한 경우처럼 데이터 규모가 증가했을 때 단일 컴퓨터 패러다임은 다른 한계에 부딪힌다.

1990년대 후반, 인터넷 스타트업은 요즘에는 당연하게 여겨지지만 당시에는 획기적이고 이례적이었던 웹 애플리케이션을 만들기 시작했다. 이를 통해 전체 인터넷을 검색하거나, 전 세계의 어떤 판매자에게서 어떤 물건이라도 구매할 수 있고, 인터넷에 접속한 지구상의 어느 누구에게도 소셜 네트워크 서비스를 제공할 수 있었다. 전체 인터넷 인구의 꾸준한 증가뿐 아니라 월드 와이드 웹(WWW)의 엄청난 규모 때문에 소프트웨어 개발자들은 전 세계의 데이터를 수집하고 저장하고 처리하고자 하는 모든 인간의 욕구를 충족시킬 수 있는 해결책을 찾는 거의 불가능한 작업을 해야 했다.

널리 사용되던 스프레드시트나 관계형 데이터베이스 같은 전통적인 데이터 분석 소프트웨어는 일반적으로 한 컴퓨터에서 사용되도록 설계됐다. 컴퓨터 과학자들은 엄청난 규모의 데이터도 다룰 수 있게 서버 클러스터 위에서 구동될 수 있는 시스템을 구축할 필요가 있었다.

빅데이터 트레이드오프

월드 와이드 웹과 사용자의 데이터 필요를 충족시키기 위해 데이터를 수집하고 분석하는 작업은 쉽지 않기 때문에 인터넷 회사와 연구기관에서는 전혀 다른 방식을 시도했다. 즉, 일상적으로 사용되는 컴퓨터 하드웨어는 넘쳐나서 매일 더 저렴해지고 있었기에 저가 부품으로 구축된 손쉽게 이용할 수 있는 수많은 서버에 데이터베이스 소프트웨어를 분산시키는 방법을 생각해냈다. 이로써 네트워크로 연결된 저사양 컴퓨터들을 통한 데이터 처리와 정보 검색이 가능해졌다. 이를 분산 컴퓨팅 (distributed computing)이라고 하며, 저렴한 저사양 서버를 다량으로 배치한 분산 컴퓨팅 시스템은 동일한 계산 능력을 갖춘 단일 장비를 구입하는 것보다 대부분 더 경제적이다.

대용량 데이터 문제를 다루기 위해 하드웨어 모델이 발전하는 동안 데이터베이스 소프트웨어도 그에 따라 진화하기 시작했다. 관계형 데이터베이스 모델은 장점도 많지만 분산 컴퓨팅 네트워크에 배치하는 과제를 다루는 데 한계가 있다. 무엇보다도 관계형 데이터베이스를 여러 장비에 분할하는 것이 쉽지 않다. 클러스터 상의 다양한 장비를 서로 조정해야 하기 때문에 특정 시점에서 데이터의 일관성을 유지하는 것이 까다롭다. 게다가 대부분의 관계형 데이터베이스는 데이터 일관성을 보장하도록 설계됐는데, 이러한 설계는 분산 네트워크에서 문제를 야기할 수 있다.

소프트웨어 설계자들은 인터넷의 대규모 데이터를 처리하는 데 분산 네트워크를 활용하는 방법의 장점을 취하기 위해 트레이드오프를 고려하기 시작했다. 관계형 데이터베이스 모델의 견고한 일관성을 유지하기보다 작은 규모의 데이터를 처리하는 클러스터 내의 서버가 항상 작동하도록 유지하는 것이 더 중요해졌다. 결국 시스템에서는 각 서버가 서로 협력하며 동작하게 만들 수 있었다. 데이터는 반드시 색인돼야 하는가? 도대체 왜 고정된 스키마를 사용하는가? 어쩌면 데이터베이스에서는 단순히 개별 레코드를 저장할 때 각 레코드가 다른 스키마를 따르거나 중복된 데이터를 저장할 수도 있다.

값싼 하드웨어와 인터넷 애플리케이션이 부상하는 시대에 데이터베이스가 전환점을 맞이하면서 데이터 처리 소프트웨어의 설계 방법론이 폭발적으로 증가했다.

조직에서 데이터 문제에 도전하고 해결해야 하는 지금이 바로 빅데이터 트레이드오프의 시대다. 새로운 데이터 기반 애플리케이션을 구축하는 개발자는 수많은 설계 방법 가운데 무엇을 선택할지 고민하게 된다. 관계형, 키-값(key-value), 아니면 다른 종류의 데이터베이스 백엔드를 사용할 것인가? 직접 구축할 것인가 아니면 구매할 것인가? 이 소프트웨어는 얼마만큼 가치가 있는가? 이렇게 모은 데이터를 어떻게 분석하고, 공유하고, 시각화할 것인가?

현업에서 성공적인 데이터 파이프라인은 각 활용 사례별로 다양한 기술을 최적화해서 사용한다. 예를 들어, 관계형 데이터베스 모델은 트랜잭션을 감독하고 데이터 일관성을 맞추는 데 탁월하다. 분산 환경에서 관계형 데이터베이스를 사용하는 것이 불가능하지는 않지만 확장해야 하는 시점에 다다르면 애초에 분산 환경에 사용되도록 설계된 데이터베이스를 사용하는 것이 더 효율적일 수 있다.

이 책에서는 특정 활용 사례에 적합한 기술을 선별하는 데 도움이 되는 공통 예시를 보여준다. 데이터 접근성 분야의 혁명이 막 시작됐다. 이 책에서 모든 데이터 기술을 다루지는 않지만 폭넓은 활용 사례를 다루고 있으며, 더 나은 데이터 전략을 세우는 데 도움을 주고자 한다.

무엇보다도 데이터 도전과제에 직면했을 때 훌륭한 의사결정을 내릴 수 있는 프레임워크를 만들고자 한다. 여기서 몇 가지 명심해야 할 핵심 원리가 있다. 성공적인 데이터 처리를 위한 네 가지 법칙을 살펴보자.

무한대로 확장 가능한 솔루션을 구축하라

관계형 데이터베이스가 확장 가능한 한계에 도달했기 때문에 어떻게 새로운 데이터 처리 기술을 찾을 수 있는지 나한테 문의했던 사람이 셀 수 없이 많다. 데이터를 모으고 서비스하고 질의하기 위해 한 대의 장비에 관계형 데이터베이스까지 설치하면서 프로젝트를 시작하는 것이 웹 애플리케이션 개발자의 일반적인 패턴이다. 이런 식으로 애플리케이션을 가장 빠르게 개발할 수는 있겠지만 애플리케이션이 유명해지고 데이터와 트래픽이 압도적으로 커져서 처리 한계에 이른 경우 문제를 야기할 수 있다.

샤딩 전략을 잘 고민해서 관계형 데이터베이스를 확장하는 시도는 본질적으로 잘못되지 않았다. 어떠한 기술을 선택하느냐는 비용이나 인력 상황에 따라 좌우되기도 한다. MySQL 데이터베이스를 굉장히 많은 서버로 분배해본 전문가 집단이라면 분산 네트워크에 특화된 데이터베이스를 다시 구축하기보다 MySQL을 고수하는 편이 오히려 더 적은 비용이 들 수도 있다. 현재 솔루션의 한계를 인지하고, 언제 확장 한계에 도달하는지 이해하고 병목을 해결할 계획을 세우는 것이 중요하다.

이 교훈은 호환되지 않은 다른 종류의 소프트웨어로 데이터를 관리할 때 발생하는 문제에 직면한 조직에도 적용된다. 이러한 데이터 사일로(data silo)는 데이터 솔루션을 확장하는 데도 걸림돌로 작용한다. 예를 들어, 회계팀에서는 스프레드시트를, 웹 사이트 개발팀에서는 관계형 데이터베이스를, 재무팀에서는 다양한 종류의 통계 패키지와 시각화 도구를 사용하는 것이 실용적이다. 이 경우 회사에서 사용되는 다양한 소프트웨어에서 데이터에 관한 질문을 하기가 어려워진다. "소셜 미디어 네트워크를 통해 우리 제품을 찾아보는 고객은 몇 명이나 되며, 온라인 광고에 더 투자하면 그 숫자가 얼마나 늘어난다고 예상할 수 있는가?"라는 질문에 답하려면 개별 사일로에 있는 정보가 필요하다.

실제로 데이터베이스 패러다임을 바꿀 때마다 종종 알 수 없는 고정 비용이 발생한다. 관계형 데이터베이스를 키-값 데이터베이스로 바꾸는 과정이 간단한 예가 될 것이다. 이미 사용하던 데이터를 모두 옮겨야 하고 소프트웨어도 새로 설치해야 하며, 새로운 기술도 익혀야 한다. 설계를 시작하는 단계에서 현명하게 선택하는 것만이 문제를 줄일 수 있다. 3장, "대중이 생성한 데이터를 수집하기 위한 NoSQL 기반의 웹 애플리케이션 구축하기"에서는 사용자가 많은 양의 데이터를 생산하리라 예상되는 애플리케이션을 개발할 때 NoSQL 데이터베이스를 활용하는 과정을 다루겠다.

이 책의 공통적인 주제는 확장 이슈를 해결하는 여러 기술들을 함께 사용하는 활용 사례를 다룬다는 것이다. 어떤 기술은 데이터를 모으는 데 유용하고, 어떤 기술은 파일을 보관하는 데 적합하며, 또 다른 기술은 신속한 분석에 효과적이다.

인터넷을 통해 데이터를 공유할 수 있는 시스템을 구축하라

공공 데이터가 유용하려면 접근성이 높아야 한다. 공공 데이터를 제공하는 시스템을 설계할 때 어떤 기술을 선택하느냐는 해당 시스템의 주요 고객이 누구인가에 좌우된다. 시민들이 더 쉽게 접근할 수 있게 공공 데이터를 제공하는 정부의 업무를 생각해보라. 가능한 한 데이터에 쉽게 접근하게 하려면 많은 사용자의 동시 접속을 처리할 수 있는 확장 가능한 시스템을 통해 데이터 파일을 제공해야 한다. 데이터 포맷은 연구자들이 쉽게 접근해서 보고서를 작성할 수 있는 것으로 선택해야 한다. 개발자들이 프로그램을 통해 데이터에 질의할 수 있게 API도 제공해야 한다. 물론 별도의 작업 없이 손쉽게 데이터를 조회하고 확인할 수 있는 웹 기반 대시보드를 개발하는 것이 가장 바람직하다. 다시 말해, 대중들이 데이터에 쉽게 접근할 수 있게 만들려면 사설 서버에서 XML 파일을 모아서 단지 업로드만 해놓는 것 이상의 노력이 필요하다. 안타깝게도 여전히 이러한 유형의 솔루션이 필요 이상으로 사용되고 있다. 시스템은 반드시 대상 고객에게 데이터를 공유할 수 있게 설계해야 한다.

이 개념은 사적 영역에도 적용된다. 보유한 데이터로 이윤을 창출하는 조직의 구성원은 해당 데이터에 대해 질문할 수 있어야 한다. 과거에는 많은 조직에서 모든 데이터를 단 하나의 관리 가능한 공간에 넣으려고 데이터 웨어하우스 솔루션을 선택했다. 하지만 이제는 데이터 기반의 조직이 되겠다는 것은 활용 사례에 가장 적합한 데이터 사일로에 데이터를 저장하고 다양한 시스템을 통합하는 도구를 구축한다는 것을 의미한다. 이 경우 가장 적합한 곳에 데이터를 저장하고, 필요에 따라 공유하고 처리하는 방법을 찾는 데 초점이 맞춰진다.

인프라가 아닌 솔루션을 구축하라

실제 민족지학자들에게는 미안하지만 소프트웨어 개발자 세계를 관찰하면서 놀라운 사실을 발견했다. 개발자들은 보통 멋진 소프트웨어를 개발하길 바랄 뿐 하드디스크나 운영체제를 설치하는 데 시간을 허비하거나 서버랙의 전원공급장치가 오작동하는 것에 신경 쓰기 싫어한다. 클라우드 개념에서 명명된 IAAS(Infrastructure as a Service)라는 훌륭한 기술은 개발자들이 하드웨어에 대해 신경을 덜 쓰고, 많은 사용자의 요청을 대규모로 처리하는 플랫폼 위에 웹 기반 애플리케이션을 개발하는 데 더욱 집중할 수 있게 만들어준다.

물리적 하드웨어를 구매해서 설치하고 관리하는 것이 주요 업무가 됐다면 이는 장애물에 부딪혔다는 신호로 받아들여야 한다. 데이터 문제를 풀기 위한 어떤 일을 진행하든 여러분이 집중해야 하는 것은 하드웨어 구축이 아니다. IAAS를 제공하는 데 특화된 업체가 급증하고 있다. 일부는 인터넷으로 접근할 수 있고, 대용량 데이터 센터의 하드웨어 상에서 완벽하게 작동하는 가상 서버를 제공하기도 한다.

IAAS 산업의 새로운 패러다임에도 불구하고 IBM 같은 메인프레임 비즈니스는 여전히 성행하고 있다. 어떤 기업에서는 인하우스 장비를 대여 또는 판매하기도 하고, 인터넷을 통한 관리와 필요 시 방문 수리도 해주고 있다.

클라우드 기반의 서비스를 이용하는 것이 무조건 좋다는 것은 아니다. 이 책에서 다루는 다른 모든 내용과 마찬가지로 가상 인프라 상에서 서비스를 구축하는 것과 프라이버시 문제 및 사용자 관련 주의사항 사이에는 트레이드오프가 존재한다. 하지만 클라우드 기반 애플리케이션을 구입하거나 구축하는 것이 예외적인 경우가 아니라 기본으로 여겨지고 있다는 점은 분명하다.

데이터에서 가치를 찾는 것에 집중하라

대용량 데이터 솔루션을 구현하는 개발자들이 흔히 저지르는 실수가 있다. 솔루션 아키텍트는 기술에 먼저 관심을 보이고, 그런 다음에 해결하려는 문제를 고민한다. 다양한 종류의 기술을 검토해보는 것은 절대 잘못이 아니다. 그러나 전략에 맞게 투자를 결정한다는 관점에서 데이터 솔루션이 답해야 하는 것은 비즈니스와 관련된 질문이라는 사실을 항상 염두에 둬야 한다.

기술에 먼저 집중하려는 이 같은 충동은 사람들로 하여금 NoSQL 데이터베이스 신드롬 때문에 관계형 데이터베이스를 배제하거나 1만 개의 샘플 데이터를 통계분석해서 해결할 수 있는 문제인데도 다량의 데이터를 저장할 걱정부터 하게 만든다.

거듭 말하지만, 데이터에서 가치를 찾아내려면 답해야 할 비즈니스 질문을 명확히 알고 있는 것이 가장 중요하다. 때로는 소량의 샘플 데이터를 흔한 데스크톱 프로그램으로 분석해서 난해한 데이터 문제를 해결하는 경우도 있다. 경우에 따라 기술과 관련된 문제라기보다 정치력에 관한 것일 수도 있다. 데이터 사일로 문제를 해결하기 위해 부서 간 권한 문제를 극복하는 것이 진정한 과제가 되기도 한다.

대용량 데이터를 수집하는 것만으로는 조직에 마술과도 같은 가치를 제공하지 못한다. 데이터에서 오는 실제 가치는 비즈니스에서 가장 취약한 부분을 이해하고, 현실에 맞는 질문을 하고, 의사결정을 위한 분석 결과와 통찰을 이용함으로써 얻을 수 있다.

빅데이터 파이프라인의 해부

실제로 데이터 파이프라인은 데이터 라이프사이클의 각 부분에 필요한 다양한 기술을 모으고 조율해야 한다.

웹 기반 애플리케이션을 이용하는 많은 사용자들의 데이터를 수집하고 분석하는 일은 현실에서 쉽게 만날 수 있는 공통 활용 사례다. 이런 종류의 애플리케이션은 수천 또는 수백만의 사용자에게서 한꺼번에 쏟아져나오는 데이터를 동시에 처리해야 하기 때문에 항상 사용할 수 있는 상태여야 한다. 데이터 수집 레이어를 설계할 때 염두에 둬야 할 최우선 목표는 어떤 데이터베이스를 사용하더라도 데이터를 처리할 때 너무 느려지거나 응답 실패가 생기지 않아야 한다는 것이다. 이러한 경우 몽고DB(MongoDB), 레디스, 아마존의 다이나모DB(DynamoDB) 또는 구글의 클라우드 데이터스토어(Cloud Datastore) 같은 키-값 데이터 저장소가 최고의 솔루션일 것이다.

이러한 데이터는 꾸준히 유입되고 항상 갱신되지만 캐시나 SSOT(Single Source Of Truth)[3]를 마련하는 것이 좋다. 이 같은 캐시는 속도가 다소 느리고 일정 주기마다 업데이트해야 하지만 요청이 올 때마다 안정적이고 일관되게 데이터를 제공해줄 것이다. 다른 데이터 소프트웨어나 시각화 시스템과 호환되는 포맷의 데이터 스냅샷을 제공하는 용도로도 활용할 수 있다. 이러한 캐시 레이어는 확장 가능한 클라우드 기반의 스토리지 솔루션에서 뽑은 덤프드 파일이거나 관계형 데이터베이스 백엔드일 수도 있다. 어떤 경우에는 수집 레이어와 캐시를 같은 소프트웨어에 구현하기도 한

---

3 (옮긴이) 데이터의 무결성 및 일관성 등을 보장하는 출처

다. 또 어떤 경우에는 이 레이어를 관계형 및 비관계형 데이터베이스 관리 시스템이 혼합된 하이브리드 시스템으로 만들기도 한다.

마지막으로, 이러한 애플리케이션에서는 데이터에 대한 집계 질의(aggregate query)를 할 수 있는 메커니즘을 제공하는 것이 중요하다. 소프트웨어는 빠르게 돌아가야 한다. 네트워크를 통해 수천 명에 달하는 사용자의 데이터를 수집하는 데이터베이스를 설계하는 것과 대용량 데이터를 거의 실시간에 가깝게 분석하는 소프트웨어를 설계하는 것은 때론 완전히 다른 문제다.

데이터 파이프라인의 단계마다 데이터를 변환해야 할 가능성도 있다. 예를 들어, 다른 소프트웨어와의 호환성을 위해 웹에서 수집된 데이터를 XML 파일로 변환할 필요도 있다. 또는 데이터의 이동 효율을 최대한 높이기 위해 쓰리프트(Thrift) 같은 데이터 직렬화 포맷이나 JSON으로 변경할 필요도 있다. 대용량 데이터를 변환할 때 한 대의 장비에서 처리하면 속도가 너무 느려진다. 대용량 데이터베이스 시스템에서의 데이터 변환은 하둡 같은 분산 컴퓨팅 프레임워크로 구현하는 것이 가장 좋다.

빅 데이터 트레이드오프 시대에는 데이터 라이프사이클에 맞춰 대용량 데이터를 처리할 수 있는 시스템을 구축하려면 파이프라인의 각 단계별로 특화된 소프트웨어를 사용할 수 있어야 한다.

궁극의 데이터베이스

가장 이상적인 경우는 데이터 처리와 관련된 문제를 해결하기 위해 많은 시간을 쓰지 않아도 되는 경우다. 이상적인 데이터 저장소라면 애플리케이션을 개발하는 데 필요한 모든 기능을 제공할 것이다. 즉, 키-값 혹은 문서 기반 데이터베이스를 이용할 수 있으면서 최상의 데이터 일관성을 보장하기 위해 관계형 데이터베이스도 제공될 것이다. 데이터베이스는 클라우드 상에서 서비스 형태로 제공될 것이므로 인프라를 구입하고 관리할 필요가 없을 것이다. 이 시스템은 데이터를 무한으로 처리할 수 있고 1MB와 100TB를 동일한 방식으로 처리할 수 있다. 본질적으로 이처럼 마법 같은 데이터베이스 솔루션은 무한한 용량을 제공하고 이 세상 어디에서도 언제든지 데이터베이스를 이용할 수 있다.

하지만 많은 회사에서 지금까지 언급한 다양한 데이터 소프트웨어 패러다임의 많은 기술들을 조합해서 최첨단 데이터 기술을 상용화하려고 노력했지만 이 세상에는 그러한 환상적인 데이터베이스는 아직 존재하지 않는다.

어떤 회사에서는 복잡도를 숨기는 통합된 인터페이스를 이용해 데이터를 수집 및 변환하고, 또 스토리지 캐싱이나 분석에 이르기까지 데이터 파이프라인의 각 단계에 필요한 유사한 제품들을 제공하기도 한다.

정리

대용량 데이터 문제를 해결하는 것은 결국 잘 정의된 실용적인 활용 사례에 적합한 확장 전략을 잘 만드는 것으로 요약된다. 데이터 처리 파이프라인에서 각 단계의 문제에 특화된 여러 기술들을 조합해서 사용하는 것이 최선의 해결책이다. 대용량 데이터를 캐싱해서 가용성을 높이고 빠르게 분석하기 위해 여러 기술들을 조합해야 한다. 이렇듯 더 복잡한 파이프라인에서는 데이터 변환 기술이 필요하고, 공유 효율성과 호환성에 특화된 포맷을 사용할 수도 있다.

데이터 전략을 잘 결정하려면 핵심 데이터 원칙을 항상 염두에 둬야 한다. 기술을 선택하기 전에 현상황에 맞는 비즈니스 필요성과 활용 사례를 명확히 이해해야 한다. 데이터 솔루션을 확장하는 계획을 미리 수립해야 한다. 엄청나게 데이터가 증가해도 처리할 수 있는 데이터베이스를 처음부터 구축하거나, 새로 등장하는 소프트웨어와 잘 호환되도록 데이터 솔루션을 구축해야 한다. 데이터를 불러오거나 내보기를 할 수 있어야 한다. 내부용인지 아니면 외부용인지를 고려해서 데이터 공유 전략을 고민해야 한다. 새로운 하드웨어를 구입하고 관리하는 방향은 피하는 것이 좋다. 그리고 무엇보다도 소프트웨어를 개발하는 프로젝트를 시작하기 전에 현재 해결해야 하는 문제를 항상 염두에 둬야 한다.

지금까지 빅데이터 트레이드오프 시대를 항해하기 위한 기본 규칙들을 모두 살펴봤다. 이제 빅데이터 트레이드오프 시대의 성공 전략을 살펴보자.

2부

대용량 데이터의
수집 및 공유

2

대용량의 미가공 데이터를
호스팅하고 공유하기

불쌍한 친구, 파일 더미에서 괴로워하고 있구나

- 아누린 베난(Aneurin Bevan)

인터넷의 두 가지 진실은 "아무도 당신이 개인지 모른다(no one knows you're a dog)"와 많은 데이터를 세상과 공유하기가 쉽다는 것이다. 그렇지 않은가?

많은 양의 공개 데이터를 공유하는 것은 정부와 연구 단체의 일반 관행으로 자리 잡아야 한다. 데이터는 명철한 정책을 수립하는 데 도움되기도 하고, 탐사 보도를 위한 혁신적인 불씨를 제공할 수 있다. 하지만 지방자치단체의 공공 데이터를 찾기란 실제로 쉽지 않다. 사실 공공 데이터를 제공하는 지방자치단체들은 유능한 정부라면 당연히 했어야 하는 일인데도 마치 혁신적 선구자인 양 언론에서 조명받을 때가 많다. 설사 데이터에 자유롭게 접근할 수 있더라도 사람이나 컴퓨터 프로그램이 의미 있는 방식으로 소비하기가 거의 불가능한 데이터 포맷으로 공유되고 있다. 공공 데이터를 온라인에서 공유하는 작업은 언뜻 보기에 간단하고 당연한 것으로 여길 수 있지만 현재는 일반적이라기보다는 예외적인 경우에 속한다. 2011년, 유명 웹툰인 XKCD에서는 인터넷을 통해 대용량 파일을 보내는 작업을 "얼리 어댑터들도 여전히 어떻게 해야 할지 파악 중인 어떤 것"이라고 묘사한 적이 있다[4].

이러한 모든 문제에도 불구하고 많은 양의 데이터를 수천, 심지어 수백 만의 개별 문서로 저장하고 공유하는 것은 더 이상 기술적으로나 경제적으로 불가능하지 않다.

---

4 http://xkcd.com/949/

2장에서는 공적으로 소비되는 대량의 문서를 공유하는, 언뜻 보기에는 간단한 작업이 직면한 기술적인 도전과제와 이를 극복하기 위해 어떤 기술을 활용할 수 있을지 살펴본다. 비슷한 상황에 처했을 때 어떤 것이 가장 좋은 방안이고, 어떤 도구가 유용한지 이해하는 것이 목표다.

파일 더미에서 괴로워하다

여러분이 큰 회사의 CIO라고 상상해보라. 직원들은 각기 다른 역할을 수행하는 일종의 데이터 소비자다. 많은 직원들은 회계 보고서를 작성하는 데 관심이 있지만 역할 때문에 민감한 인사 정보에는 접근할 수 없다. 일부 직원들은 소프트웨어 개발자이고, 애플리케이션을 구축하기 위해 프로그램을 통해 데이터에 접근해야 한다. 일부 사용자는 기술에 서툴러서 대시보드를 통해 회사 지표 같은 데이터에 접근해야 한다. 동료 임원들은 대부분의 데이터에 접근할 수 있을지도 모르겠지만 그들이 정말로 추구해야 하는 것은 주요 트렌드를 높은 수준으로 이해하는 것이다.

기가바이트, 심지어 테라바이트급의 데이터를 공유해야 하는 문제에 직면할 경우 선택 가능한 다양한 구현 방안이 등장한다. 이러한 선택은 비용, 고객, 전문성 등 다양한 요소에 영향을 받는다. 사용자마다 데이터 소비 요구는 다양하다. 다음과 같은 데이터 주문을 기억하라. "데이터의 가치를 드러내는 데 초점을 맞춰라." 사용자들이 의미 있는 방식으로 데이터에 접근할 수 없다면 다량의 데이터를 공유하겠다는 계획은 모두 무용지물일 것이다.

다량의 파일을 공유할 때 직면하는 문제

많은 파일을 공유할 때 생기는 문제를 제대로 해결하려면 먼저 관련된 모든 문제를 이해해야 한다.

데이터 저장 방법 선택하기

첫 번째 문제는 파일을 확장 가능하고 경제적인 방식으로 공유할 수 있으면서 물리적으로 저장하는 방식을 선택하는 것이다. 단순히 웹 서버에 다량의 파일을 올리는 것은 간단하지만 스토리지 비용과 대역폭을 데이터의 양과 사용자의 수에 맞춰 확장해야 한다.

2장에서는 우선 대량의 정적 파일을 다루는 예제에 집중한다. 데이터베이스 기술에 관해서는 이어지는 장에서 다루겠다.

적합한 데이터 포맷 선택하기

데이터 공유의 두 번째 문제는 사용자에게 제공하는 데이터의 포맷을 결정하는 것이다. 데이터를 제공하는 대상이 누구인가에 따라 포맷 선택이 달라진다. 데이터 파일은 컴퓨터 프로그래머가 사용하기 쉬워야 하는가, 아니면 평범한 사람들이 스프레드시트에 쉽게 업로드할 수 있어야 하는가? 파일의 용량도 고려해야 한다. 가능한 한 간단한 포맷을 사용해야 하는가? 아니면 사람이 쉽게 읽을 수 있게 최적화해야 하는가? 어떤 경우에는 지원하고자 하는 다양한 활용 사례에 맞게 다양한 포맷으로 제공해야 한다.

어떻게 데이터를 보여줄 것인가?

세 번째로 고려할 점은 사용자가 어떻게 데이터에 접근할 것인가다. 시민들에게 정보를 공유하려는 지방자치정부는 시각적으로 잘 설계된 온라인 데이터 대시보드를 제공해서 기술에 미숙한 시민들도 참여할 수 있게 해야 한다. 그러나 데이터 언론인이나 연구자들은 대시보드 이상의 기능을 요구한다. 상세한 분석을 위해 컴퓨터가 읽을 수 있는 다량의 미가공 데이터를 필요로 한다. 지방자치정부는 요청에 따라 데이터를 소비하는 소프트웨어 애플리케이션 개발을 장려하기 위해 웹 기반 API를 통해 프로그램 방식으로 데이터에 접근할 수 있게 하는 데도 투자해야 한다.

문제 해결하기

2장의 나머지 부분에서는 첫 두 가지 도전과제에 집중한다. 즉, 데이터를 저장하고 공유하는 전략을 다루고, 특정 활용 사례에 맞는 최적의 데이터 포맷을 이해하는 데 맞춘다. 다양한 활용 사례와 데이터를 처리하고 분석하고 시각화하는 전략은 이어지는 장에서 다룬다.

많은 파일로 구성된 다량의 공개 데이터를 가지고 있다고 해보자. 지방자치단체의 담당 공무원이라면 데이터를 공유하는 주요 목표 중 하나는 데이터 접근성을 최대화하는 것이고, 데이터 접근성이 데이터 처리 시스템을 설계할 때의 핵심 요소다. 안타깝게도 공공 데이터를 제대로 공유하는 지방자치정부는 극소수에 불과하다.

이 문제를 해결하기 위해 데이터 성공을 위한 실행 계획을 재고해보자. 가능하다면 자체 인프라를 구축하지 않고 데이터를 세상에 공유하는 방법을 살펴보자. 데이터 소비자의 요구를 파악하는 데 집중하자. 항상 데이터 처리와 관련된 도전과제와 고객을 염두에 둬야 한다. 단지 대중적이거나 친숙하다는 이유로 파일 포맷을 선택하지 말고 고객에게 적합한 포맷으로 데이터를 배포하자.

스토리지: 인프라 서비스

아직은 사무실에 있는 서버에서 파일을 서비스하지는 않을 것이다. 안타깝게도 많은 조직에서는 여전히 인하우스(in-house) 인프라를 이용해 바깥 세상과 파일을 공유한다. 거대 인터넷 기업의 필요에 맞게 개발됐던 고급 기술들이 지난 몇 년 동안 일반 애플리케이션 개발자들도 널리 사용할 수 있을 정도로 저렴해졌다. 랙스페이스(Rackspace), 아마존, 구글과 같은 많은 기업에서 유틸리티 컴퓨팅 또는 서비스로서의 컴퓨팅으로 여겨지는 서비스를 제공하기 시작했다. 사실 이러한 종류의 컴퓨팅 관련 가격 및 비즈니스 모델은 전기나 상하수도 기업들이 공익사업에 적용했던 모델을 모방한 것이다. 소량의 하드디스크나 서버 하드웨어를 구입할 만한 비용이면 이제는 세계 최대의 웹사이트들을 관리하는 데 사용되는 것과 똑같은 스토리지와 서비스 인프라를 갖춘 훨씬 더 많은 컴퓨터에 접근하는 권한을 구입할 수 있다.

컴퓨팅에서 서비스로서의 인프라(IAAS, Infrastructure-as-a-service) 모델에는 많은 물리적 컴퓨터가 네트워크 클러스터로 서로 연결되어 마치 하나의 거대한 컴퓨터처럼 동작한다. 한 사용자에게 속한 데이터는 여러 대의 수많은 컴퓨터에 조각난 형태로 저장된다. 여기에 사용되는 하드웨어는 보통 저렴하고 쉽게 교체될 수 있다. 가장 중요한 것은 데이터 복제가 시스템 내에 구비돼 있다는 점이다. 하드웨어 장애를 처리하는 어려운 문제는 IAAS 제공자가 처리하고, 잠재적인 장애 복구를 위해 데이터가 복제돼 있다.

이러한 스토리지 모델은 여러 잠재적인 트레이드오프뿐 아니라 장점도 많다. 비용 관점에서 이러한 시스템은 개별 고객의 스토리지 비용을 줄이기 위해 규모의 경제를 이용할 수 있다. 예산이 제한돼 있는 조직에서 대단히 많은 파일을 제공하고 공유하려면 이 모델만이 터무니없는 스토리지 및 대역폭 비용을 지불하지 않고 높은 가용성으로 데이터를 공유하는 경제적으로 타당한 유일한 방법이다.

IAAS 스토리지 솔루션을 사용하는 것은 1장에서 다룬 다양한 가이드 원칙을 충족한다. 첫째, 확장에 대한 계획을 세울 수 있다. 즉, 스토리지나 대역폭이 크게 증가하는 경우를 적절히 처리할 수 있다. 또한 하드웨어를 구입 및 유지하고, 시스템 관리자를 고용하며, 백업이나 전력 등에 고민하는 대신 데이터에만 집중할 수 있으므로 인프라를 구축하지 않아도 된다.

네트워크는 느리다

네트워크는 정말 느리다. 2012년 전 세계의 평균 인터넷 전송 속도는 초당 2.3Mbps이고, 미국 평균은 5.3Mbps다[5]. 25GB 데이터를 5.3Mbps로 꾸준히 전송한다고 생각해보자. 이 속도로는 거의 11시간이 걸린다. 광섬유를 이용해 평균 인터넷 연결 속도를 1,000Mbps로 높이려는 구글 파이버(Google Fiber) 같은 프로젝트도 있지만 수년 내에 미국 전역으로 널리 퍼지지는 못할 것이다. 앞서 제기한 여러 문제의 해결책은 태생적으로 분산 유비쿼터스 컴퓨팅 시스템을 사용하는 방법을 선호한다. 그러나 빅 데이터와 관련된 문제에는 네트워크 대기시간이 문제로 부각될 것이다.

----

5 http://www.theverge.com/2012/5/1/2990469/average-global-internet-speed-drop-us

적합한 데이터 포맷 선택하기

실질적인 활용 사례를 고려해보자. 지방자치정부가 교통 시스템에 매 분마다 각 버스의 위치와 속도를 추적하는 기기를 막 설치했다. 이 데이터는 버스가 운행표대로 제대로 운행되는지 확인하는 데 사용된다. 그러나 공공 프로젝트이기 때문에 지방자치정부에서는 개별적으로 분석하고자 하는 모든 사람들에게 원본 데이터를 공개하고 싶어한다. 지방자치정부에서는 데이터를 어떻게 구축해야 다른 사람들이 쉽게 사용할 수 있을까?

일반적인 데이터 공유 포맷은 콤마로 구분되는 CSV 파일이다. CSV 파일은 데이터 레코드의 각 필드를 콤마(,)로 구분해서 기록한다. 각 줄은 줄바꿈 문자로 구분한다. CSV의 "C"는 콤마를 나타내지만 탭이나 스페이스 등 다른 특수 문자를 구분자로 사용하는 포맷도 쉽게 볼 수 있다. 예제 1.1은 파이썬에서 CSV를 만드는 방법을 보여준다.

예제 1.1 파이썬을 이용해 CSV 파일 만들기

```
import csv

my_csv_file = open('/tmp/sample.csv', 'w')
csv_writer = csv.writer(my_csv_file)
sample_row = ('Michael', 1234, 23.46, 'San Francisco, California')

# CSV 포맷으로 한 행 쓰기
csv_writer.writerow(sample_row)

# 결과: Michael,1234,23.46,"San Francisco, California"
```

CSV는 데이터가 한 줄에 나열되는 플랫 데이터일 경우 확실히 훌륭한 포맷이다. 웹 서버나 센서에서 유입되는 로그 데이터는 CSV 포맷으로 잘 표현된다. CSV는 텍스트 기반의 데이터가 그러하듯 상당히 간결한데, 마크업이나 구조가 거의 없는 순수하고 간단한 데이터이기 때문이다. 또한 CSV 파일은 스프레드시트나 데이터베이스로 불러올 수 있고, 프로그램에서 쉽게 파싱해서 사용할 수 있기 때문에 많은 사람들이 사용하기 쉽다. 플랫 데이터 이상의 모델링이 필요없는 로그나 레코드를 표현하는 데 CSV가 굉장히 유용하다.

가장 중요한 것은 CSV가 데이터에 순차적으로 접근할 때 훌륭한 포맷이라는 점이다. 다시 말해, 컴퓨터 프로그램이 파일의 중간에서부터 한 줄이나 두 줄, 혹은 천 줄을 한 번에 읽어서 바로 처리할 수 있다. 이는 분산 처리 시스템에서 큰 규모의 프로그래밍 작업을 작은 작업으로 분할하는 데 유용하다. 장비 한 대에 장착된 메모리를 꽉 채우는 거대한 CSV 파일이 있는가? 그렇다면 파일을 작은 조각으로 나눠서 각각을 처리하라.

CSV가 여러 긍정적인 면을 가지고 있긴 하지만 대용량 데이터를 공유할 때는 그다지 좋지 않은 측면도 있다. 무엇보다 사용하는 데 표준화된 방법이 없다. 확실히 공식 CSV 표준[6]이 있긴 하지만 실제로 개발자가 CSV 파일을 만드는 방법에는 정해진 규칙이 거의 없다. 즉, 사람들이 헤더 라인을 추가하거나 필드 사이에 특이한 구분자를 사용하고, 또는 별난 방식으로 문자열을 끝낼 수도 있다는 의미다. 또한 CSV는 필드 자체의 정보를 참조하는 표준적인 방법을 제공하지 않는다. CSV 파일을 처리할 때 데이터가 표현하는 타입이나 날짜 정보를 간혹 파일명에서 발견하기도 한다. 사실 CSV는 기본적으로 메타데이터가 없어서 CSV로 데이터를 공유할 때는 추가 정보를 별도로 제공해야 한다.

CSV는 행으로 잘 구분되지 않는 데이터를 표현하는 데 매우 부적합하다. 실제로 현실 세계의 데이터는 여러 차원(dimension)으로 구성될 때가 많고, 일부 차원은 CSV의 직사각형 형태의 엄격한 구조에 딱 들어맞지 않는다. 예를 들어, 미국의 정당에 등록한 인원 수를 각 주별로 기록한 데이터를 보자. 모든 주에는 두 개의 주요 정당과 더 많은 소수 정당의 대표가 있다. 그런데 어떤 주는 다른 주에는 없는 특정 정당이 있다. 따라서 정당 리스트는 각 주별로 크기가 다르다. 이 경우 CSV 포맷으로 데이터를 표현한다면 데이터 모델링 관점에서 문제가 발생한다. 모든 정당에 대한 데이터 열을 추가할 것인가? 아니면 정당 목록을 하나의 문자열로 줄여서 한 필드에 모두 저장할 것인가? 이는 고정된 크기의 행을 포함한 구조에는 부자연스럽다.

다음 절에서 다룰 또 다른 문제는 CSV 파일은 사람이 보기에 가독성이 떨어진다는 점이다. 수치 데이터 파일은 숫자가 뒤범벅돼 있어 한눈에 이해하기 어렵다.

거의 모든 것과 호환성을 확보하려고 하거나 플랫 데이터로 표현하기 쉬운 경우에만 CSV를 선택하라. CSV 파일은 파싱하고 불러오기 쉽고, 많은 곳에서 두루 사용하기 때문에 스프레드시트, 데이터베이스 등 대부분 소프트웨어 애플리케이션에서 손쉽게 활용할 수 있다. 그러나 CSV가 특별한 것을 할 수 있다고 기대해서는 안 된다. 여러분이 편하게 사용하는 쉬운 포맷은 아니다. 고객이 기술에 익숙하지 않다면 CSV가 적합한 방법이다. 소프트웨어 개발자가 데이터를 사용한다면 그들은 JSON 같은 구조화된 데이터 포맷을 더 선호할 것이다.

----

6 http://tools.ietf.org/html/rfc4180

XML: 데이터, 스스로 표현하다

어떤 데이터를 가지고 작업할 때 반드시 XML(Extensible Markup Language)를 만나게 된다. XML은 널리 사용되고 많은 소프트웨어에 지원하기 때문에 고객과 다수의 파일을 공유할 때 우선적으로 고려하는 파일 포맷이다.

XML은 파일을 다른 포맷을 변환해 구조적으로 저장하는 방법이다. 예를 들어, 다양한 포맷으로 변환해야 하는 구조화된 문서 모음이 있다면 XML은 진정한 원천 파일 포맷으로 사용하기에 최적의 방법이다.

JSON: 프로그래머의 선택

XML은 문서의 호환성이 필요한 경우에는 제격이지만 대량의 파일을 제공하기에는 항상 최선의 선택은 아니다. 어떤 경우에는 위대한 XML의 구조와 사명은 여러 프로그래밍 언어의 객체 지향 관점에는 맞지 않다.

JSON(JavaScript Object Notation)은 개발자 사이에서 큰 인기를 얻은 데이터 교환 규약이다. 이름에서 알 수 있듯이 JSON 객체는 유효한 자바스크립트 형식을 취하기 때문에 자바스크립트 애플리케이션에서 사용하기 쉬운 데이터 포맷이다. 하지만 JSON이 자바스크립트만을 위한 것은 아니며, 여러 주요 프로그래밍 언어에서 쓸 수 있는 파서도 많다.

JSON 문법은 매우 간단하다. XML 표현보다는 데이터 원본에 더 가깝게 데이터를 모델링한다. 다시 말해 XML은 트리 형태의 구조를 띠고 있어서 객체 지향 프로그래밍 환경에서 사용하기 어려운 경우가 있다. XML 모델과 확장 가능한 요소는 모든 타입의 데이터를 모델링할 수 있지만 XML 객체의 노드에서 데이터를 가져오는 것은 JSON에서처럼 간단히 객체로 표현된 데이터를 참조하는 것보다 덜 편리하다. JSON 형식의 파일은 XML 파일보다 문법이 간단해서 빠르게 파싱할 수 있다. JSON은 CSV가 데이터를 순차 접근하는 방식처럼 개행 문자를 구분자로 사용하기 때문에 프로그램으로 쉽게 파싱할 수 있다.

JSON도 XML의 덜 바람직한 특성을 띠고 있다. 장황한 포맷이어서 추가 데이터 저장 공간과 대역폭을 차지한다. XML처럼 JSON의 각 필드는 관련된 설명을 함께 포함하고 있어서 큰 데이터를 설명하기 위해 많은 수의 마크업이 필요하다. 데이터를 옮기는 데 적합한 포맷임에도 JSON은 확장성이 고려되지 않았고 XML에서 볼 수 있는 근사한 스키마와 유효성 검증 기능이 부족하다.

마지막으로 JSON으로 데이터를 제공하는 또 다른 훌륭한 이유가 있다. JSON 객체는 다양한 종류의 유명한 오픈소스 비관계형 데이터베이스에 넣기가 쉽다. 3장, "대중이 생성한 데이터를 수집하기 위한 NoSQL 기반의 웹 애플리케이션 구축하기"에서 관련 기술을 살펴보겠다.

팀에 프로그래머가 포함돼 있다면 개행 문자를 구분자로 쓰는 JSON 형식의 데이터를 제공하는 식으로 데이터 교환을 시작하는 편이 것이 좋다. 이 포맷은 애플리케이션 개발자와 비관계형 데이터베이스 관리자를 행복하게 만든다. JSON은 스프레드시트에 데이터를 바로 불러올 수 있다고 기대하는 일반인에게는 적합하지 않은 포맷이다. 그렇게 하려면 CSV를 사용하면 된다.

예제 1.2는 CSV, XML, JSON 포맷의 구조를 간략하게 비교한 것이다.

예제 1.2 CSV, XML, JSON 비교

```
# CSV 예제
first_name,last_name,book,date
"Michael", "Manoochehri", "Data Just Right",2013


<!-- XML 예제 -->
<xml>
  <author>Michael Manoochehri</author>
  <list>
    <book position="1">Data Just Right</book>
  </list>
</xml>


// JSON 예제
{
"name": "Michael",
"book":{"title":"Data Just Right","date":"2013"}
}
```

문자 인코딩

문자 인코딩은 지금 이 색을 읽고 있는 것처럼 정보를 전달하는 네 사용하는 모든 문자나 기호를 컴퓨터로 표현하는 과정이다. 문자 인코딩의 간단한 예로는 선을 통하거나 시각적인 방식으로 펄스를 전송해 알파벳 문자를 표현하는 모스 부호가 있다.

몇 년 전, 하드웨어의 한계 때문에(그리고 어쩌면 초기 컴퓨팅 시스템에서 일하던 미국인 컴퓨터 광들의 언어 편중 때문에) 많은 컴퓨터가 텍스트 문자를 ASCII(American Standard Code for Information Interchange)로 알려진 포맷으로 표현하곤 했다. ASCII는 영어권 문자를 표현하는 데 훌륭한 방법이었다. 너무 잘 동작해서 존슨(Johnson) 행정부는 1968년 ASCII를 미 연방 표준으로 지정하기까지 했다[7].

미국에서 잘 작동하는 것이 영어 알파벳과 다른 문자를 사용하는 언어로 소통하는 사용자에게는 정확히 번역되지 않았다. 실제로 많은 국가에서는 ASCII와 비슷하지만 호환되지 않는 각자의 인코딩 표준을 다양한 방법으로 만들었다. 이로써 소프트웨어 세계에 온갖 종류의 성가신 문제가 일어났다.

다행히도 1980년대 후반에 이르러 굉장히 똑똑한 컴퓨터 과학자들이 이 문자 인코딩 문제에 대한 솔루션을 만들기 시작했다. 이 솔루션이 바로 세상의 모든 문자의 표준 인코딩 집합을 정의하는 것을 목표로 만들어진 유니코드 표준(Unicode Standard)이다. 보통 유니코드는 여러 표준 중 하나로 구현돼 있는데, 가장 흔히 볼 있는 것으로 UTF-8, UTF-16이 있다. UTF-8 표준은 식탁 매트에서 처음 구상한 후 며칠 만에 구현된 것으로 유명하다[8]. 빅데이터 환경을 둘러싼 기술이 대부분 UTF-8이 개발된 이후에 발전했기에 유니코드는 2장과 다른 장에서 소개하는 소프트웨어에서 거의 모두 지원된다. 이 책에 등장하는 각종 기술과 도구는 이러한 인코딩 중 하나를 기본적으로 사용한다.

하지만 안타깝게도 다량의 데이터가 ASCII의 특정 버전이나 비유니코드 체계를 따르는 파일에 들어 있을 때가 있다. 간혹 비유니코드 데이터가 우연히 혹은 무의식적으로 만들어지기도 한다. 비유니코드 데이터가 생성되는 또 다른 원천은 일부 항공사의 수십 년 된 예약 시스템 같은 레거시 소프트웨어다. 어떤 오래된 데스크톱 소프트웨어에서는 구식 인코딩 포맷만 지원하기도 한다.

요지는 간단하다. 아직 UTF-8이나 UTF-16 같은 방식으로 인코딩돼 있지 않은 다량의 데이터가 있다면 변환하라는 것이다.

----

7 http://www.presidency.ucsb.edu/ws/index.php?pid=28724
8 http://www.cl.cam.ac.uk/~mgk25/ucs/utf-8-history.txt

텍스트 파일을 다루게 된다면 다음의 고전적인 방법을 시도해 보라.

다량의 텍스트 데이터를 다룰 경우 문제를 해결하는 가장 빠른 방법은 split, grep, sed와 같은 기본 유닉스 명령줄 유틸리티를 사용하는 것이다. 나온 지 수십 년이 지났지만 지금도 이러한 소프트웨어는 널리 사용된다. GNU/리눅스 같은 오픈소스 유닉스 배포판 덕분에 이런 유틸리티는 이전보다 더 많이 사용될 것이다.

CSV 파일에 성가신 헤더 정보가 포함돼 있는가? 파일의 첫 두 줄을 제거하고 새로운 파일을 만들려면 다음과 같이 하면 된다.

```
sed '1,2d' file > newfile
```

원본 파일에 캐럿(^) 같은 이상한 구분자가 쓰였는가? 그런 성가신 문자를 콤마로 대체하라!

```
sed 's/\^/,/g' original_file > new_file
```

백만 줄 이상의 굉장히 큰 텍스트 파일을 처리할 때 특정 줄에 잘못된 레코드가 있을 수 있다. 이것을 어떻게 확인할 것인가? sed를 이용하면 특정 줄 번호를 화면에 출력할 수 있다. 예를 들어 3,451,234번 줄을 보고 싶다면 다음과 같이 하면 된다.

```
sed '3451234q;d' your_large_file.csv
```

큰 파일을 다루는 데 좋은 유틸리티로 split이 있는데, 이름에서 알 수 있듯이 큰 파일을 작은 파일로 쪼갠다. 예를 들어, 매우 큰 파일을 줄 단위가 깨지지 않는 선에서 500Mb 단위로 분할하고 싶다면 다음 명령을 실행하면 된다.

```
split -C 500m your_large_file.csv
```

텍스트 처리와 관련된 유닉스 명령줄 유틸리티를 활용하면 더 많은 일들을 할 수 있다. 때로는 가장 간단한 것이 가장 빠르고 훌륭한 해결책이 되기도 한다.

파일 변환

지금까지는 다양한 데이터 포맷으로 이뤄진 파일이 많을 때 직면하는 문제에 대해 간략히 다뤘다. 실제로 많은 파일을 한 포맷에서 다른 포맷으로 변환하는 것은 매우 복잡한 절차가 될 수 있다. 특정 포맷의 데이터를 많이 가지고 있고, 그것을 다른 포맷으로 변환하고 싶다면 어떻게 해야 할까? 이러한 데이터 변환 프로세스는 때때로 굉장히 벅찬 일이 될 수 있다.

나량의 데이터를 한꺼번에 변환하는 데는 엄청나게 오랜 시간이 걸릴 수 있다. 다행히도 이것 역시 분산 처리 시스템에 적합한 작업이다. 수백 혹은 수천의 개별 문서를 처리해야 할 경우 굉장히 많은 수의 분산 처리 장비에서 병렬로 작업을 처리하는 것이 도움이 된다.

가장 유명한 오픈소스 분산 처리 프레임워크는 하둡(Hadoop)이다. 하둡은 맵리듀스 (MapReduce) 프레임워크를 구현한 오픈소스로서 데이터 처리 작업을 굉장히 많은 수의 장비에 배분해서 처리한다. 하둡은 원래 구글의 맵리듀스 논문에서 시작했다(그러나 맵리듀스를 구현한 솔루션으로 하둡만 있는 것은 아니다). 9장, "피그와 캐스케이딩을 이용한 데이터 변환 워크플로우 구축하기"에서는 오픈소스 캐스케이딩(Cascading) 워크플로우 프레임워크를 이용해 E2E[9] 데이터 변환 파이프라인을 어떻게 만드는지 살펴보겠다.

데이터 이동: 데이터 직렬화 포맷

XML이나 JSON, 심지어 오래된 CSV 파일은 모두 데이터를 컴퓨터가 이해할 수 있는 비트로 변환해 한곳에서 다른 곳으로 옮길 때 사용하는 객체의 클래스 멤버로 사용될 수 있다. 이 프로세스를 데이터 직렬화(data serialization)라고 한다.

데이터 시스템에서는 네트워크를 통해 여러 대의 장비를 활용하기도 한다. 어떤 장비는 많은 수의 데이터 출처에서 데이터를 빠르게 수집하는 데 특화돼 있다. 또 어떤 장비는 데이터를 분석하는 배치 프로세스를 실행하는 작업을 한다. 데이터를 한 시스템에서 다른 시스템으로 옮기는 시스템을 구축할 때 한 프로세스의 결과물이 다른 프로세스의 입력으로 사용되는 것이 일반적이다. 아쉽게도 이 프로세스에서 네트워크는 항상 가장 느린 부분에 해당한다. 데이터 이동의 효율성을 높이려면 데이터를 가급적 가장 간결한 형태로 표현하는 것이 유리하다.

2장의 앞 부분에서는 XML이 문서 포맷을 다른 것으로 바꾸는 데 적합하지만 데이터 호환성 측면에서 언제나 최고의 선택은 아니라고 언급한 바 있다. 데이터가 매우 큰 경우에는 더욱 그렇다. JSON에도 XML의 이런 특징이 있다는 점을 떠올려보자. XML과 JSON의 마크업은 데이터가 각 포맷으로 표현되는 것보다 파일을 크게 만들기 때문에 물리적으로 데이터를 한곳에서 다른 곳으로 옮기는 시간이 늘어난다. 파일을 보내기 전에 압축할 수 있다고 하더라도 여전히 개발자가 압축하고 푸는 과정을 직접 처리해야 한다.

인터넷 회사들이 웹 규모의 데이터 문제를 다루기 시작하면서 시스템 간에 데이터를 옮기는 데 꽤 많은 비용과 시간이 든다는 사실을 금방 깨달았다. 이와 비슷하게 다양한 기술(예를 들어, 어떤 애

---

9 (옮긴이) E2E(end-to-end)는 네트워크에서 복잡한 작업은 모두 양쪽 끝 노드에서 처리하고, 그 사이를 연결하는 엣지는 최대한 간단해야 한다는 원칙을 말한다.

플리케이션에서는 C++를 사용하고 어떤 애플리케이션에서는 파이썬을 사용하는 경우)로 구축된 시스템에서 데이터를 이리저리 옮길 때 같은 언어를 사용하는 것이 유리하다는 사실을 발견했다.

이 문제에 대한 초보적인 접근법은 데이터를 바이트 배열, 즉 기본적으로 바이너리 방식으로 변환하는 것이다. 이 방법은 데이터 크기를 줄일 수 있지만 아쉽게도 각 시스템에서는 데이터가 어떻게 직렬화되는지 사전에 정확히 알고 있어야 나중에 원상 복구할 수 있다. 애플리케이션의 인코딩과 디코딩 기능을 하드코딩하는 것도 가능하지만, 데이터 모델이 변경되는 경우 문제가 될 수 있다. 한 애플리케이션 파이프라인이 다른 프로그래밍 언어로 구축된 여러 시스템에 맞물려 있다면 이런 기능을 변경하는 작업도 고려해야 한다.

이 문제를 해결하기 위한 다양한 솔루션은 서로 독립적으로 만들어졌지만 모두 비슷한 방식으로 동작한다. 일반적으로 첫 번째 단계에서는 데이터에 대한 설명이나 스키마를 제공하고 발신자와 수신자 모두에게 공통된 장소에 스키마를 정의해야 한다. 두 번째 단계는 메시지 송수신자 모두 데이터를 직렬화하기 위해 프로그래밍 언어를 이용해 표준 인터페이스를 구축하는 것이다.

아파치 쓰리프트와 프로토콜 버퍼

데이터가 매우 커질 때 시스템 간의 데이터 전송 오버헤드가 발생할 수 있다. 이것은 메가바이트 규모에서는 문제가 되지 않지만 기가바이트 또는 그 이상이 되면 데이터를 이리저리로 옮기는 비용과 대기시간이 커다란 문제로 대두된다. 이 문제를 해결하는 비슷한 두 접근법이 바로 아파치 쓰리프트(Apache Thrift)와 프로토콜 버퍼(Protocol Buffers)다.

아파치 쓰리프트는 원래 페이스북에서 데이터 직렬화를 위한 일반화된 데이터 솔루션을 제공하기 위해 개발한 오픈소스 프로젝트다. 쓰리프트에서는 직렬화될 데이터를 기술하는 설정 파일을 개발자가 정의할 수 있다. 그러고 나면 코드 생성기가 실행되어 미리 지정한 언어로 데이터 직렬화를 처리하는 서버가 만들어진다.

구글의 프로토콜 버퍼는 쓰리프트와 아주 비슷하고 프로토콜 버퍼를 컴파일하는 소프트웨어는 오픈소스 소프트웨어로 공개돼 있다.

쓰리프트처럼 프로토콜 버퍼도 다양한 프로젝트에서 사용되고 있다. 일반적으로 프로토콜 버퍼는 데이터를 이리저리 옮길 때 사용하지만 어떤 곳에서는 파일을 저장하는 데 프로토콜 버퍼를 사용하기도 한다. 예를 들어, 오픈스트리트맵(OpenStreetMap)에서는 현재 가용한 지도 데이터를 XML

포맷에서 PBF(프로토콜 버퍼 바이너리 포맷)로 알려진 정적 포맷으로 변환하는 작업을 진행하고 있다.

아파치 아브로

아파치 아브로(Apache Avro)는 앞에서 살펴본 기술에서 최고의 기능만을 결합한 비교적 새로운 직렬화 포맷이다. 아브로 데이터는 아파치 쓰리프트나 프로토콜 버퍼와 달리 스스로 설명하고, 각 개별 필드를 정의하기 위해 JSON 스키마 규약을 사용한다. 그러나 XML이나 JSON과는 달리 이 스키마는 모든 필드에 포함되지 않으며 데이터 자체와 함께 JSON 객체의 형태로 제공된다. 아브로는 기본적으로 압축을 지원하기 때문에 개발자가 압축 로직을 만드느라 많은 시간을 쓰지 않아도 된다.

아브로는 현재 하둡 커뮤니티에서 사용되고 있지만 다른 애플리케이션에도 널리 사용될 만하다. 일부 개발자들은 아브로 포맷에 담긴 데이터를 정적 파일로 읽고 쓰는 것의 가능성을 탐구 중이다. 아브로를 지원하는 프로그래밍 언어는 점차 늘고 있는 추세이고, 시간이 지남에 따라 데이터 직렬화를 위한 사실상의 표준이 될 가능성이 있다.

정리

다량의 문서를 공유하는 것은 간단한 작업처럼 보여도 접근성이 가장 높은 방식으로 데이터를 공유해야 하는 많은 조직에서 현실은 그렇게 녹록치 않다.

대량의 파일을 제공하는가? 대용량 스토리지와 대역폭에 대한 확장성과 비용을 고려한다면 보통 IAAS를 통한 분산 스토리지 서비스만이 유일한 경제적인 솔루션이다.

제공하는 파일 포맷을 선택하는 것은 도전과제가 될 수 있지만 고객이 데이터를 어떻게 사용하는지 알고 있다면 큰 문제가 되지 않을 수 있다. CSV 파일은 쉽게 파싱할 수 있고 스프레드시트에서 데이터베이스 소프트웨어, 프로그래밍 언어에 이르기까지 거의 모든 종류의 소프트웨어에서 범용으로 지원된다. 그러나 CSV로는 복잡한 데이터 구조를 모델링하기가 수월하지 않다. XML은 문서를 한 포맷에서 다른 포맷으로 변환돼야 하는 데이터를 명확하게 설명해주는 훌륭한 포맷이다. XML은 구조가 명확한 문서 데이터를 제공할 때 가장 잘 지원된다. 그러나 빠르게 직렬화하고, 전송하고, 파싱하고 싶어하는 개발자에게는 좋은 포맷이 아니다. JSON은 XML만큼 확장성이 뛰어나지 않고 CSV만큼 간단하지 않지만 데이터 전송이 용이하다는 점 때문에 프로그래머나 비관계형 데이터베이스 관리자에게 가장 인기 있다.

XML과 JSON 모두 데이터를 설명하는 데 사용하는 마크업과 함께 데이터를 전송한다. 데이터 규모가 커지면서 더 많은 데이터 제공자가 텍스트 기반 파일 포맷(XML이나 JSON 같은)에서 데이터 전송을 효율적으로 처리하도록 고안된, 특정 언어에 종속되지 않는 바이너리 포맷으로 변경하고 있다.

대량의 데이터를 전송하거나 처리하는 소프트웨어 시스템을 만들어야 하는 상황이라면 데이터 직렬화 포맷을 사용해 효율성을 증진시킬 수 있다. 쓰리프트나 프로토콜 버퍼는 오픈소스이고 관련 커뮤니티에서 잘 지원하고 있다. 아브로는 2장에서 기술한 포맷의 다양한 장점을 결합시켜 데이터 직렬화를 처리하는 새로 등장한 흥미로운 방식이다.

3

대중이 생성한 데이터를
수집하기 위한
NoSQL 기반의 웹 애플리케이션 구축하기

메모리는 새로운 디스크이고, 디스크는 새로운 테이프다.

- 짐 그레이(Jim Gray)

그리 오래 되지는 않았지만 웹 개발자들이 오픈소스 데이터베이스로 개발할 때 매번 MySQL이나 PostgreSQL을 선택하던 시절이 있었다. 이러한 관계형 데이터베이스는 여전히 많은 애플리케이션에서 널리 사용되지만 지난 몇 년 동안 당혹케 할 만큼 많고 다양한 새로운 비관계형 분산 데이터베이스 프로젝트가 출현했다. 어떤 것은 인터넷 규모의 데이터를 처리하는 데 필요한 성능 때문에 고안됐고, 그래서 작업 부하를 여러 대의 컴퓨터에 분산했다.

지금 우리가 분산 데이터베이스 기술의 세계에서 목격하고 있는 빠른 혁신은 오픈소스의 속도, 일반 하드웨어의 저비용, 클라우드 컴퓨팅의 접근성이 증대된 결과다. 분산 데이터베이스 기술 덕분에 규모가 작고 알뜰한 팀도 놀랍도록 확장성 있는 웹 애플리케이션을 개발하고 관리할 수 있게 됐지만 선택 가능한 옵션이 제한돼 있다는 점은 여전히 해결해야 할 도전과제다.

3장에서는 대용량 데이터의 전송을 처리하고 많은 장비에서 분산시키기 위해 만들어진 기술인 확장 가능한 데이터베이스 시스템의 현황을 살펴본다. 아울러 수백만 대의 클라이언트가 동시에 접속할 수 있는 데이터베이스에 데이터 스트림을 지속적으로 추가하거나 읽는 데 사용하는 공통적인 애플리케이션 설계 패턴도 살펴본다. 이러한 애플리케이션 모델은 소셜 게임에서부터 메시징 애플리케이션, 사물인터넷 기기로부터 데이터를 취합하는 백엔드 시스템에 이르기까지 다양한 활용 사례에서 발견된다.

관계형 데이터베이스: 명령과 제어

웹 사이트를 방문하거나 ATM을 이용하거나 비행기 좌석을 예약하는 등 일상에서 발생하는 디지털 데이터 트랜잭션은 대부분 **관계형 데이터베이스**로 처리된다. 관계형 데이터베이스의 개념은 전직 영국공군(Royal Air Force)의 비행사이자 제2차 세계대전 참전병인 에드가 F. 코드(Edgar F. Codd)에 의해 정립됐다.

코드는 컴퓨터 과학의 역사에서 입지전적인 인물이다. 1960년대에 디지털 컴퓨팅이 개발되고 있던 당시 초기 데이터베이스는 데이터가 부모-자식 관계로 묶인 계층 구조를 이뤘다. 이러한 데이터베이스는 식물학 분류와 같이 계층적으로 상속되는 데이터를 저장하는 애플리케이션에서 활용하기에 편리했다. 하지만 복잡한 관계로 표현되거나 계층적으로 상속되지 않은 데이터는 이러한 계층형 데이터베이스로 모델링하기가 매우 어려웠다. 가장 큰 문제는 오늘날 당연하게 받아들여지는 자유롭게 탐색할 수 있는 기능이 제한된다는 점이었다. 이러한 형태로 저장된 데이터를 탐색하기 위해 사용자들은 계층 구조를 완벽히 이해하고 있어야 했다. 점점 더 규모가 늘어나는 데이터를 처리하기 위해서는 더욱 유연하고 일반화된 모델이 필요하다는 것이 명확해졌다.

코드의 관계형 모델은 현재 널리 사용되고 있어서 일반 데이터베이스 사용자에게도 잘 알려져 있지만 기본적인 특성들을 재확인하겠다. 코드는 각 데이터 레코드를 튜플(tuple)로 묘사하고 유일한 식별자로 참조된 값들의 이산집합이 되도록 제안했다. 많은 애플리케이션에서 튜플은 간단히 정렬된 값의 목록이고 각 값은 리스트의 위치값을 참조하는 식으로 가져올 있다. 대부분의 프로그래밍 언어에서 튜플은 제로 기반(zero-based)인데, 이는 첫 번째 값은 0으로 참조하고 두 번째는 1로 참조하는 방식을 의미한다. 코드의 관계형 데이터베이스 모델에서 데이터베이스의 각 요소는 숫자로 접근하는 것이 아니라 속성(attribute) 이름으로 접근한다. 예를 들어, Edgar Codd의 이름을 데이터 레코드로 저장했다면 "Edgar"를 참조할 수 있게 first_name을 정의하고 "Codd"에 대해 second_name을 정의할 수 있다. 같은 타입의 튜플은 테이블로 구성되고 기존의 관계에 의해 상호 참조된다.

관계형 데이터베이스 모델의 핵심적인 성공 요인으로 정규화(normalization)라는 개념이 있다. 코드의 관점에서 각 데이터 단위는 한 테이블에서 오직 한 번만 존재해야 한다. 이를 통해 중복과 저장 비용이 줄어든다. 더 중요한 점은 정규화가 오직 한곳에서만 값을 변경할 수 있게 함으로써 데이터의 일관성을 유지해준다는 것이다. 코드의 시스템에서 각 테이블의 칼럼은 기본키(primary key)로 지정될 수 있는데, 기본키는 특정 레코드를 명시적으로 조회할 수 있게 해주는 속성 값이다. 기본키는 일정한 질의 문법을 통해 관계를 연결하는 데 사용된다. SQL(구조적 질의 언어, Structured Query Language)은 나중에 IBM에 근무하는 연구자들에 의해 관계형 질의를 표현하기 위해 만들어졌다. 코드의 개념을 토대로 데이터가 연관 관계를 맺고 있을 경우 다양한 테이블에서 데이터를 가져올 수 있게 됐다.

예제 3.1은 관계형 테이블을 사용하는 간단한 예를 보여준다. 예제 데이터베이스에는 두 종류의 값이 포함돼 있는데, 컴퓨터 과학자들의 ID와 각자의 국적 정보를 담고 있다. UN에 있는 누군가가 이를 변경하지 않는다면 countries 테이블의 각 레코드는 유일하다고 가정할 수 있고, 따라서 국가명을 기본키로 사용할 수 있다. 반면 두 사람이 완전히 같은 이름을 사용할 수 있다. 그러므로 people 테이블에서 추가적으로 유일한 수치형 속성인 ID를 기본키로 추가했는데, 이는 두 명의 다른 Edgar Codd가 없다는 것을 보장하지 못할 수도 있기 때문이다. 마지막으로 SQL 질의를 사용해 컴퓨터 과학자들의 이름과 그들의 국적과의 관계를 구할 수 있다.

예제 3.1 간단한 관계형 데이터베이스 모델과 SQL 질의어

```
Table #1: countries
Name                    abbreviation
-------------------------------------------------------
United Kingdom          UK
United States           USA


Table #2: people
Id        first        last        nationality
-------------------------------------------------------
1         Edgar        Codd        United Kingdom
2         Alan         Turing      United Kingdom
3         Eric         Brewer      United States

/* SQL 질의 예제 */
SELECT
  people.id, people.first, people.last, countries.abbreviation
FROM
  people, nationality
WHERE
  countries.name = "United Kingdom";
```

```
# 결과
1,    Edgar,    Codd,    UK
2,    Alan,    Turing,    UK
```

관계형 데이터베이스는 데이터를 저장하고 불러오는 데 굉장히 유연한 모델을 제공한다. 데이터 스키마를 제공하는 것은 다양한 질의어를 표현할 수 있는 등 큰 이점을 준다. 관계형 데이터베이스 모델은 복잡한 데이터 문제에 접근하는 인터페이스와 데이터 값을 불러오는 수단을 제공한다.

코드는 1970년도에 관계형 데이터베이스 모델을 발표했다. 처음에 코드가 근무했던 IBM에서 이 기술을 상업화하려고 시도했다. 데이터베이스 설계에 대한 코드의 이론을 토대로 IBM이 첫 번째 제품을 내놓기까지 거의 10년이 걸렸다. IBM이 관계형 데이터베이스를 시장에 내놓느라 시간을 허비하는 동안 다른 많은 경쟁자들이 코드의 관계형 개념을 재구성했다. 대표적으로 소프트웨어 개발 연구실(Software Development Laboratories)이라는 불길한 이름의 회사를 창업하는 데 기여한 래리 엘리슨(Larry Ellison)을 들 수 있다. 이 회사는 나중에 오라클로 발전했고, 엘리슨의 상업적 성공으로 그는 세계 갑부 대열에 올라섰다. 관계형 데이터베이스 시장은 사이베이스(Sybase), 마이크로소프트가 기업용 시장을 선점하기 위해 오라클과 IBM에 도전함으로써 1990년대를 통해 치열한 경쟁을 벌였다. 관계형 데이터베이스 시장은 상용 소프트웨어 업체를 위한 것만은 아니었다. MySQL이나 PostgreSQL처럼 인기 있는 오픈소스 관계형 데이터베이스도 개발됐다. 코드는 엘리슨과 같은 어마어마한 금전적 성공은 절대 이루지 못했지만, 이 업적으로 그는 컴퓨터 과학에서 노벨상이라 불리는 튜링상을 1981년도에 수상했다.

관계형 데이터베이스 ACID 테스트

관계형 데이터베이스가 시장에 도입됐지만 코드는 다양한 버전의 데이터베이스 설계에 완전히 만족하지는 못했다. 그는 데이터베이스가 관계형으로 인정받기 위해 만족해야 할 몇 가지 규칙을 제시했다. 테이블과 칼럼명을 포함한 관계형 데이터베이스의 모든 정보는 단 한 가지 방법으로 표현돼야 한다 등의 데이터 일관성을 위한 표준 규칙을 세웠다. 오늘날에도 여전히 논쟁 중인 다른 규칙으로 관계형 데이터베이스는 NULL 값을 표현해야 한다 등이 있다.

관계형 데이터베이스에 대한 코드의 규칙들은 대부분의 주요 소프트웨어 패키지에서 완벽히 실현되지는 못했다. 소프트웨어에서 코드의 규칙을 얼마나 준수하느냐와 상관없이 관계형 데이터베이스는 모두 비슷한 유용성과 유연성(데이터베이스를 디지털 데이터와 상호작용하는 주된 수단이 되게끔 만들어준)을 공유했다. 일반적으로 관계형 모델을 따르는 데이터베이스는 ACID로 알려진 네 가지 특징으로 묘사된다. ACID란 원자성(atomicity), 일관성(consistency), 고립성(isolation), 지속성(durability)를 의미한다. 요약하면 이 네 가지 규칙은 예기치 못하거나 일정하지 못한 결과를 예방한다. 원자성과 일관성은 불완전한 데이터 추가를 막고 트랜잭션의 유효한 상태를 유지하는 관계형 데이터베이스의 목적을 위한 것이다. 고립성은 충돌 없이 여러 트랜잭션을 동시에 처리할 수 있는 것을 의미한다. 지속성은 데이터베이스가 오류와 고장 시에도 올바른 최종 상태를 유지하는 것이다.

소프트웨어를 출시할 때 수용 가능한 타협에 대한 기술적 제약과 결정이 이상적인 특정 아키텍처를 준수해야 한다는 목표보다 중요하다. 코드는 데이터베이스 제품들이 스스로 관계형이라고 부르면서 자신의 엄격한 이상적인 관계형 개념에 충실하지 못한 것에 공개적으로 혐오감을 드러냈다. 코드가 일으킨 이러한 긴장 요소는 이상적인 관계형 모델의 데이터베이스 아키텍처가 향후 수십 년 후 확연히 달라지는 계기로 작용했다.

관계형 데이터베이스와 인터넷 비교

관계형 데이터베이스 개념이 많은 데이터 관리시스템에서 지배적으로 채택된 한 가지 이유는 데이터 일관성을 잘 보장해주기 때문이다. 데이터베이스 관리자들은 분명 데이터베이스를 불확실한 상태로 빠뜨리는 트랜잭션에 주의할 것이다. 일관성 보장에도 불구하고 관계형 모델은 일상의 다른 많은 것들을 파괴했던 인터넷에 의해서도 파괴되고 있다. 갑자기 애플리케이션 개발은 웹으로 옮겨갔다. 비즈니스 소프트웨어에서 이메일, 동영상 등 모든 종류의 애플리케이션이 데스크톱의 단일 사용자를 위해서뿐만 아니라 인터넷 접속이 가능한 모두를 위해 구축되고 있다. 오픈소스 데이터베이스인 MySQL이 성장할 수 있었던 밑거름은 펄(Perl)이나 PHP 같은 웹 친화적인 스크립팅 언어와 쉽게 통합됐기 때문이다.

데이터에 대해 자세히 이해해야만 데이터베이스 구조에 대한 코드의 개념을 이해할 수 있다. 데이터를 추가하기에 앞서 스키마와 관계가 정의돼 있어야 한다. 관계형 모델은 소프트웨어에서 이뤄지는 작업도 필요로 한다. 애플리케이션이 관계형 데이터베이스에 레코드를 작성하는 프로세스를 고려해보자. 이때 데이터는 한 개 이상의 테이블로 표현될 수 있다. 데이터베이스 자체적으로도 쓰기 연산이 수행된 이후에 데이터의 일관성을 보장해야 하며, 이때 별도의 계산 작업이 필요하다.

하지만 웹 사이트 사용자가 늘어나면서 대용량 데이터를 처리할 필요가 생긴다. 아마존이나 구글 같은 초기 웹 개척자들은 관계형 데이터베이스가 항상 적합한 도구가 아니라는 사실을 발견했다. 현존하는 관계형 데이터베이스 시스템의 특징은 가용성보다는 일관성에 초점이 맞춰져 있다.

사용자들이 다른 사용자와 공개적으로 댓글을 달고 공유하는 온라인 메시징 시스템을 생각해보자. 관계형 데이터베이스 디자인 아키텍처에서는 유일한 ID 값을 지닌 개별 사용자의 궤적을 보관하기 위해 테이블을 정의해야 한다. 메시지를 공유하기 위해 개별적으로 등록된 메시지를 수신자에 대한 정보와 연결해주는 테이블도 필요하다. 비록 단순화한 측면은 있지만 이러한 시스템은 현재 웹에서 사용되는 여러 댓글 및 블로그 시스템과 크게 다르지 않다.

이제 웹 사이트가 입소문을 타서 수백만 명의 사용자가 이 시스템에 꾸준히 접속한다고 해보자. 이런 규모를 어떻게 처리할 수 있을까? 컴퓨팅에 필요한 비용이 날로 떨어지는 것을 감안하면 서버와 하드디스크는 꽤 많은 트랜잭션을 처리할 수 있다. 하지만 어떤 시점에 다다르면 한 대의 장비로는 매초마다 발생하는 수천 개의 질의 부하를 견디지 못할 수도 있다. 더욱이 웹 트래픽, 로그 데이터 및 다른 많은 요소는 시간이 갈수록 한 대의 장비를 꾸준히 업그레이드하는 것을 불가능하게 만든다. 더 큰 용량과 더 많은 처리량을 위한 다른 전략이 필요하다.

일반 컴퓨터 하드웨어가 시간이 갈수록 저렴해지고 있지만 다량의 서버 하드웨어를 꾸준히 업그레이드하는 것은 장기적인 관점에서 경제적으로 불가능하다. 거대한 장비 한 대에 두 배의 비용을 투자하더라도 두 배의 성능을 얻지 못할 수도 있다. 반대로 적당한 수의 더 저렴한 서버를 관리하는 편이 더 저렴하다. 일반적으로 수평적으로 확장하는 것이 경제적으로 더 유의미하다. 다시 말해 더 많은 값싼 장비를 시스템에 추가해나가는 편이 비싸고 거대한 단일 서버에 관계형 데이터베이스를 설치하는 것보다 더 낫다.

이러한 웹 애플리케이션의 성능을 보장하기 위해 관계형 테이블을 여러 대의 장비로 분리하는 방법을 고려할 수 있다. 각 테이블은 다른 장비에 존재할 수 있고, 관계형 데이터베이스의 개별 테이블을 전용 서버로 분리 또는 샤딩할 수도 있다. 어떤 시점에 다다르면 가장 많은 데이터가 담긴 테이블은 또 다시 너무 커져서 한 장비에서 감당하지 못할 수도 있다. 이러한 경우 시스템에 병목 현상이 발생한다. 웹 규모의 데이터 문제에 직면했을 때 인기 있는 관계형 데이터베이스 모델은 매우 해결하기 힘든 문제를 만들어내기 시작한다. 하드웨어의 가용성과 함께 코드의 이상적인 데이터베이스 설계 개념은 현실의 웹 트래픽을 감당하지 못한다.

코드의 규칙들은 관계형 데이터베이스 소프트웨어가 시장에 나오면서부터 이미 왜곡됐다. 웹 규모의 데이터 세계에서 요구되는 새로운 필요를 충족시키기 위해 데이터베이스 개발자들은 코드의 관계형 모델에서 정의한 엄격한 요구사항에 의문을 제기하기 시작했다. 사용자들은 응답성 있는 웹사이트를 선호하기 때문에 많은 웹 애플리케이션에서는 일관된 데이터베이스 쓰기보다는 반응이 빠른 데이터베이스 읽기를 요구한다. 일관성에 주의하는 대신 데이터베이스가 가용성에 최적화되면 어떻게 될까? 이와 유사하게 하드디스크의 가격은 저렴하고 스토리지도 점점 저렴해지고 있다. 중복 데이터를 혐오하는 코드의 방식은 데이터가 많은 장소에 저장되도록 허용하는 방향으로 재고될 수 있을까? 인터넷 규모의 데이터는 코드의 관계형 데이터베이스 개념의 한계를 보여주기 시작했다. 사실, 웹 규모의 분산 데이터베이스를 창시한 사람들은 ACID를 준수할 필요성을 별로 중요하게 생각하지 않는다. 애플리케이션 개발자들은 다수의 데이터베이스 읽기와 소수의 데이터베이스 쓰기라는 소프트웨어 요구사항을 구분하기 시작했다. 일부 개발자들은 일관성이 줄어든 것의 결과에 대해 고민하기 시작했다. 일부 사용자에게 업데이트 내역이 반영되지 않은 예전 데이터베이스 질의 결과를 제공하면 실제로 어떤 일이 발생할까?

CAP 이론과 BASE

데이터 규모가 매우 커질 경우 데이터 애플리케이션 개발자들은 다양한 트레이드오프를 처리해야 할 때가 많다. 경제적으로 가능한 선택사항은 단일 데이터베이스를 일반 서버군이 제공하는 물리적 또는 가상의 여러 장비에 분산시키는 것이다. 2000년도에 UC 버클리의 교수이자 잉크토미(Inktomi)의 공동 창업자인 에릭 브루어 박사(Dr. Eric Brewer)는 분산 데이터베이스 시스템처럼 분산 컴퓨팅 시스템의 작동 방식을 이해하기 위한 모델을 제안했다. 브루어의 추측은 분산 시스템의 세 가지 중요한 특징을 정의하는 것으로 시작하는데, 바로 일관성(consistency), 가용성(availability), 파티션 허용(partition tolerance), 즉 CAP이다. 일관성은 각 컴퓨터가 언제나 정확히 같은 데이터에 접근할 수 있는 능력을 말한다. 가용성은 시스템이 요청에 반응하는 능력을 가리킨다. 마지막으로 시스템이 부분적으로 실패하는 상황(예를 들어, 서버 중 일부가 고장나거나 전원이 차단된 경우)에서도 성공적으로 기능한다면 이때 이 시스템은 파티션 허용이 된 것이다. 브루어의 유명한 추측에 따르면 분산 시스템은 세 가지 특성을 모두 동시에 만족시킬 수 없다고 한다. 많은 연구논문과 책에서는 CAP의 다양한 측면들을 다루고 있다.

예제와 함께 CAP 이론의 결과를 설명해보자. 한 장비에 탑재된 관계형 데이터베이스를 미러링하기 위해 두 번째 장비로 복제하는 데이터 시스템을 상상해 보자. 첫 번째 장비의 데이터베이스가 업데이트될 때마다 데이터는 두 번째 장비로 전달되어 똑같은 업데이트를 수행한다. 얼핏 보기에는 이 설계는 가용성과 파티션 허용을 해결했다. 한 대의 장비가 멈추더라도 다른 장비가 백업을 해줌으로써 이 시스템은 여전히 작동할 것이다.

하지만 아쉽게도 일관성은 희생됐다. 멈췄던 장비가 복구됐을 때 어떻게 두 서버 간의 동기화를 유지할 수 있겠는가? 다른 장비와의 데이터 일관성을 유지하기 위해 첫 번째 장비가 짧은 시간 동안 현재 연결을 끊어서 시스템 가용성에 영향을 줄 것인가? 여러 대의 장비를 통해 대용량 데이터를 다룰 때는 항상 이 같은 문제를 만난다.

CAP 이론 때문에 데이터베이스 설계자들은 확장성을 고려하는 차선책을 마련했다. 현명한 표현으로 ACID 규약의 대안은 BASE라고 알려졌는데, 이는 "기본적으로 가용하고, 소프트한 상태, 최종적으로는 일관된(basically available, soft state, eventually consistent)"을 의미한다. 2008년도에 당시 이베이(eBay)의 기술 펠로우였던 댄 프릿쳇(Dan Pritchett)은 ACM에 "BASE: Acid의 대안(BASE: An Acid Alternative)"[10]이라는 제목의 논문을 제출했는데, 이 논문에서 "ACID는 비관적이고 모든 연산이 끝나는 시점에 일관성을 강요한다. BASE는 낙관적이고 데이터베이스 일관성이 유동적인 상태도 허용한다"라고 기술했다.

간단히 말해서 BASE 시스템은 데이터베이스의 일부분이 일관되지 않은 다른 상태에 놓여있는 것을 허용함으로써 가용성이나 파티션 허용 같은 CAP의 일부 특징을 극대화한다. 예를 들어, 많은 장비를 사용할 경우 한 대의 장비에 쓰여진 데이터가 전체 시스템에 전달되지 않을 수도 있다. 이러한 시스템에서 처리되는 상태는 궁극적으로는 일관성을 띠게 된다. ACID를 따르는 관계형 데이터베이스에서는 추가된 데이터가 해당 시스템과 모든 사용자들에게 즉시 가용하리라 기대한다. 하지만 분산 시스템에서는 한 대의 장비에 데이터 추가가 발생하는 동안, 클라이언트가 다른 장비에 저장된 데이터를 요청할 수도 있다. 만약 두 클라이언트가 서로 분리된 장비에 있는 같은 데이터를 요청한다면 반환된 두 값이 서로 동기화가 맞지 않을 수도 있다. BASE 아키텍처의 가이드라인을 따르는 개발자들은 이러한 비일관성을 시스템이 대규모 데이터를 처리하는 것에 비해 별로 중요하지 않게 생각한다.

왜 관계형 데이터베이스 모델은 다수의 장비에 분산될 수 없을까? 답은 매우 간단히 할 수도 있다. 하지만 이미 살펴봤듯이 관계형 데이터베이스를 여러 대의 장비에 분산하는 과정에서 데이터베이스 관리자들은 굉장히 복잡한 사항들을 해결해야 한다.

----

10 http://queue.acm.org/detail.cfm?id=1394128

관계형 데이터베이스는 데이터가 절대적으로 일관된 상태에서 추가돼야 하는 애플리케이션에 적격이다. 가장 전형적인 사례로 금융 거래 데이터베이스를 꼽을 수 있는데, 사용자들은 돈을 일관성 없게 처리하는 데이터베이스는 용납하지 않을 것이다. 일부 웹 콘텐츠의 경우 애플리케이션에서는 대부분 자주 변하지 않는 콘텐츠를 많은 사용자에게 제공하는 것과 같은 특정 업무를 담당한다. 때때로 애플리케이션은 많은 장비를 이용해 빠르게 데이터를 수집하는 것에 초점을 맞추고, 데이터의 즉각적인 일관성은 요구하지 않기도 한다. 이러한 애플리케이션에 대해서는 다른 아키텍처가 유용할 것이다.

비관계형 데이터베이스 모델

비관계형 데이터베이스의 활용 사례와 장단점을 알아보자. 많은 종류의 비관계형 데이터베이스 모델이 있지만 여기서는 가장 인기 있는 키-값 저장소(key-value store)와 문서 저장소(document store)에 초점을 맞추겠다. 키-값 저장소와 문서 저장소는 비슷한 특징을 공유하기 때문에 엄격하게 다른 종류로 구분하는 대신 일반적인 설계 개념으로 이해하면 된다.

키-값 데이터베이스

아마존닷컴은 많은 수의 사용자를 매혹시켰고 애플리케이션 확장성의 첨단을 달렸다. 아마존의 다이나모(Dynamo) 데이터베이스를 비롯한 비관계형 데이터베이스 기술의 시초가 된 "아마존의 고가용성 키-값 저장소(Amazon's Highly Available Key-Value Store)" 논문에서는 관계형 데이터베이스가 이상적이지 않은 다양한 활용 사례를 보여줬다. 이 논문에서는 "많은 서비스에 대해 베스트셀러 목록, 쇼핑카트, 고객의 선호도, 세션 관리, 판매량 순위, 제품 카탈로그 등을 제공할 때 관계형 데이터베이스를 사용하는 공통 패턴은 효율성이 낮고 확장성 및 가용성을 제약한다"라고 썼다[11]. 데이터 규모가 커질 때 ACID 규약을 유지하면서 관계형 데이터베이스를 읽고 쓰려면 많은 계산이 필요하다.

키-값 저장소는 커다란 해시 테이블을 닮았다. 데이터베이스의 각 레코드는 고유 키로 식별되는 객체다. 이 키와 연결된 값은 기본적으로 문자열, JSON이나 XML 문서, 바이너리 blob 등이 될 수 있다. 이러한 데이터베이스의 핵심적인 특성은 시스템이 저장된 데이터에 대해 정확히 모른다는 것

---

11 http://s3.amazonaws.com/AllThingsDistributed/sosp/amazon-dynamo-sosp2007.pdf, p. 1

이고, 데이터에 대한 접근은 모두 키를 통해서만 이뤄진다는 것이다. 키-값 저장소는 단일 키를 기반으로 하는 데이터베이스 정보를 읽어들이는 애플리케이션에 대한 최적의 선택이다.

이러한 설계는 데이터베이스에 쓸 때 탁월한 성능을 보인다. 또 다른 장점은 쉽게 확장할 수 있고 장비 네트워크에서 데이터 복제가 가능하다는 것이다. 데이터베이스의 각 레코드는 고유 키에 연결된 값이므로 시스템에서는 데이터가 어디에 있는지만 알고 있다면 네트워크 상의 어떤 장비에도 저장할 수 있다. 이러한 데이터베이스를 확장하는 방법은 장비 매핑을 위한 키-범위(key-range) 2차 테이블을 유지하는 것이다. 데이터가 정의될 때 이 테이블은 2차 테이블에 의해 참조되어 알맞은 장비로 요청이 보내지게 한다.

반면 이러한 키-값 저장소 설계의 일반적인 단점은 값을 통해서는 데이터에 접근하지 못한다는 점이다. 다시 말해, 특정 값을 가지고 있는 모든 레코드를 찾기 위해 키-값 데이터 저장소에 질의할 수 없다는 의미다. 키-값 데이터베이스를 대상으로 질의하는 유일한 방법은 키 또는 어떤 경우에는 일정 범위의 키를 지정하는 것이다. 예제 3.2는 키-값 저장소에서 데이터를 질의하는 예제다.

예제 3.2 키-값 저장소에서 키를 통해 데이터 구성하기

```
> SET book:1 "Data Just Right"
> SET author:1 "Michael Manoochehri"

> GET book:1
"Data Just Right"

> GET author:1
"Michael Manoochehri"
```

오픈소스 키-값 저장소의 예로는 아파치 카산드라(Apache Cassandra)와 링크드인(LinkedIn)의 볼드모트(Voldemort) 프로젝트가 있다. 3장의 후반부에서는 가장 인기 있는 인메모리 키-값 저장소인 오픈소스 레디스(Redis) 데이터베이스를 이용해 대용량 솔루션을 구축하는 주제를 자세히 다루겠다.

문서 저장소

명함, 영수증, 세금계산서, 음악 재생 목록 등과 같이 물리적이든 가상이든 다양한 종류의 수많은 문서를 매일 접한다. 어떤 문서는 생성된 시간이나 어떤 사람에 대한 정보와 같은 유사한 특징을 담는다. 또 어떤 문서는 문서 유형에 따라 완전히 유일한 데이터를 담기도 하는데, 가령 온라인 애플리케이션은 임의 개수의 다양한 필드를 포함하기도 한다. 다양한 문서에서 유입되는 데이터는 관계형 데이터베이스의 엄격한 스키마로는 표현하기 어렵다. 그뿐만 아니라 다양한 문서에 대한 스키마가 변경되면 어떻게 될까? 이러한 경우에는 문서 저장소를 사용하는 것을 고민해본다.

문서 저장소는 생각할 수 있는 모든 종류의 문서 집합을 데이터로 저장하는 데이터베이스다. 문서는 그 자체로 XML 표현이거나 JSON 객체, 또는 특정 이진 포맷일 수도 있다(2장 참조). 테이블 내의 모든 레코드가 같은 스키마를 따라야 하는 관계형 데이터베이스와는 달리 문서 저장소는 스키마가 완전히 다른 다양한 레코드를 담을 수 있다. 즉, 모든 레코드는 완전히 다른 구조를 가질 수 있다. 문서 저장소도 실은 키-값 저장소지만 문서 저장소는 키를 이용해 질의하는 것이 아니라 일반적으로 데이터베이스 내의 실제 데이터를 대상으로 질의할 수 있다는 차이점이 있다.

문서 저장소와 관계형 데이터베이스의 차이를 설명하는 대표적인 예제는 전형적인 블로그 페이지를 구성할 때 필요한 정보를 서비스하는 것에서 확인할 수 있다. 블로그 페이지는 페이지 콘텐츠와 제목뿐 아니라 글쓴이, 관련 글 링크, 사용자 댓글 등의 부가 콘텐츠도 담고 있다. 이러한 정보가 관계형 데이터베이스에 저장된다면 페이지 하나를 구성하는 데 필요한 질의는 많은 수의 테이블에 접근해야 할 것이다.

문서 저장소 사용자는 다르게 접근한다. 단일 페이지의 모든 콘텐츠는 하나의 큰 레코드로 저장한다. 이런 레코드는 다른 것들과 독립적으로 유지되고, 하나가 변경되더라도 나머지 블로그 글 레코드에는 영향을 주지 않는다. 블로그 페이지 하나가 완전히 다른 종류의 정보(예를 들어, 슬라이드쇼를 위한 사진 URL 링크)를 포함하고 있다면 다른 문서의 스키마는 걱정할 필요 없이 어떤 문서에도 이 정보를 추가할 수 있다. 반면 관계형 데이터베이스에서는 모든 정보가 존재하는 정규화된 테이블의 관계로 표현된다. 슬라이드쇼가 필요하다면 엄격하게 정의된 스키마와 함께 새로운 '슬라이드쇼' 테이블을 생성해야 한다. 게다가 페이지의 나머지 콘텐츠와의 관계도 유일한 블로그 글 ID와 연결된 키로 정의해야 한다.

예제에서 문서 저장소의 핵심 장점은 단 하나의 질의로 블로그 페이지를 구성하는 데 필요한 모든 종류의 데이터를 가져올 수 있다는 점이다. 블로그 방문자 트래픽이 커지면 정확히 어떤 레코드가 어느 장비에서 저장됐는가를 걱정할 필요 없이 데이터베이스 레코드를 다수의 컴퓨터에 분할할 수 있다. 질의는 한 컴퓨터로 보내고, 전체 페이지 콘텐츠를 한 번에 가져오고, 한 번의 실행으로 블로그 페이지를 만들 수 있다. 콘텐츠 작성자보다 독자가 훨씬 많은 거대한 웹 사이트에는 문서 저장소가 최선의 데이터베이스 백엔드일 것이다.

이제 블로그 데이터베이스의 일부 레코드에 글쓴이의 성(姓)이 잘못 적혀 있다고 레코드를 상상해보자. 이는 종종 겪는 저자 개인의 경험을 바탕으로 한 활용 사례다. 관계형 데이터베이스를 이용할 때 글쓴이 정보는 단지 한 장소인 authors 테이블에 단일 레코드로 저장된다. 관계형 데이터베이스의 데이터는 완전하게 정규화됐기 때문에 잘못된 값은 SQL 한 문장으로 손쉽게 변경할 수 있다. 반면 문서 데이터베이스에서는 글쓴이의 정보를 각각의 모든 레코드에 저장한다. 한 명의 글쓴이가 여러 블로그 글을 썼다면 이 사람의 이름은 관련된 모든 레코드에서 여러 번 반복해서 나타난다. 다수의 문서가 잘못된 글쓴이 이름을 담고 있을 수 있으므로 손상된 모든 레코드를 돌아가면서 한 번에 하나씩 수정해야 한다. 보통 이러한 경우에는 잘못된 이름이 적힌 각 개별 문서를 돌아다니면서 발견하고 변경하는 함수를 작성해서 실행한다. 관계형 데이터베이스의 정규화와 일관성은 계산량이 적고 예측이 가능한 오류 수정을 가능하게 한다.

예제 3.3은 몽고DB를 사용해 문서 저장소에 데이터를 넣고 불러오는 예제를 보여준다. 키-값 저장소와 반대로 키에만 의존하는 것이 아니라 데이터 자체를 기반으로 레코드를 질의할 수 있다.

예제 3.3 문서 저장소를 이용한 데이터 추가 및 불러오기

```
# 스키마가 다른 두 개의 문서를 삽입
> db.example.insert({"name":"michael",
                     "book":"Data Just Right"})
> db.example.insert({"name":"edgar",
                     "book":"The Relational Model for Database Management",
                     "employers":["Royal Air Force","IBM"]})
> db.example.find()
{
    "_id" : ObjectId("51ab96791a4b9b1009e2c459"),
    "name" : "michael",
    "book" : "Data Just Right"
}

{
    "_id" : ObjectId("51ab9a041a4b9b1009e2c45c"),
    "name" : "edgar",
    "book" : "The Relational Model for Database Management",
```

```
        "employers" : [ "Royal Air Force", "IBM" ]
    }
    # 특정 이름에 해당하는 문서를 조회
    > db.example.find({"name":"michael"})
    {
        "_id" : ObjectId("51ab96791a4b9b1009e2c459"),
        "name" : "michael",
        "book" : "Data Just Right"
    }
    # 특정 고용주에 해당하는 문서를 조회
    > db.example.find({"employers":"Royal Air Force"})
    {
        "_id" : ObjectId("51ab9a041a4b9b1009e2c45c"),
        "name" : "edgar",
        "book" : "The Relational Model for Database Management",
        "employers" : [ "Royal Air Force", "IBM" ]
    }
```

문서 저장소는 대용량 데이터베이스 솔루션이 필요하고 키뿐만 아니라 데이터 콘텐츠로 질의하는 것이 중요할 때 적합하다. 몽고DB나 카우치DB(CouchDB) 등의 오픈소스 소프트웨어가 문서 저장소에 속한다.

쓰기 속도 최적화: 레디스

겉보기에는 여러 분산 데이터베이스가 다수의 동일한 활용 사례를 처리할 수 있는 것처럼 보인다. 그래서 입문자들은 비관계형 데이터베이스 솔루션을 선택할 때 많은 혼란을 겪곤 한다. 현실에서는 인기 있는 모든 비관계형 데이터베이스에 나름의 장점이 있다. 어떤 것은 일관성을 대가로 많은 장비로 쉽게 분산되고, 또 어떤 것은 데이터를 읽고 쓰는 데 빠르다. 비관계형 데이터베이스를 선택할 때 개발자들의 의견도 각기 다르다. 데이터베이스를 결정할 때 가장 중요한 목표는 현재 해결해야 하는 특정 활용 사례를 깊이 있게 이해하는 것이다.

이러한 예로 애플리케이션에 알맞은 첫 번째 목표를 선택하고 이 목표에 도달하기 위한 적당한 데이터베이스 솔루션을 선택해 보자. 이 과정에서 선택된 데이터베이스를 확장할 때 직면하는 도전과제에 관해 배우게 될 것이다. 늘어나고 있는 공통 활용 사례로 데이터베이스 쓰기를 매우 빠르게 처리하는 애플리케이션이 있다. 소규모 개발팀에서는 수천 또는 심지어 수백만 명에 달하는 사용자의 메시지를 처리하는 웹 애플리케이션을 구축하고 싶을 것이다. 아마도 이러한 활용 사례는 방송 중에 특정 TV쇼를 언급하는 트윗을 스크롤하는 애플리케이션일 수도 있고, 이와 비슷하게 세계 곳곳의 수천 개에 달하는 날씨 센서에서 오는 데이터를 집계하는 애플리케이션일 수도 있다. 이러한 설계 패턴은 온라인 게임 세계에서도 흔히 접할 수 있다. 각종 소셜 멀티플레이어 게임은 공개된 게임 환경에 대한 통계정보와 함께 게임이 재생되는 기능을 제공한다. 이러한 경우 동시에 수천 또는 심지어 수백만 명에 달하는 플레이어에게서 오는 끊임없는 데이터 스트림을 애플리케이션 백엔드로 넣어야 한다.

이전 예제에서는 질의의 유연성이 데이터를 빨리 수집하는 것에 비해 덜 중요했다. 이러한 애플리케이션에는 키-값 저장소의 단순함이 데이터베이스 쓰기를 가능한 한 빨리 처리해주기 때문에 적합한 선택이다. 데이터베이스의 어떤 부분이 샤딩되는가가 특별히 중요하지 않을 때는 키-값 저장소가 분산 애플리케이션에도 적합하다. 이처럼 다양한 조건을 만족하는 데이터베이스는 바로 오픈 소스 키-값 저장소인 레디스다. 검색 결과 건수나 스택오버플로우(StackOverflow) 등에서 언급되는 기술적인 질문의 양 등을 토대로 가장 인기 있는 데이터베이스 소프트웨어의 순위를 제공하는 DB엔진닷컴(DB-Engines.com)[12]이라는 웹 사이트에서는 레디스가 가장 인기 있는 키-값 데이터 저장소로 집계됐다.

레디스는 매우 빠른 읽기/쓰기 성능을 요구하는 애플리이션에 적합한 흥미로운 기능들을 제공한다. 기본적으로 "인메모리" 데이터베이스라서 전체 데이터베이스를 서버의 가용 메모리에 저장한다. 하지만 애플리케이션에 대해 물리적이든 가상으로든 적당한 하드웨어를 갖춰야 하고 전원이 나가면 모든 데이터가 없어지기 때문에 큰 제약사항으로 작용하기도 한다. 그렇지만 너무 걱정할 필요는 없다. 레디스는 ACID에서 D에 해당하는 지속성도 지원하는데, 환경설정을 통해 인메모리의 데이터를 디스크에 저장할 수도 있다. 다시 말해, 레디스는 데이터 읽기/쓰기 위해, 그리고 지속성을 위한 영구적인 디스크 캐시를 위해 휘발성이 있지만 성능이 우수한 레이어를 제공한다.

데이터 세계의 다른 모든 것과 같이 어떤 우수한 장점은 다른 것을 포기함으로써 얻어지는데, 레디스는 일관성을 양보했다. 예를 들어, 인메모리 데이터베이스가 매 10초마다 데이터를 디스크로 저장하도록 설정돼 있고 전원 문제 등으로 인해 그때 메모리 오류가 발생하면 모든 데이터가 손실된다. 수천 명에 달하는 온라인 게이머의 점수를 기록하는 대용량 웹 애플리케이션은 상당한 양의 데

---

12 http://db-engines.com/en/ranking

이터를 만들어낸다. 이 경우 레디스가 모든 인메모리 데이터베이스를 디스크에 개별적으로 저장하게 할 수 있으므로 매우 훌륭한 수준의 지속성을 확보할 수 있다. 아쉽게도 이것은 레디스의 성능을 꽤 떨어뜨리고 메모리 기반 시스템을 사용하는 장점을 상쇄시킨다. 하지만 무엇보다도 레디스는 쉽게 설정할 수 있는 복제 기능을 제공하므로 1차 인스턴스를 2차 서버에 비동기적으로 스트리밍을 통해 갱신시킬 수 있다.

레디스는 데이터 키를 기반으로 데이터를 매우 빠르게 설정하고 가져올 수 있지만 레디스 또한 키-값 저장소라서 키를 통해 참조된 값에 바로 접근하는 질의를 허용하지 않는다. 애플리케이션이 데이터 내의 값을 기반으로 데이터를 빠르게 가져오는 것과 같은 다른 종류의 기능이 필요하다면 문서 저장소 같은 다른 비관계형 데이터베이스가 더 적합하다. 예제 3.4에서는 단일 값, 리스트 및 해시 구조를 레디스 명령줄 인터페이스를 이용해 추가 및 호출하는 방법을 보여준다.

예제 3.4 레디스에서의 단일 값, 리스트, 해시 활용 예제

```
# 키를 기준으로 값 설정하기
> SET user:1:name 'Michael'
> SET user:2:name 'Ben'

# 패턴에 매칭된 키 목록 조회
> KEYS user*

1) "user:2:name"
2) "user:1:name"

# 각 키를 이용해 값 조회
> GET user:2:name

"Ben"

# 리스트 사용하기 - LPUSH는 리스트의 앞부분에 값을 추가한다
> LPUSH names 'Jared'
> LPUSH names 'Melinda'

# 리스트에서 값 범위 조회하기
> LRANGE names 0 1
```

```
1) "Melinda"
2) "Jared"

# RPUSH는 리스트의 끝에 값을 추가한다
> RPUSH names 'Debra'
> LRANGE names 0 2

1) "Melinda"
2) "Jared"
3) "Debra"

# 해시 사용하기 - HMSET은 필드를 키에 저장된 각 해시 값으로 설정한다
> HMSET employees:1 name 'Michael' city 'San Francisco' role 'Author'

# "employees:1" 해시에 해당하는 "name" 속성을 조회
> HGET employees:1 name

"Michael"

# "employees:1" 해시에 해당하는 모든 키와 값을 조회
> HGETALL employees:1

1) "name"
2) "Michael"
3) "city"
4) "San Francisco"
5) "role"
6) "Author"
```

컴퓨터 메모리의 데이터는 전원이 꺼졌을 때 유지되지 않는다. 영구적으로 데이터를 저장하는 것은 디스크의 역할이다. 레디스는 인메모리 데이터 저장소다. 그러므로 누군가가 전원 코드를 빼고 서버를 종료시키면 어떻게 될까? 데이터베이스 전체가 지워질까? 실제로는 그렇지 않다. 레디스는 디스크에 데이터를 복제하는 기능을 제공함으로써 인메모리 시스템의 성능을 보완한다. 데이터 상이 거대할 때는 다양한 트레이드오프를 고려해야 한다. 예를 들어, 완벽한 일관성이 요구되는가? 전원이 갑자기 꺼졌을 때 마지막에 작업한 데이터가 잠재적으로 손실되는 것이 합리적인가? 지속성을 요구하지 않는 많은 애플리케이션이 있고, 이러한 경우 레디스 지속성을 완전히 비활성화해도 된다.

여러 레디스 인스턴스에 걸쳐 샤딩하기

많은 사용자에게 서비스되는 애플리케이션을 구축할 때 데이터베이스 관리자들은 데이터의 양이 꾸준히 증가하는 상황에서 어떻게 할 것인가를 생각해야 한다. 확장성(scalability)으로 알려진 이 특성은 웹 규모의 애플리케이션에 사용되는 고성능 데이터베이스의 핵심 목표다.

레디스로 개발한 간단한 애플리케이션도 많은 데이터를 매우 빠르게 수집할 수 있다. 사실 레디스는 굉장히 유용해서 회사에서 50배나 많은 데이터를 처리하는 시스템을 구축하라는 업무가 배정될 수도 있다. 이 일에 적합한 도구를 선택할 때 다른 것은 아무 것도 할 필요가 없다. 레디스의 쓰기 성능은 매우 좋고, 별도의 컴퓨터 자원은 필요하지 않다.

하지만 특정 시점에 다다르면 애플리케이션의 트래픽과 데이터를 처리하기 위해 실제든 가상이든 다수의 장비를 사용할 필요가 생긴다. 레디스는 장비의 가용 메모리의 양에 제약받기 때문에 전체 메모리 가격의 합이 적당한 수준에서만 한 장비에 많은 메모리를 추가할 수 있다. 중요한 애플리케이션에 대한 데이터베이스 복제도 중요하다. 외부 세계와의 통신을 일차적으로 담당하는 장비가 어떤 이유로 작동하지 않으면 다른 장비가 이 장애를 보완하게 해야 한다. 이 두 대의 장비를 완벽히 동기화하는 것은 중요하지 않지만(앞서 배웠듯이 특정 시점에 둘 사이의 데이터 일관성이 항상 필요한 것은 아니다) 현실 세계의 애플리케이션에서는 지속성이 중요하다.

실제로 원하는 것은 분산 키-값 저장소가 클러스터에 새로운 장비가 추가되는 것을 자동으로 처리하는 것이다. 가장 바람직하는 것은 데이터베이스에서 신규 장비를 발견할 수 있고 현재 데이터의 일부를 신규 장비에 분산시킬 수도 있는 것이다. 데이터를 분산해야 하기 때문에 유입되는 데이터 요청은 자동으로 네트워크의 적절한 노드로 전달된다. 새로운 애플리케이션 로직의 환경설정을 걱정할 필요 없이 개별 컴퓨터를 클러스터에 간단히 추가할 수 있는 능력을 선형 확장성(linear scalability)이라고 하며, 이것은 실무에서는 달성하기 어렵다. 한 대 이상의 장비에서 데이터에 접근해야 할 경우 잠재적인 병목현상이 발생할 가능성이 있다. 예를 들어, 한 대의 장비가 데이터를 쓰고 있고 다른 장비에서 동시에 같은 일을 처리하려고 한다면 결과적으로 자원이 충돌한다. 이러한 문제는 해결하기가 쉽지 않지만 다행히도 여러 대의 장비에 데이터를 분산시키는, 즉 샤딩(sharding)하는 다양한 전략이 있다.

여러 레디스 인스턴스에 걸쳐 데이터를 샤딩하는 한 방법은 먼저 키값의 범위를 정하는 것이다. 이것은 가장 쉬운 방법이지만 결점도 있다. 데이터 규모가 커지면 견고하지 못하다. 예를 들어, 애플리케이션에서 수천 명에 달하는 온라인 게이머로부터 최종 점수를 수집한다고 해보자. 레디스 인스턴스가 두 개라면 애플리케이션에서는 사용자명이 A와 C 사이의 문자로 시작하는 사용자의 점수는 첫 번째 인스턴스로 보내고 D와 F 사이의 문자로 시작하는 사용자의 점수는 나머지 인스턴스에 보내는 식이다.

트윔프록시를 이용한 자동 파티셔닝

레디스는 성능 좋은 단일 서버 데이터베이스를 위해 설계됐다. 레디스가 키–값 저장소라는 사실이 전체 데이터 집합을 클러스터 풀의 다양한 인스턴스로 분산시키는 것을 다소 수월하게 만들어주긴 하지만 제대로 작동하려면 앞에서 설명한 대로 샤딩 전략을 선택하고 구현해야 한다. 이 책이 나올 때 쯤에는 레디스 개발자들은 자동 클러스터 관리가 가능한 단독 서버를 위한 네이티브 및 장애 극복 버전을 개발하고 있을 것이다.

이번 예제에서는 트위터에서 개발한 트윔프록시(Twemproxy, 원래는 넛크래커(nutcracker)로 불렸다)라는 오픈소스 기술을 이용해 단일 컴퓨터에서 동작하든 여러 장비에서 동작하든 레디스 인스턴스에 데이터를 분할하는 방법을 보여주겠다. 트윔프록시는 클라이언트로부터 오는 요청을 받아 미리 설정된 해시 함수를 이용해 장비 클러스터의 어떤 인스턴스가 해당 요청을 처리할지 결정한다. 트윔프록시는 레디스 인스턴스뿐 아니라 트래픽이 많은 애플리케이션을 위한 데이터 캐시로 자주 이용되는 또 다른 유명한 인메모리 키–값 저장소인 멤캐시(Memcached)와도 통신할 수 있다. 레디스 개발팀에 따르면 트윔프록시는 여러 레디스 인스턴스 간의 데이터 샤딩을 수행하는 데 추천되는 방법이다.

트윔프록시는 오류 및 다른 상황도 처리할 수 있다. 레디스 장비 풀의 특정 인스턴스가 작동을 멈추면 요청을 재시도하기 전에 트윔프록시에 작업을 잠시 멈추도록 명령이 보내질 수 있다. 실패에 의한 멈춤이면 레디스 풀에서 해당 노드를 제거하도록 명령한다.

트윔프록시가 특정 키의 값을 획득 또는 설정하도록 요청받으면 어떻게 어느 장비에 명령해야 할지 알 수 있을까? 트윔프록시는 임의 해시(random hashing)를 포함한 다양한 해시 알고리즘을 지원하지만 더 일관성 있는 것이 필요하다. Last.fm[13]에서 개발한 오픈소스 해시 알고리즘 및 라이브 러리인 케타마(Ketama) 알고리즘은 일관성 해시(consistent hashing)[14]로 알려진 전략을 제공

---

13 http://www.last.fm/user/RJ/journal/2007/04/10/rz_libketama_-_a_consistent_hashing_algo_for_memcache_clients
14 http://www8.org/w8-papers/2a-webserver/caching/paper2.html

한다. 여기서는 레디스 서버 풀의 기본 트윔프록시 해시 전략으로 케타마 알고리즘을 사용하겠다.

트윔프록시는 데몬으로 동작하고 YAML 형식의 파일로 설정할 수 있다. 예제 3.5에서는 redispool1이라는 풀의 설정 파일을 볼 수 있다.

예제 3.5 한 장비에서 두 개의 레디스 인스턴스를 사용하기 위한 트윔프록시 설정

```
redispool1:
  listen: 127.0.0.1:22121
  hash: fnv1a_64
  distribution: ketama
  auto_eject_hosts: true
  redis: true
  server_retry_timeout: 1000
  server_failure_limit: 1
  servers:
   - 127.0.0.1:6379:1
   - 127.0.0.1:6379:2
```

레디스의 대안

레디스는 적당한 성능을 요구하는 고효율 애플리케이션에 적합하지만 모든 대용량 애플리케이션에 적합하지는 않다. 이미 확인했듯이 레디스의 단순함과 메모리 기반 설계는 읽기와 쓰기 성능에 최적화됐지만 일관성에는 최적화돼 있지 않다.

더욱이 이전 예제에서 볼 수 있듯이 샤딩은 자동화된 프로세스가 아니다. 레디스의 키-값 설계는 관계형 데이터베이스보다는 다수의 장비에 샤딩하는 것을 손쉽게 만들어주지만 트윔프록시를 이용하더라도 인스턴스 풀에 안정적으로 애플리케이션을 배치하려면 환경설정 작업이 필요하다.

볼드모트 프로젝트는 아마존의 다이나모DB(DynamoDB)에 영감을 받은 또 다른 오픈소스 키-값 데이터 저장소다. 레디스와 유사하게 매우 단순한 인터페이스를 제공하지만 가능한 한 선형적으로 컴퓨터 풀을 확장하도록 돕는 다양한 기능이 내장돼 있다. 레디스가 일반적으로 대기시간이 더 짧지만 볼드모트 또한 확장이 필요한 키-값 저장소 애플리케이션에 좋은 대안이다.

아파치 카산드라는 키-값 저장소의 특성과 관계형 데이터베이스를 연상시키는 테이블 형태의 아키텍처를 혼합했다. 대부분의 키-값 저장소와 달리 카산드라에서는 값을 기반으로 질의할 수 있다.

볼드모트와 비슷하게 카산드라도 확장성에 초점을 맞췄다. 일반적으로 카산드라는 레디스만큼 빠르게 읽고 쓰기를 수행하지는 못한다. 하지만 손쉬운 확장과 더 복잡한 질의를 수행할 수 있는 능력 때문에 어떤 애플리케이션에서는 카산드라가 더 유용하다. 카산드라는 아파치 하둡과도 잘 통합돼 있어서 하둡 맵리듀스 작업을 위한 입력 및 출력으로 사용할 수 있다.

마지막으로 데이터 규모가 계속 커짐에 따라 전통적인 관계형 데이터베이스를 분산하는 것도 불가능한 것은 아니다. 단지 더 어려울 뿐이다. 앞서 설명한 샤딩을 위한 어떤 기법들은 관계형 데이터베이스에도 적용할 수 있다. 더욱이 다양한 오픈소스 및 상용 관계형 데이터베이스 샤딩 소프트웨어도 있다. 하지만 다음 절에서 볼 수 있듯이 미래의 새로운 데이터베이스 설계에서는 비관계형 데이터베이스의 확장성과 관계형 데이터베이스 일관성을 결합함으로써 양쪽 세계의 장점을 제공하게끔 적절한 트레이드오프를 맞출 것이다.

NewSQL: 코드의 귀환

데이터베이스 관리자들은 SQL이 질의와 관련된 복잡성을 많이 제거하고 또 많은 사용자가 이미 친숙하게 사용하기 때문에 SQL을 사용하는 것을 선호한다. 새로운 데이터베이스 설계에서는 분산 비관계형 데이터베이스의 기능들을 관계형 설계의 일관성 보장과 합치려고 시도하고 있다. 이러한 프로젝트의 일부는 NewSQL 데이터베이스 설계로 알려졌다. 레디스에서처럼 데이터베이스를 메모리에 올려서 성능을 개선하는 것이 차세대 시스템에서 사용될 공통 패턴이다.

볼트DB(VoltDB)는 인기 있는 오픈소스 관계형 데이터베이스인 PostgreSQL과 상용 분석형 데이터베이스인 버티카(Vertica)를 만드는 데 기여했던 마이클 스톤브레이커(Michael Stonebraker)가 일부 만들었다. 볼트DB는 관계형이고 ACID를 따르는 데이터베이스이며, 레디스와 똑같은 성능 개선 방법을 이용했다. 볼트DB는 데이터 유지를 위한 스냅샷과 함께 인메모리 데이터 모델을 사용한다. 레디스처럼 볼트DB에도 전체 데이터 집합의 크기가 메모리 용량 이내여야 한다는 규모와 관련된 제약조건이 있지만 같은 시스템에 더 많은 서버를 간단히 추가해서 손쉽게 확장할 수 있게 설계됐다.

MemSQL은 최근 인기를 얻고 있는 또 다른 인메모리 데이터베이스인데, 성능 개선을 위한 다양한 모범 사례를 활용하고 표준 SQL을 이용해 질의할 수도 있다. MemSQL에서 질의 속도를 개선하기 위해 사용하는 흥미로운 접근법은 SQL 문을 C++ 코드로 동적으로 컴파일한다는 점이다.

MemSQL에서는 이렇게 생성한 C++ 코드를 공유 라이브러리 형태로 실행한다. 또한 MemSQL
은 클러스터 풀에 새로운 컴퓨터가 추가되면 자동으로 선형 확장한다.

구글의 스패너(Spanner)는 전 세계를 상대로 서비스를 제공해야 한다는 구글의 요구사항에 대응
하기 위해 진화한 데이터베이스다. 스패너에 관한 공개된 연구 논문에 따르면 스패너는 "외부적으
로 일관된 읽기와 쓰기를 제공하고, 데이터 요청 시점에 데이터베이스 간에 전역적으로 일관된 읽
기를 제공하며" 그리고 "키-값 저장소라기보다는 관계형 데이터베이스처럼 생겼다"라고 한다[15]. 스
패너는 다수의 데이터 센터로 확장되도록 설계됐고, 일정 대기시간을 대가로 높은 수준의 일관성을
제공한다.

정리

데이터를 저장하는 가장 일반적인 아키텍처인 관계형 데이터베이스 모델은 데이터베이스 개척자인
에드가 코드의 업적이다. 관계형 데이터베이스 모델은 일관성, 유연한 질의 모델, 예측 가능성을 제
공하도록 설계됐다. 많은 웹 및 모바일 애플리케이션은 사용자와 클라이언트가 증가함에 따라 꾸준
히 들어오는 데이터와 예측 가능한 확장성에 대한 요건을 모두 처리해야 한다. 데이터가 더욱더 커
지고 오류에 내성을 지녀야 한다는 필요성이 커지면서 관계형 데이터베이스를 확장하고 복제하는
데 필요한 노력은 거대한 양의 데이터를 다루는 고효율 애플리케이션에서는 비현실적이다. 대용량
데이터를 다루는 공통의 해결책은 관계형 데이터베이스라는 전통적인 아키텍처를 버리고 새로운
대안 아키텍처를 사용하는 것이다. 이를 폭넓게 NoSQL 기술이라고 한다. 가장 인기 있는 두 가지
비관계형 데이터베이스는 키-값 저장소와 문서 저장소다. 키-값 데이터 저장소에서는 데이터베이
스의 각 레코드에 단일 키를 통해 접근할 수 있다. 데이터는 미리 정의된 스키마와 맞지 않아도 된
다. 이 아키텍처는 매우 빠른 속도를 자랑하지만 키-값 저장소는 데이터 값을 바로 질의할 수 없다.
반대로 문서 저장소는 문서 자체로 질의할 수 있다. 문서 저장소는 웹 사이트 콘텐츠처럼 단일 문서
의 형태로 데이터가 호출될 때나 데이터베이스 스키마가 유동적일 때 탁월한 선택이다.

여러 오픈소스 비관계형 데이터 저장소가 존재하는 세계에서도 다양한 솔루션이 특정 활용 사례에
맞게 설계됐다. 어떤 데이터베이스 기술은 데이터 노드 간의 일관성을 포기하면서 많은 부하에서도
빠른 속도로 동작하게끔 설계됐다. 다른 종류의 데이터베이스는 컴퓨터 클러스터에서 쉽게 확장할

---

15 http://research.google.com/archive/spanner-osdi2012.pdf

수 있게 특화됐거나 최대한 스키마를 유연하게 변경할 수 있게 설계됐다. 일관성과 유연한 질의 모델이 필요한 중소형 규모의 애플리케이션에 대해서는 여전히 관계형 데이터베이스가 가장 알맞은 선택이다.

고효율의 데이터베이스 쓰기가 필요한 애플리케이션에 키-값 데이터 저장소를 사용하는 것은 좋은 선택이다. 해시 테이블과 매우 유사한 키-값 아키텍처는 데이터를 유일한 키-값 쌍의 집합으로 저장함으로써 매우 빠른 데이터 저장 및 조회가 가능하다. 값에 의한 데이터 조회를 포기함으로써 이런 빠른 속도를 얻었다. 문서 저장소와 달리 키값만으로 데이터에 접근할 수 있다. 가장 인기 있는 오픈소스 기술은 레디스인데, 레디스는 인메모리 키-값 시스템과 자동 디스크 백업을 결합했다. 장애 극복은 영구 디스크에 데이터를 백업하도록 설정함으로써 어느 정도 해결할 수 있다. 데이터를 전부 메모리에 담고 있어야 하는 것은 빠른 속도의 원천이자 잠재적인 제약이지만, 레디스에서는 클라이언트 측 샤딩을 이용해 분산된 형태로 사용할 수 있다. 레디스 인스턴스 풀에 자동으로 키를 분배하는 해시 프록시 레이어를 제공하는 트윔프록시는 현재 분리된 레디스 인스턴스 풀 간에 데이터베이스를 샤딩하는 가장 좋은 방법이다.

분산 데이터베이스 분야는 여전히 급속히 진화하고 있다. 다수의 새로운 소프트웨어 솔루션이 에드가 코드의 관계형 모델의 구조적 규약과 키-값 및 문서 데이터베이스의 확장 가능성을 결합하고 있다.

4

데이터 사일로를
다루는 전략

결국 자동화가 비즈니스 인텔리전스 문제에 가장 효과적인 해답을 제공할 것이다.

- H. P. 룬 (H. P. Luhn, 1958)

조직 내에 공유되는 데이터에 관한 간단한 질문을 하는 것은 판도라의 상자를 여는 것과 같을 수 있다. 즉, 세계가 완전히 디지털로 바뀌면 모두 해결되리라 기대했던 커뮤니케이션 비효율성이 여실히 노출된다. 조직의 유용한 데이터는 모든 곳에서 다양한 형태로 존재한다. 어떤 데이터는 항상 전담 인력에 의해 구조화된 트랜잭션 데이터로 잘 정형화돼 있다. 데이터가 구조화돼 있지 않으면 어떤 일이 벌어질까? 조직 내에서 만들어지는 데이터 가운데 얼마나 많은 데이터가 다른 스프레드시트, 웹 애플리케이션, 또는 이메일이나 소셜 미디어 글 같은 텍스트 덩어리로 존재할까?

데이터가 사일로에 남겨지는 데는 사회적으로나 기술적으로 다양한 이유가 있다. 전통적으로 이 문제에 대한 일반적인 해결책은 서로 다른 출처에서 데이터를 추출해 중앙 저장소로 이관하는 것이다. 최근 데이터 분석 기술이 발전하면서 조직들은 이런 문제를 해결하는 새로운 방법을 생각하기 시작했다. 4장에서는 새로운 기술로 야기되는 데이터의 증가가 어떻게 조직들이 데이터 사일로를 다루는 전략을 재평가하도록 이끄는가를 살펴본다.

전문용어 투성이인 웨어하우스

비즈니스 인텔리전스(BI; Business Intelligence)는 디지털 컴퓨팅만큼 오래된 용어로서 아마 전체 컨설팅 산업은 BI 모델과 프로세스를 정의하기 위해 존재한다고 해도 과언이 아니다. 그러나 BI

이다. 그러나 여러분의 비즈니스를 이해하는 데 필요한 다른 모든 데이터는 어떤가? 여기에는 제품 재고, HR, 광고, 금융 및 비즈니스 의사결정에 중요한 수많은 애플리케이션에서 오는 모든 데이터가 포함된다.

이런 데이터를 의미있게 만들려면 정제하거나 표준화된 형태로 변환해야 할 때가 많다. 잘못된 데이터는 수정하거나 버려야 하고, 날짜는 모두 같은 포맷으로 변환해야 한다. 더 중요한 것은 여러 데이터가 합쳐져서 의미를 갖게 되는 경우라면 공통 키가 있어야 한다는 것이다. 다시 말해, 구매 데이터의 사용자 ID는 고객 지원 로그의 사용자 ID와 똑같은 값이어야 한다.

이러한 데이터를 한번 처리하고 나면 사용자가 해당 데이터에 관해 질문할 수 있게 저장해야 한다. 이 데이터의 질의 결과는 시각화 도구로 전달되거나 추가 분석을 위해 스프레드시트로 옮겨질 수 있다. 규모와 상관없이 오늘날의 모든 조직에서는 다양한 방법으로 데이터를 다루고 있고, 데이터 크기가 커지고 데이터 출처가 분리돼 있다면 데이터를 처리하는 과정에서 어려움을 겪는다.

한번은 작은 비영리단체에서 일한 적이 있는데, 대기업에서 발생하는 것과 똑같은 데이터 문제를 접했다. 기증자 데이터베이스를 한 장비에서 관계형 데이터베이스로 구현했다. 온라인 기증을 위해 웹 기반의 시스템도 만들었는데, 이를 통해 이름과 주소를 수집해 분리된 관계형 데이터베이스에 저장했다. 책과 CD를 판매해서 추가 수익도 얻었는데, 이것이 데이터의 1/3을 차지했다. NGO 행사에 참여한 자원봉사자들은 이메일 목록을 등록했다. 모든 등록은 종이를 통해 이뤄졌는데, 운 좋은 경우에만 어디선가 스프레드시트로 옮겨졌다.

"특정 온라인 기부자가 지난 밤의 자금 조달 행사에 참석했는가?" 또는 "근처에 살고 있는 어떤 기부자가 이메일 목록에 있는가?"와 같은 질문에 답변하는 것조차도 필요한 데이터가 여러 사일로에 분산돼 있다는 이유로 해결하기 힘든 문제가 된다. 분리된 데이터 저장소에서 쉽게 질의를 할 수 있는 경우에도 다양한 레코드가 같은 사람을 참조하고 있으면 항상 명확한 것은 아니다. 마이크 존스 (Mike Jones)와 마이클 존스(Michael Jones)는 같은 사람인가? 기부자가 자신의 출신 지역을 적지 않았다면 캘리포니아 파사데나 출신인가 아니면 텍사스 파사데나 출신인가?

작은 비영리단체가 이런 갖가지 문제로 어려움을 겪는다면 더 큰 조직에서는 어떤 일들이 발생할지 상상해보라. 엔터프라이즈 세계에서는 사용자와 구매로부터 만들어지는 트랜잭션 데이터를 수집하는 데 사용하는 다양한 데이터베이스와 시스템을 운영 시스템(operational system)이라 한다. 이런 시스템은 고객과 구매 데이터, 금융 거래 내역, 또는 단지 어떤 데이터의 상태가 중요한가 등의 데이터를 다루는 그날그날의 활동을 담당한다. 이러한 시스템은 사용하는 데이터가 올바르고 최신 데이터임을 보장하도록 설계될 때가 많으며, 데이터 레포팅이나 분석에 적합하지 않은 경우도 있다.

데이터 규약과 안전을 위한 계획하기

2000년으로 돌아가면 엔론(Enron)사는 600억 달러의 시장 가치를 평가받고 투자자들의 확신을 토대로 고공행진 중이었다. 엔론사는 월스트리트에서 높은 주가를 유지했지만 이러한 성공의 이면에는 속임수가 있었다. 엔론사의 평가액이 증가하면서 비즈니스 세계, 특히 언론인들은 회사의 회계 관행이 주주들에게 항상 명확하지 않다는 사실을 깨닫기 시작했다. 실제로는 회사의 수익이 증가하지 않는다는 사실을 숨기기 위해 잘못된 회계관행을 채택했다. 이를 감추고 주가를 높게 유지하기 위해 비밀 역외 파트너십을 통해 성과가 낮은 부서로부터 빚을 사들여서 감췄다가 결국 엔론이라는 카드로 만든 집은 무너졌고 컨설팅 회사인 아서 앤더슨(Arthur Andersen)도 함께 무너졌다.

엔론 사태의 결과로 미의회에서는 회계보고서에 대한 전례없는 규제를 가하는 사베인-옥슬리 법 (Sarbanes-Oxley Act, Sarbox 또는 SOX)을 통과시켰다. SOX는 미국의 기업들이 다수의 데이터 규정 정책을 구현하도록 요구했다. SOX 규정은 기업이 데이터 사일로를 효과적으로 다루는 법을 배우도록 강제함으로써 조직 내의 데이터 흐름을 잘 제어하고 이해하도록 요구하는 금융 규제의 한 예다. 조직의 데이터를 서로 다른 출처에서 단 하나의 통합된 저장소로 합치게 하는 것은 때때로 적절한 데이터 통제 전략을 유지하게 하는 데 도움이 된다.

데이터 웨어하우스 입문하기

데이터 웨어하우스(DW; Data Warehouse)는 더 전문적인 이름으로 '엔터프라이즈 데이터 웨어하우스' 또는 EDW로 불릴 때가 많으며, 집계된 데이터의 저장소로 고안된 시스템이자 레포팅과 분석에 주로 사용되는 시스템이다. 다양한 운영 데이터 시스템이 구매와 사용자 업데이트 같은 실시간 트랜잭션을 다루지만 데이터 웨어하우스 솔루션은 여러 데이터 사일로의 문제를 해결하기 위해 만들어졌다.

데이터 웨어하우스를 주제 지향적(subject oriented)이라고 묘사할 때가 많은데, 이것은 데이터 구조의 설계가 특정 주제나 개념에 대한 질문을 하는 것을 중심으로 하기 때문이다. 다시 말해, 운영 데이터베이스는 고객의 연락처 정보가 올바르고 최신 내용으로 유지하도록 설계된다. 데이터 웨어하우스는 '일정 기간 동안 어떤 고객이 오프라인과 온라인에서 구매했는가?'와 같은 질문에 관심이 있다.

데이터 웨어하우스 도구는 고객 데이터를 매일 업데이트하는 것이 아니다. 운영 데이터베이스는 언제든지 일관되게 업데이트된다. 동시에 데이터 웨어하우스는 분석을 위해 데이터 스냅샷을 덧붙인다. 예를 들어, 항공 예약 시스템을 생각해보자. 고객이 비행편을 변경하면 예약 시스템은 이를 실시간으로 업데이트한다. 하지만 매일 업무가 끝난 후에는 이런 데이터의 스냅샷을 웨어하우스 애플리케이션에 덧붙이도록 프로세스가 정의된다. 항공사의 마일리지 카드 데이터베이스 같은 다른 데이터도 데이터 웨어하우스에 덧붙여진다. 다음 날, 시간에 따른 마일리지 포인트의 변경 내역을 항공사에 알려주기 위해 집계된 데이터를 대상으로 질의를 실행할 수 있다.

데이터 웨어하우스의 다른 기본 요구사항은 데이터에 관해 질문하고 보고서를 작성하는 기능을 제공하는 것이다. 다른 여러 데이터 출처에서 온 데이터를 불러와서 빠르게 질의하기 위해서는 근래에 나온 대용량 데이터 웨어하우스 소프트웨어에서 사용되는 데이터 구조를 신중하게 모델링해야 한다. 웨어하우스 시스템에서 데이터를 표현하는 가장 간단한 방법은 다이어그램의 모양이 별과 같이 생겼다고 이름 붙여진 스타 스키마(star schema)를 이용하는 것이다. 스타 스키마의 데이터 레코드는 다소 역정규화(denormalized)돼 있는데, 이것은 여러 테이블에 데이터가 복제돼 있다는 의미다. 스타 스키마의 가장 간단한 형태는 두 종류의 테이블, 즉 사실 테이블(fact table)과 하나 이상의 차원 테이블(dimension table)로 데이터를 표현하는 것이다. 가령 고객 트랜잭션의 한 레코드를 생각해보자. 스타 스키마에서는 이러한 데이터를 고객 ID, 제품 ID, 가격 및 구매 시간 등의 레코드가 담긴 단 하나의 사실 테이블로 표현한다. 조직 내에는 기본 정보 이외의 데이터도 있다. 각 고객별로 주소, 전화번호, 이메일 주소 등의 연락처 정보를 가지고 있다. 판매되는 제품도 공급자의 정보를 비롯한 관련 메타데이터가 있다. 이러한 추가 데이터는 사실 테이블과 연결되는 키와 함께 차원 테이블에 저장된다. 차원 테이블에 담긴 추가 정보는 고객 구매와 관련된 데이터의 전체 그림을 완성한다. 스타 스키마와 더 복잡한 데이터 모델링 구조를 이용하면 표준 관계형 데이터베이스에서 발견되는 과도한 JOIN 없이 최대한 효율적으로 질의할 수 있다.

이 개념의 더 복잡한 버전을 비롯해 이러한 스키마의 설계와 구현은 이 책의 범위를 벗어난다. 실제 웨어하우스를 위한 데이터 모델링은 많은 훈련과 도메인 지식을 필요로 하는 특화된 기술이다. 여기서 중요한 점은 데이터 웨어하우스의 차원 계층을 만족시키는 형태로 운영 데이터를 모으고 처리하는 데는 많은 노력이 필요하다는 것이다. 더욱이 데이터 웨어하우스 소프트웨어에서 사용되는 스키마를 변경하는 데 많은 비용이 들기 때문에 이러한 구조는 사전에 잘 계획돼 있어야 한다.

데이터 웨어하우스의 마법 주문: 추출하고 변환하고 읽는다(ETL)

운영 데이터베이스에서 데이터 웨어하우스로 옮기고 처리하고 저장할 경우 ETL로 알려진 추출 (extract), 변환(transform), 적재(load) 업무를 해야 할 때가 많다. 4장의 다른 용어와 마찬가지로 이 문장도 실제 프로세스의 복잡성을 그대로 보여주지 않는다.

ETL 프로세스는 데이터를 한곳에서 다른 곳으로 복사하는 것 이상이다. 데이터는 현재 데이터 저장소에서 추출돼야 한다. 미가공 데이터가 있다면 그것을 정제하고 유효성을 검증해야 한다. 즉, 데이터는 무결성 표준을 준수해야 한다는 의미다. 잘못된 데이터는 수정하거나 삭제해야 한다. 비즈니스 규칙 애플리케이션도 중요하다. 다른 곳으로 옮기기 전에 암호화하거나 삭제해야 하는 고객의 개인 정보가 있는가? 가능한 모든 복잡한 단계를 거쳤다면 데이터는 데이터 웨어하우스 애플리케이션의 테이블로 적재된다. 일반적으로 이러한 프로세스는 자동화돼 있지만, 거대한 조직에서는 ETL 파이프라인의 각 단계를 거치면서 데이터 무결성에 문제가 없다는 것을 보장하는 데 많은 노력이 필요하다.

비즈니스 의사결정에 필요한 데이터를 변환하고 조작하는 것은 데이터가 커지면서 문제를 일으킨다. 이미 언급했듯이 네트워크를 통해 데이터를 이관하는 것은 느리고, 데이터 소스가 커짐에 따라 ETL 프로세스는 점점 더 복잡해진다.

데이터 웨어하우징이 데이터에 대한 질문을 빠르게 하는 도구일 필요는 없다. 우선 전체 ETL 파이프라인이 반드시 데이터가 질의되기 전에 실행돼야 한다. 테이블의 새로운 차원이 필요하면 어떤 일이 발생할까? 데이터 웨어하우징이 워낙 무겁기 때문에 사용하는 데이터 모델을 바꾸는 데는 많은 노력이 필요하다. ETL 프로세스만으로 일관되게 변경할 수는 없다. 데이터는 거대한 메인프레임 서버, 온라인 관계형 데이터베이스, 그리고 심지어 회계부서의 스프레드시트 등의 매우 다양한 곳에서 온다. 이러한 데이터 출처가 차단되거나 변경된다면 자동화된 ETL 프로세스가 실패할 수 있다.

하둡: 웨어하우스의 코끼리

전통적인 데이터 웨어하우스 기술은 인터넷 이전 세계에서 태어났다. 인터넷의 성장은 웹, 모바일, 센서 데이터의 여러 세대의 가치를 폭발적으로 증대시켰다. 데이터 웨어하우스 개념이 이상적이지만 도달할 수 없는 목표라면 새로운 데이터 분석 기술은 데이터 웨어하우스 개념의 파괴자로 묘사된다.

데이터 웨어하우스라는 개념은 효과적인 분석을 위해 다양한 사일로의 데이터를 추출하고 합치기 위해 상당한 노력을 기울여야 한다는 철학을 갖고 있다. 하둡과 같은 기술은 다른 철학을 가지고 있는데, 거대하고 비구조적인 데이터를 수용하도록 상황에 맞게 데이터를 처리한다. 필요할 때마다 대용량 데이터에 대한 질문에 답하는 하둡 맵리듀스 프레임워크 같은 도구를 사용할 수 있는데, 왜 일정하게 데이터를 추출하고 정규화하고 구조화하는, 겉보기에도 불가능한 업무로 고생하는가? 왜 매일 만들어지는 비구조화된 데이터를 하둡 분산 파일시스템에 그냥 올리고 데이터 질의가 필요할 때 맞춤형 맵리듀스 함수를 구현하지 않는가?

데이터 웨어하우스로 대표되는 전통적인 엔터프라이즈 세계와 하둡 같은 새로운 오픈소스 프로젝트로 상징되는 기술 세계 사이에는 흥미로운 문화 충돌이 있다. 사용자들은 각 기술이 다른 기술을 보완해주는 방법을 찾기 시작했다. 분산 처리 기술이 보여주기 시작하는 한 가지는 어쩌면 데이터 사일로가 전적으로 나쁜 것만은 아닐 수 있다는 점이다.

데이터 사일로에 좋은 면도 있다

BI나 ETL 같은 엔터프라이즈 데이터 세계의 여러 용어처럼 데이터 사일로라는 용어도 면밀히 조사해볼 필요가 있다. 앞서 다룬 데이터 관련 도전과제 때문에 데이터 사일로는 나쁜 평판을 갖고 있다. 데이터 규모가 커지면서 모든 데이터를 위한 단일 저장소를 제공한다는 개념이 항상 현실적인 해결책인 것은 아니다. 조직 내에서 생산하는 대용량 데이터를 처리하는 적당한 방법이 없는 세계에서 유일한 현실적인 해결책은 수집된 데이터를 깨끗하게 정제해서 데이터 웨어하우스에 저장하는 것뿐이다.

이제는 규모가 작은 조직에서도 요구에 따라 대용량 데이터를 처리하는 기술을 사용할 수 있게 됐고 저장 비용은 계속 저렴해지고 있다. 사일로가 가장 적합한 활용 사례인 경우에도 간단히 데이터를 저장하고 레포팅 도구를 실행하는 것이 경제적으로 가능해졌다는 의미다. 이 모델에서는 이 모델이 가장 효과적인 곳에 데이터를 보관하고 필요할 때 분석하기 위한 데이터 처리 방법을 찾는 데 더 집중한다. 다시 말해, 어느 BI 소프트웨어 개발자의 말마따나 "데이터 사일로는 유용하기 때문에 존재한다."

현실은 데이터 웨어하우스가 모든 데이터 사일로 문제를 효과적으로 해결할 수 있지는 않다는 점이다. 하둡이 도전과제에 대한 답이 될 수 있다라고 가정하며 모든 데이터 문제를 현 상황에 맞게 접근하는 것은 모든 활용 사례를 해결하는 데 실용적이지 않다. 운영 데이터 저장소에 저장된 비구조화된 미가공 데이터를 분산 파일시스템에 넣는 것은 훌륭한 데이터 웨어하우징 설계에 부합하는 방법이 아니다. 확실히 데이터 웨어하우징 기술을 이용하는 데는 타당한 이유가 있고, 조직의 모든 데이터 요건을 충족시키기 위해 단일 데이터베이스 시스템을 사용할 수 있는 상태가 되기 전까지는 데이터를 효과적으로 사용하기 위해 한 시스템에서 다른 시스템으로 옮겨야 한다.

이와 비슷하게 상황 대처형(ad-hoc) 시스템의 복잡도를 관리하는 데도 상당한 노력이 필요하다. 분리된 데이터 출처를 연결하는 맞춤 시스템을 구축하는 것은 어렵고 또 다른 전문성을 요구한다.

기술이 아닌 데이터 도전과제에 집중한다

데이터 사일로 문제의 가장 중요한 해결책은 실제로 기술적인 것이 아니다. 가장 중요한 목표는 답해야 하는 문제의 범위를 이해하고 가장 효과적인 솔루션을 선택하는 것이다.

데이터 웨어하우징이 항상 데이터 사일로 문제를 극복하는 가장 좋은 해결책은 아니고, 하둡 같은 분산 처리 시스템도 항상 올바른 해결책인 것은 아니다. 사실 효과적으로 사용하려면 둘 모두 많은 투자와 기술이 필요하다. 실제로 많은 조직의 데이터 문제는 데이터 웨어하우스 없이도 해결할 수 있다. 하지만 같은 질문이 반복해서 제기되고 일반적인 레포팅과 규정이 충족됐을 때는 데이터 웨어하우스 솔루션에 투자하는 것이 의미가 있다.

빠른 상황 대처형 분석 데이터베이스와 결합된 분산 처리 시스템은 요구사항이 변하는 상황에서 빠르게 데이터를 처리해야 할 때 최선의 해결책이다.

SOX에 의해 제기된 것과 같은 보안과 규정 문제에 대해 데이터 웨어하우스는 훌륭한 해결책이다. 극소수만 접근할 수 있는 데이터 웨어하우스에서 데이터가 자동으로 변환되고 적재된다면 회계감사를 받을 때 데이터가 옳다고 확신할 가능성이 높다. 이러한 목적으로 자동화된 ETL 프로세스를 구축하고 정확하게 데이터를 모델링하는 것은 적절한 규제 준수 관행을 엄격하게 충족하는 데 이바지한다.

직원들이 직접 질문할 수 있는 권한 주기

데이터 웨어하우스의 개념은 조직 구조의 계층적 모델과 결부돼 있을 때가 많다. 경영진, 의사결정자 그리고 배의 선장은 조직의 데이터에 대한 고차원 관점을 가질 것으로 예상되고, 조직의 아래에 있는 직원들은 단순히 데이터 수집에만 관여한다. 조직의 리더는 의사결정과 분석을 위해 고차원 정보를 이용할 것으로 예상된다.

이 같은 관점은 조직 구조의 주요 기능으로서 데이터 분석을 구축하는 것을 목적으로 삼는 모델과는 대비된다. 마크 앤드리슨이 말한 소프트웨어에 먹히는 산업들은 가능하면 언제든지, 그리고 CEO의 관여와 무관하게 평가지표를 토대로 의사결정이 이뤄져야 한다.

"데이터 기반 조직"을 정의하는 것은 "비즈니스 인텔리전스"를 정의하는 것과 비슷한 문제다. 간단한 용어지만 현실에서 달성하기가 매우 어려운 목표를 묘사한다. 일각에서는 모든 의사결정이 평가지표에 의해 신중하게 결정된다는 점에서 데이터 기반 조직(data-driven organization)이라는 개념을 이상적으로 여기기도 한다. 실제로는 성공을 위해 데이터를 활용하는 조직들은 과학적인 방법을 사용하는 연구자들과 같은 방식으로 운영된다. 즉, 조직 내부에 있는 사람들은 고객과 조직 외부에 있는 사람들과의 상호작용을 통해 얻은 관찰과 통찰에 대한 가설을 검증하는 데 데이터를 활용한다.

이 개념은 조직의 모든 사람들이 데이터 관련 질문에 답하는 데 필요한 데이터 도구에 접근할 수 있어야 한다는 의미다. 아무나 고객의 개인적인 금융 또는 의료기록에 접근할 수 있어야 한다는 의미는 아니다. 정확히 의미하는 바는 조직 내의 모든 사람들이 질문의 답을 빠르게 찾아내고 필요할 때 평가지표로 그들의 생각을 뒷받침하는 데 도움이 되는 도구에 접근할 수 있게 해야 한다는 것이다. 또한 조직의 데이터를 자유롭게 공유함으로써 문제 해결을 위한 그들만의 혁신적인 아이디어를 이끌어내도록 직원들에게 알리고 영감을 주고 위임하는 것을 의미한다.

데이터 사일로를 연결하는 기술에 투자하기

데이터 사일로가 실제 이롭다는 개념을 받아들인다면 시스템 아키텍트는 접근법에 관해 다시 생각하게 된다. 데이터 웨어하우스가 데이터 분석을 위한 전무후무한 만능의 솔루션이라는 인식이 줄고 하둡 같은 분산 컴퓨팅 도구가 이러한 처리 업무에 유용하게 여겨진다면 관리자들은 이 둘 사이를 연결할 기술에 투자하는 데 집중하게 된다.

타블류(Tableau)나 클릭뷰(QlikView) 같은 시각화 도구는 이제 전통적인 ODBC 드라이버를 통한 관계형 데이터베이스 시스템뿐 아니라 구글의 빅쿼리나 클라우데라의 임팔라(Impala) 같은 새로운 데이터 도구에도 접근할 수 있다. 이와 비슷하게 마이크로소프트 엑셀 같은 업무 생산성 도구를 사용하던 사람들은 데이터 웨어하우스 소프트웨어와 연결해서 질의를 실행할 수 있다.

융합: 데이터 사일로의 끝

갖가지 전통 데이터 웨어하우스의 기술과 전문용어는 인터넷이 대중화되기 전에 개발됐다. 한 대의 커다란 장비로 구성된 데이터 웨어하우스 제품들은 엔터프라이즈 시장에서 흔히 볼 수 있고 높은 가격과 값비싼 기술지원 계약을 요구한다. 하둡 같은 오픈소스 기술을 이용해 장비 클러스터 상에서 분산 데이터 처리 시스템을 구축하는 것은 전문성과 인프라 유지보수가 필요한 또 다른 종류의 도전과제다. 기본적으로 이러한 시스템 설계를 다루려면 특화된 훈련과 다양한 트레이오프가 필요하다.

현실에서는 데이터 웨어하우스와 하둡 같은 분산 컴퓨팅 기술은 활용 사례가 겹치는 경우가 많다. 예를 들어 맵리듀스 워크플로우를 만드는 것은 고객 데이터베이스에서 데이터 웨어하우스로 데이터를 옮길 때 복잡한 ETL 변환 과정을 해결하는 더 성능 좋은 방법이 될 수 있다. 상용이든 오픈소스 프로젝트든 인기 있는 분산 데이터 프로젝트에 데이터 웨어하우스와 분석형 데이터베이스의 기능을 통합하려는 점진적인 움직임이 있다. 이를테면, 오픈소스 분산 컴퓨팅 시스템인 스파크(Spark) 프로젝트는 매우 빠른 인메모리 분석 플랫폼을 위해 고안됐다. 스파크와 함께 구축된 가장 흥미로운 프로젝트 중 하나는 샤크(Shark)인데, 이는 하둡 하이브와 호환되는 데이터 웨어하우스 애플리케이션이다. 이 조합의 결과로 스파크와 샤크는 웨어하우징 능력과 빠른 분석 능력을 제공한다. 오라클과 SAP에서 나온 전통적인 데이터 웨어하우스 제품에서도 하둡을 각자의 제품에 통합하기 시작했다.

이 책의 주요 주제는 가능할 때마다 클라우드 컴퓨팅 솔루션을 이용해 비용과 인프라의 필요성을 줄이는 것이다. 어떤 회사는 데이터 웨어하우스 시스템을 완전히 클라우드 상에 구축하기도 한다. 아마존의 레드시프트(Redshift)는 완전한 클라우드 아키텍처의 장점을 채택한 제품의 한 예다. 레드시프트의 핵심 설계 원리는 데이터는 다이나모DB(DynamoDB)나 엘라스틱 맵리듀스(Elastic MapReduce) 같은 다른 아마존 클라우드 데이터 소스에서 바로 불러올 수 있다는 것이다. 다른 회사에서도 이와 비슷한 전략을 구사해서 완전히 관리되는 하둡 하이브 배포판을 가상 클러스터에 올리고 있다. 클라우드 기반 데이터 웨어하우스에는 또 다른 장점이 있는데, 웹에서 더 많은 애플리케이션이 개발될수록 클라우드 내에 완벽한 데이터 웨어하우스를 갖출 경우 브라우저 기반의 시각화 및 레포팅 도구가 데이터 소스에 더 쉽게 접근할 수 있다는 것이다.

대용량 데이터를 수집하고 처리하고 저장하는 기술이 있다. 데이터는 맵리듀스 같은 도구로 처리할 수 있고 집계 분석 도구는 더욱더 빨라지고 있다. 이 모든 것들은 궁극적으로 데이터 인터페이스를 제공하는 웹 기반 시각화 및 비즈니스 생산성 도구와 함께 클라우드 유틸리티 컴퓨팅 시스템을 사용하게 된다. 이러한 모든 요소의 도움으로 데이터 사일로에서 생기는 많은 기술적인 문제를 다룰 수 있다. 공통 스토리지와 클라우드 기반 시스템 간의 표준화된 상호운용성은 데이터 출처 간의 변환을 더욱 수월하게 만들 것이다. 직원들을 데이터 전문가로 만들려는 조직 내 문화적 변화와 더불어 이 같은 기술의 개발은 앞으로 데이터 사일로 때문에 발생하는 문제를 해결하기 위한 논의가 점점 덜 중요해지리라는 것을 의미한다.

룬의 비즈니스 인텔리전스 시스템은 실현될 것인가?

룬이 꿈꿨던 비즈니스 인텔리전스 시스템은 조직의 데이터에 관해 질문하는 도구가 아니다. 룬의 궁극적인 목표는 비즈니스 데이터 내의 흥미로운 패턴을 발견하고 필요한 시점에 필요한 사람들에게 그러한 모델을 기반으로 만들어진 관련 정보를 제공하는 기술이었다. 룬은 그러한 시스템에서는 특정 액션에 적절하고 유용한 새로운 정보는 지연없이 선별적으로 전파된다고 말했다.

누군가는 룬의 비즈니스 인텔리전스 시스템이 그의 말년에 등장한 기술, 즉 인터넷 때문에 이미 존재한다고 생각한다. 많은 웹 애플리케이션은 대중이 만든 데이터를 이용해 사용자에게 평점, 조언 및 맞춤 광고를 제공할 수 있다. 예측 분석은 사용자를 위한 추천 엔진을 만드는 데 사용되고, 사용자의 위치나 시간에 맞춰 모바일 기기로 데이터를 보내준다. 룬의 비즈니스 인텔리전스 시스템의 일부는 오늘날 개발되고 있지만 룬이 최초로 쓴 논문에서 제시한 것보다 더 큰 규모로 진행되고 있다.

정리

규모가 작은 조직에서도 중요한 데이터가 다양한 형태로 존재하고, 다양한 애플리케이션으로 관리하며, 클라우드나 다른 장비에 저장한다. 그 결과로 만들어진 데이터 사일로는 다양한 데이터 출처에서 답을 찾기 위해 질문하는 것을 어렵게 만든다.

조직의 데이터는 현실적인 이유로 서로 멀리 떨어진 여러 곳에 저장되고 있다. 운영 데이터 저장소는 고객이 사용하는 애플리케이션의 꾸준한 트랜잭션에 최적화됐다. 집계 질의와 데이터 상호운용성과 관련된 업무는 특화된 분석 시스템에서 처리하기에 가장 알맞다. 분석은 스프레드시트 같은 도구를 이용할 때 가장 생산성이 높다. 규정 준수, 보안 및 사용자 프라이버시는 데이터를 별도의 장소에 보관하고, 소수의 특정 사람들만이 접근할 수 있어야 하는 타당한 이유다. 조직의 많은 유용한 데이터가 이메일, 사용자 댓글 및 소셜 미디어 글과 같이 비구조화된 형태로 존재한다.

데이터 사일로에서 발생하는 데이터 문제를 해결하는 여러 개념적인 접근법이 있다. 데이터 웨어하우스는 운영 데이터베이스에서 만들어지는 데이터를 구조화해서 중앙 저장소로 저장하는 역할을 한다. 다양한 출처의 데이터는 서로 구조가 다르기 때문에 데이터 웨어하우스는 데이터를 추출하고 변환하고 적재하는 ETL 프로세스가 필요하다.

인터넷, 모바일 애플리케이션, 소셜 미디어, 이메일 및 기타 커뮤니케이션 기술은 조직에서 수집하고 분석하고자 하는 데이터 출처의 수를 늘렸다. 다른 접근법은 맵리듀스 같은 분산 처리를 위해 고안된 기술을 이용해 분리된 데이터에 대한 질문을 하는 것이다.

이처럼 대비되는 철학은 각기 강점과 약점이 있지만 데이터 사일로 문제를 다루는 현실적인 해결책은 기술적인 것보다는 조직적인 부분에 있다. 기술을 살펴보기 전에 현재 직면한 데이터 도전과제의 종류를 가장 먼저 이해해야 한다. 어떤 경우에는 데이터 웨어하우스 솔루션 없이도 데이터를 조회할 수 있어서 사용자들은 전통적인 ETL 과정을 건너뛰기도 한다. 기술에 투자할 경우 조직은 데이터를 중앙 저장소로 옮기고 합치는 기술보다는 다양한 데이터 출처를 연결하는 기술에 집중하는 편이 더 중요할 때도 있다.

많은 프로젝트에서 이 같은 질의 속도를 높이는 기법들을 활용해 하둡(데이터 처리를 개선하기 위한) 같은 대용량 분산 처리 시스템과 전통적인 분석형 데이터베이스나 데이터 웨어하우스 기술을 통합하고 있다. 많은 데이터가 클라우드 상에 존재하기 때문에 서비스로서의 데이터 애플리케이션을 사용하는 데도 나름의 장점이 있다. 시각화와 레포팅 도구는 전통적인 데이터 웨어하우스에서 벗어나 데이터 출처에 바로 연결되도록 만들어지고 있다.

3부

데이터에 관해
질문하기

5

하둡, 하이브, 샤크를 이용해 대용량 데이터 집합에 대해 질문하기

데이터 웨어하우징의 개념은 오랫동안 엔터프라이즈 분야에서 사용돼 왔다. 전체 조직을 아우르는 데이터에 관해 빠르게 질문하는 문제를 해결하기 위한 거대 산업도 생겨났다. 데이터 웨어하우스를 활용하는 것은 복잡한 ETL 파이프라인 설계와 OLAP 큐브와 스타스키마를 이용해 트랜잭션 데이터베이스에서 데이터를 처리하는 기술을 포함한다. 이처럼 성숙된 분야는 데이터 웨어하우징 이슈를 해결하기 위한 새로운 접근법에 도전받고 있다. 이러한 접근법은 간혹 더 확장성 있고 성능이 좋을 뿐 아니라 더 저렴하기까지 하다.

하둡 프로젝트는 저가의 서버 클러스터에 데이터 처리 업무를 분산시키기 위한 오픈소스 플랫폼을 제공한다. 하둡 맵리듀스 프레임워크는 대용량 데이터를 대상으로 배치 처리 작업을 수행할 수 있다. 데이터에 대해 질문하는 것은 분석 결과를 빨리 얻어야 하는 탐험적이고 반복적인 프로세스다. 반복되는 질의를 위해 매번 새로운 맵리듀스 코드를 작성하는 것은 실전에서는 매우 느리고 성가신 일이다.

5장에서는 친숙한 SQL과 유사한 문법으로 질의를 작성해 하둡의 데이터를 탐색하는 것을 지원하는 오픈소스 프로젝트인 아파치 하이브에 대해 알아볼 것이다. 또한 스파크와 샤크 프로젝트를 비롯해 대용량 데이터에 대한 대화식 질의 기술의 트렌드도 살펴보겠다.

데이터 웨어하우스란 무엇인가?

엔터프라이즈 데이터 분석 세계에는 제대로 정의되지 않은 전문용어가 굉장히 많다. 데이터 웨어하우징 세계를 구성하는 용어의 변화무쌍함이 가장 큰 혼란을 일으키기도 한다. 데이터 웨어하우징은 기업 데이터를 조직하는 프로세스나 스토리지에 사용되는 물리적 하드웨어를 포함한 수많은 것들을 지칭하는 문제가 있는 용어다. 어떤 데이터 웨어하우스는 조직의 데이터를 위한 표준 저장소로 사용되기도 하고, 어떤 것은 단순히 분석을 위한 임시 데이터베이스로 사용되기도 한다. 기업 내의 모든 데이터를 집계하는 문제를 해결하는 하나의 특정 도구 또는 특정 종류의 도구란 없으며, 모든 기업은 고유의 문제를 가지고 있어서 범용 솔루션을 만들기도 어렵다. 그럼에도 솔루션 제공자로 이뤄진 거대한 산업이 존재하고 기술 언론들은 솔루션을 제공하는 다양한 시도의 장단점을 논하고 있다.

데이터 웨어하우스가 상황에 따라 의미를 달리하지만, 조직 데이터를 위한 하나의 통합된 장소를 제공하는 것이 가장 공통적인 활용 사례다. 여러 조직에서는 수용 가능하고 적시에 대용량 데이터에 관해 질문하는 수단이 필요하고, 스키마와 증가 패턴이 각기 다른 다양한 출처의 데이터를 다룰 필요가 있다. 공통된 데이터 출처는 운영 데이터 저장소이며, 조직의 최전선에 있는 관계형 데이터베이스로서 항상 고객 데이터를 수집하고 처리한다. 이러한 데이터베이스는 개별 레코드를 생성하고 업데이트하는 등의 트랜잭션을 처리하는 데 최적화돼 있지만 전체 데이터베이스에서 대량으로 질의를 실행하는 데는 적합하지 않다. 운영 데이터 저장소는 조직의 표준 데이터 출처로서 매 순간의 변화를 기록한다. 이러한 데이터 스냅샷을 데이터 웨어하우스로 옮기면 판매와 광고 트렌드에 관한 통찰을 얻을 수 있다. 운영 데이터 말고도 조직에서 분석하고 싶어하는 출처는 많다. 소셜미디어, 블로그, 이메일 등의 텍스트 문서처럼 구조화되지 않은 조직 데이터의 양은 날로 증가하고 있다.

분석가들은 다양한 출처의 데이터가 어떻게 관계돼 있는지 이해해야 한다. 예를 들어, 특정 상품에 대한 소셜 미디어의 반응과 판매량 사이의 잠재적인 통계적 연관성을 파악하고 싶을 것이다. 이 목적을 달성하는 한 가지 방법은 MySQL, MS-SQL, 오라클 또는 기타 상용 및 오픈소스 제품을 이용해 중앙의 관계형 데이터베이스에 조직의 모든 데이터를 넣는 것이다. 2차 데이터 저장소는 조직데이터 레코드로서 무기한 유지될 수 있다. 다른 경우에는 간단히 수집된 데이터를 분석하는 수단으로 사용될 수도 있다.

운영 데이터베이스로부터 데이터를 가져와 데이터 웨어하우스에서 집계를 위한 유용한 형태로 전
환하는 프로세스를 종종 ETL, 즉 추출(extract), 변환(transform), 적재(load)라 한다. 일부 데
이터는 변수나 다른 타입으로 전환하는 정규화가 필요하다. ETL 파이프라인을 구축하는 것은 복잡
한 작업이며, 여기에 특화된 제품도 많다.

이 같은 전통적인 데이터 분석 방법에는 몇 가지 단점이 있다. 첫째, 비용이 많이 든다. 여러 상용
데이터 웨어하우징 솔루션 시장은 종종 대기업 고객을 대상으로 하고 있어 수많은 소규모 기업에게
는 너무 비싸다. 한번 데이터가 수집되면 분석가들은 데이터 웨어하우스 내의 데이터에 관해 질문
할 수 있기를 원한다. 하지만 데이터 규모가 클 경우 일반적으로 관계형 데이터베이스는 가장 빠른
질의 수단이 아니다. 데이터 규모가 비교적 작을 경우 적절히 색인된 관계형 데이터베이스를 대상
으로 집계 질의를 수행하는 것은 꽤 빠르다. 하지만 장비의 성능과 무관하게 관계형 데이터베이스
는 태생적으로 데이터 규모가 매우 커지면 데이터 처리와 관련된 궁극적인 문제에 봉착한다. 큰 테
이블을 대상으로 복잡한 집계 질의를 실행하는 것은 관계형 데이터베이스에 적합한 활용 사례가 아
니다. 규모가 큰 두 개의 표준화된 테이블의 결과를 합치는 데는 아주 오랜 시간이 걸릴지도 모른
다.

일반적인 파괴적 혁신 모델에서 기업들은 복잡한 ETL, 스타스키마 및 기업용 데이터 웨어하우징
의 다른 기술을 사용하지 않고 각자의 데이터 문제를 해결하는 방법을 찾는다. 페이스북처럼 대용
량 데이터를 다루는 기업에서는 기존의 데이터 웨어하우스 솔루션이 인터넷 애플리케이션이 만들
어내는 거대한 양의 데이터를 다루는 데 기술적으로나 경제적으로 적합하지 않다는 사실을 발견했
다. 데이터 규모가 페타바이트급으로 늘어남에 따라 페이스북에서는 확장 가능한 데이터 처리 모델
을 개발해야만 했다. 아파치 하둡 프로젝트가 바로 그런 플랫폼이었다. 하둡은 데이터 양이 증가함
에 따라 수평적으로 확장 가능한 데이터 처리 프레임워크인 오픈소스 맵리듀스를 제공한다. 더욱이
하둡을 이용하면 저가의 서버로 구성된 클러스터를 사용할 수 있다.

아파치 하둡은 오픈소스 데이터 처리와 관련해서 미디어의 호평을 오랫동안 받아왔다. 하둡 분산
파일 시스템(HDFS)과 더불어 하둡은 데이터 처리 업무를 다수의 장비에 분담시키는 프레임워크
를 제공한다. 평범한 하둡 설치본부터 맵리듀스를 인터페이스로 제공한다. 데이터를 처리하기 위해
맵리듀스를 생성하기 위해 BASH나 파이썬(8장 "하나로 합치기: 맵리듀스 데이터 파이프라인" 참
조)과 같은 스크립팅 언어, 캐스케이딩(Cascading) 같은 라이브러리, 그리고 피그(Pig) 같은 워
크플로우 언어(9장 "피그와 캐스케이딩을 활용한 데이터 변환 워크플로우 구축하기" 참조)를 이용
해 맵리듀스 워크플로우를 작성할 수 있다.

맵리듀스 잡은 비구조화된 데이터를 손쉽게 배치 처리하는 적절한 방법이다. 예를 들어, 맵리듀스는 다수의 미가공 텍스트 파일에서 특정 데이터 타입을 다른 타입으로 변환하는 데 사용할 수 있다.

관계형 데이터베이스는 구조화된 데이터에 관해 질문하는 데 유용한 도구다. 비슷한 질문을 하기 위해 맵리듀스 잡을 사용할 수 있는가? 당연히 할 수 있다. 그러나 대화식 환경에서 대화식 질의 작업을 예제로 작성하기란 쉽지 않다. 데이터에 질의를 실행하는 것은 배치 처리 작업을 정의하는 것과 다른 프로세스다. 데이터 처리 업무에서는 즉각적인 결과를 기대하지 않는다. 데이터 분석은 그 자체로 상황에 대처하는 탐험으로 이끈다. 질의가 끝남과 동시에 바로 이어지는 질의를 하고 싶을 것이다. 경험이 많은 개발자에게도 질의를 할 때마다 새로운 스크립트를 작성하기란 성가신 일이다. 게다가 대부분의 질의는 분석가나 의사결정자가 수행하는데, 이들은 코드를 작성하거나 하둡 인스턴스를 관리하는 데 전문가가 아니다.

관계형 데이터베이스는 잘 알려졌고 배우기 쉬운 표준 SQL을 지원한다. SQL은 수치 연산 결과를 불러오고 다른 테이블의 질의 결과를 합치고 특정 값에 따라 결과를 그룹화하는 등의 공통적인 데이터베이스 기능을 지원한다. SQL은 매우 표현력이 풍부하고 많은 사람들이 쉽게 이해할 수 있는 언어라서 분석가들도 코드를 작성하는 방법을 몰라도 사용할 수 있다는 큰 장점이 있다.

아파치 하이브: 하둡을 위한 대화식 질의하기

하둡 맵리듀스 프레임워크에서 SQL과 유사한 질의를 실행하기 위해 페이스북에서는 데이터베이스와 유사한 구조를 관리하고 질의를 다단계 맵리듀스 잡으로 변환하는 소프트웨어를 구축해야만 했다. 페이스북의 해결책은 하이브로 알려진 데이터 웨어하우징 도구를 만들어내는 것이었다. 겉으로 보기에 하이브는 관계형 데이터베이스를 기반으로 하는 전통적인 데이터 웨어하우스 솔루션을 닮았다. 하지만 페이스북이 직면했던 많은 문제를 해결하는 데 바로 적용할 수 있는 여러 장점을 제공한다. 무엇보다도 하이브는 데이터 규모가 커짐에 따라 하둡 프레임워크를 자유자재로 확장 또는 축소해서 사용할 수 있다. 하이브는 확장 가능하다. 즉, 하둡을 기반으로 하기 때문에 하이브와 연결된 맵리듀스 프레임워크를 이용해 사용자 정의 함수(UDF; User Defined Function)를 간단히 작성할 수 있다.

하이브 활용 사례

아파치 하이브의 활용 사례도 다른 기술 솔루션이 담당하는 것과 많이 겹친다. 하이브는 언제 사용하는 것이 가장 좋을까? 일부 사용자에게는 하이브가 상용 데이터 웨어하우스 솔루션을 대체할 저렴하고 유연한 대안이다. 활용 사례에 따라 하이브는 데이터 처리를 위한 복잡한 ETL 파이프라인을 구축하지 않기 때문에 데이터 분석을 굉장히 간소화한다. 하둡 프레임워크 덕분에 하이브는 데이터 규모의 증가에 맞춰 확장도 가능하다.

하이브가 여러 장비로 손쉽게 확장할 수 있고 SQL과 비슷한 질의어를 지원하긴 하지만 트래픽이 많은 시스템("운영" 데이터 저장소로 알려진)의 데이터베이스 백엔드로 사용하기 위해 만들어진 것은 아니다. 맵리듀스는 강력한 처리 개념이지만 빠른 속도보다는 배치 작업을 위한 유연하고 프로그래밍 가능한 인터페이스를 제공하도록 설계됐다. 대부분의 경우 하이브 질의는 대용량 데이터 집합에서도 수 분 안에 결과를 제공할 만큼 충분히 빠르다. 이미 구조화된 데이터의 경우 하이브는 전통적인 데이터 웨어하우스를 위한 스타스키마를 구축하는 데 필요한 ETL 과정을 생략할 수 있어서 충분히 빠르게 결과를 돌려줄 수 있다. 현재 데이터 관련 문제가 더 빠른 질의 결과를 얻어야 한다면 좀 더 전통적인 데이터 웨어하우스 소프트웨어에 투자하거나 데이터 처리 파이프라인에 분석형 데이터베이스를 추가하는 방법(6장, "구글 빅쿼리를 이용한 데이터 대시보드 구축하기" 참조)을 고려할 수 있다.

하이브 대신 기존의 데이터 웨어하우스를 선택해야 하는 다른 이유도 있다. 더욱 성숙한 상용 시장에서 이미 사용 가능한 여러 견고한 기능들을 이용할 수 있다는 점이다. 예를 들어, 상용 데이터 웨어하우스는 데이터 장애 복구와 같은 기능을 제공하는 하드웨어 상에 구축하는 경우가 많다. 하이브는 간단한 기능만 제공하기 때문에 데이터 복제와 같은 작업은 수작업으로 해결해야 한다.

하이브는 데이터베이스와 데이터 웨어하우스의 기능을 모두 제공하지만 둘 중 어느 것도 아니다. 하이브를 이용하면 맵리듀스 프레임워크의 이점을 보통 복잡한 ETL이나 데이터 웨어하우스 도구로 처리하는 데이터 문제를 해결하는 데 적용할 수 있다. 하이브는 빠른 속도를 포기하는 대가로 비교적 저렴한 비용으로 조직 데이터를 집계하는 데 매우 유연한 선택이다. 이러한 이유로 하이브를 이미 설치된 하둡에 통합하는 것은 바람직한 선택이다. 페이스북이 경험했던 페타바이트급 규모처럼 데이터가 극단적인 수준으로 커졌을 때 하이브 같은 분산 솔루션은 데이터 웨어하우스 기능을 모두 제공해주면서 경제적으로 실현 가능한 유일한 방법이다.

하이브 사용하기

하이브 질의 언어는 관계형 데이터베이스 사용자에게 친숙하지만, 하이브가 하둡 인프라를 기반으로 하기 때문에 몇 가지 차이점이 있다. 하이브가 어떻게 작동하는지 이해하기 위해 하둡과 맵리듀스에 대한 기본 개념부터 살펴보자.

하둡 생태계에는 초보자들이 혼란스러워하는 용어가 많다. 하둡은 여러 장비 간의 분산 데이터 처리 업무를 위한 프레임워크다. 데이터 처리를 위한 하둡의 맵리듀스 모델은 세 단계 프로세스로 구성된다. 맵 단계(map phase)라고 하는 첫 번째 단계에서 데이터를 특정한 키 값으로 구분되는 여러 조각으로 나눈다. 다음 단계인 셔플 소트(shuffle sort)에서는 클러스터 내의 같은 노드에서 키 값이 같은 데이터 조각을 모아서 데이터 처리가 실제 데이터와 가까운 위치에서 이뤄지게 한다. 마지막으로 리듀스 단계(reduce phase)에서는 개별 노드에서 정렬된 데이터를 로컬 컴퓨터에서 합쳐서 최종 결과를 제공한다.

맵리듀스 프레임워크는 대체로 간단한 개념이지만 복잡한 업무에 이 프로세싱 모델을 적용하는 것은 까다로울 수 있다. 테라바이트 용량의 파일에 들어 있는 개별 단어의 개수를 세는 것은 단일 맵리듀스 잡만으로도 처리할 수 있다. 하지만 수학 연산이나 다른 종류의 데이터를 합치는 것과 같이 두 테이블에 대한 복잡한 집계 질의 결과는 여러 맵리듀스 단계를 거쳐 완성된다.

하둡 분산 파일 시스템(HDFS; Hadoop Distributed File System)은 장비 클러스터에서 분산된 데이터 파일에 대한 추상화된 인터페이스를 제공한다. 사용자들은 데이터가 정확히 하둡 클러스터 내의 어떤 노드에 위치하는지 알 필요가 없다. 데이터가 처리될 곳으로 데이터를 옮길 경우 네트워크 상에서 데이터를 전송해야 하고 잠재적으로 성능상의 병목을 일으키는 비용(시간)이 많이 든다. 스토리지 노드에서 처리 노드로 데이터를 옮기는 대신 HDFS는 데이터가 특정 컴퓨터에서 처리되도록 돕는다. 이러한 설계에 따라 하둡은 대용량 데이터를 효율적으로 처리할 수 있다. 또한 HDFS는 복제를 통한 내고장성을 제공한다. 하둡 클러스터의 한 노드에 장애가 발생해도 같은 데이터가 클러스터 내의 다른 장비에 여전히 존재한다.

HDFS는 대용량 데이터의 배치 처리를 위해 고안됐지만 데이터베이스로 만들어진 것은 아니다. 이는 하이브가 데이터 출처를 추적하기 위해서는 HDFS에 처음부터 포함돼 있던 파일 위에 데이터베이스와 유사한 구조를 제공해야 한다는 것을 의미한다. 데이터베이스 구조를 추적하기 위해 하이브는 메타스토어(metastore)로 알려진 데이터베이스를 이용한다.

■ 하이브 메타스토어

데이터가 HDFS에서 하이브로 적재되면 데이터의 스키마를 표현해야 한다. 하이브는 스키마, 위치 그리고 다양한 입력 파일에 대한 정보를 메타스토어라고 하는 관계형 데이터베이스를 이용해 테이블에 기록한다.

기본적으로 하이브는 자체적으로 내장한 메타스토어(관계형 데이터베이스인 아파치 더비 (Apache Derby)로 구현된)를 제공한다. 이 기본 데이터베이스 덕분에 많은 추가 작업 없이 손쉽게 하이브를 사용할 수 있지만 몇 가지 제약 사항은 있다. 내장 메타스토어는 한 번에 하나의 하이브 세션에서만 사용할 수 있기 때문에 다수의 사용자가 동시에 작업할 수 없다. 여러 사용자가 대용량 데이터로 하이브를 실전에 사용할 경우 MySQL 같은 외부 관계형 데이터베이스를 메타스토어로 지정하는 것이 이 문제를 해결하는 가장 좋은 방법이다.

■ 하이브로 데이터 불러오기

하이브에서 데이터 불러오기(loading)는 다소 설명하기 까다로운 용어다. 하이브는 일종의 데이터 불가지론적[19]인 솔루션인데, 미가공 텍스트 파일, 하둡 시퀀스 파일(맵리듀스 데이터 처리 과정에서 사용되는 키-값 포맷) 및 특화된 칼럼형 파일을 비롯해 매우 다양한 출처의 포맷을 대상으로 질의할 수 있다.

하이브의 기본 데이터 단위는 테이블이다. 하이브의 테이블은 관계형 데이터베이스의 테이블과 매우 비슷하다. 각 열은 다른 데이터 타입을 가지고 각 행에 레코드가 기록되는 2차원 테이블이다. 관계형 데이터베이스와 비슷하게 하이브 테이블은 별개의 "데이터베이스"로 구성될 수 있으며, 여기서 데이터베이스는 특정 테이블명을 담는 네임스페이스 역할을 한다. 다시 말해 두 개의 다른 데이터베이스에 같은 테이블명이 있어도 충돌이 일어나지 않는다.

관계형 데이터베이스처럼 하이브는 각 필드마다 정수형, 논리형, 부동소수형 및 문자열 같은 다양한 데이터 타입을 지원한다. 하이브는 배열, 값의 구조체, 유닉스 타임스탬프, 그리고 여러 수학 함수를 기본 데이터 타입으로 지원한다.

하이브는 데이터의 제어 방법과 관련해서 관리형(managed)과 외부형(external)이라는 두 개의 주요 개념을 가지고 있다. 이 두 개념은 테이블이 제거(drop)됐을 때 소스 데이터를 지울 수 있느

---

19 (옮긴이) 미리 데이터 타입을 정하지 않고, 데이터를 읽는 시점에 해당 데이터의 타입에 맞게 유동적으로 데이터 타입을 정함

냐에 따라 구분된다. 하이브의 공통적인 활용 사례는 맞춤형 맵리듀스 코드와 같이 다른 애플리케이션에서 사용되는 데이터를 가공하는 것이다. 이러한 경우 하이브가 데이터에 바로 접근할 수 있기를 바란다. 또한 테이블을 제거하고 싶으면 하이브는 그것을 참조하는 것만 지울 수 있고, 실제 데이터는 지울 수 없다. 외부 테이블은 새로운 테이블을 생성할 때 EXTERNAL로 설정할 수 있다.

하이브는 태생적으로 다양한 파일 포맷을 지원한다. 텍스트뿐만 아니라 하둡 시퀀스파일 포맷(맵리듀스 처리 과정에서 중간 데이터를 담기 위한 키-값 포맷)도 사용할 수 있다. 더 나은 성능을 위해 하이브에서는 칼럼형 기록 파일(RCFile; Record Columnar File)도 읽을 수 있다. 5장의 후반부에서 RCFile 테이블을 생성하는 법을 살펴본다. 예제 5.1은 하이브 테이블을 생성하는 예제다.

예제 5.1 로컬과 HDFS의 데이터를 이용해 하이브 테이블 생성하기

```
/* 하이브 테이블 생성. 이 테이블을 삭제하면 테이블
   메타데이터와 데이터가 함께 제거된다. */
CREATE TABLE employee_ids (name STRING, id INT);
LOAD DATA INPATH '/users/ids.csv' INTO TABLE employee_ids;

/* 외부 테이블 생성. 이 테이블을 삭제하면 데이터는
   그대로 두고 테이블 메타데이터만 제거된다.*/
CREATE EXTERNAL TABLE employee_ids (name STRING, id INT)
  LOCATION '/external/employee_ids';
LOAD DATA INPATH '/users/ids.csv' INTO TABLE employee_ids;
```

■ 데이터 질의하기: HiveQL

하이브를 이용해 입력 파일을 기록하는 테이블을 만들었다. 이제 데이터에 관한 질문을 할 수 있다. 하이브에서는 HiveQL로 알려진 SQL과 유사한 언어를 통해 표준 SQL 사용자에게 친숙한 GROUP BY, JOIN, HAVING 같은 기능을 제공한다.

HiveQL이 표준 SQL에서 지원하는 모든 종류의 질의를 표현하지는 못한다. 표준 SQL과 HiveQL의 차이점은 관계형 데이터베이스와 맵리듀스 프레임워크의 설계상의 차이에서 비롯된다. 하이브가 기존 데이터 집합에 데이터를 추가하려고 만들어진 것이 아니라서 트랜잭션이 지원되지 않고 구체화된 뷰도 제공하지 않는다. 하지만 하이브는 맵리듀스의 독특한 이점을 취할 수 있다. 가장 유

용한 장점은 다중 쓰기(삽입) 기능인데, 한 번의 하이브 질의를 통해 다수의 테이블을 만들어낼 수 있다(표준 SQL 질의는 단 하나의 테이블을 생성한다). 하이브의 다중 쓰기를 실행하면서 출처 테이블을 한 번만 스캔하기 때문에 질의를 여러 번 실행하는 것보다 효율적이다. 예제 5.2에서 다중 쓰기 코드를 볼 수 있다.

예제 5.2 하이브에서 다중 쓰기(삽입) 질의하기

```
FROM bookstore
INSERT OVERWRITE TABLE book
SELECT author, SUM(revenue) AS total
WHERE category='book' GROUP BY author
INSERT OVERWRITE TABLE comics
SELECT author, SUM(revenue) AS total
WHERE category='comic' GROUP BY author;
```

관계형 데이터베이스의 표준 SQL과 HiveQL 사이의 또 다른 차이점은 비대칭 JOIN이 없다는 점이다. 맵리듀스 모델은 매칭되지 않는 키값을 비교하도록 설계돼 있지 않다. 그러므로 두 테이블 사이에 특정 키 값이 완전히 일치할 때만 JOIN할 수 있다.

이 예제는 하이브로 할 수 있는 것의 맛보기일 뿐이다. 실제로 데이터에 관해 질문해보기 위해 테스트 용도로 로컬 파일시스템을 사용하거나 로컬 하둡 파일시스템을 사용해 하둡과 하이브를 한 장비에서 실행할 수 있다. 외부 MySQL 데이터베이스를 원격 하이브 메타스토어로 사용하기 위해 시스템을 확장하는 것은 조금 더 복잡한 일이다(주로 MySQL 데이터베이스의 접근 권한을 설정하는 것과 관련이 있다).

하이브는 간단히 설치하고 설정할 수 있어서 작은 데이터 집합을 처리할 때도 매력적이지만 데이터 크기가 단일 서버만으로도 충분하다면 관계형 데이터베이스를 이용해 데이터에 관해 질문하는 것이 언제나 더 나은 방법이다. 맵리듀스 패러다임을 기반으로 SQL과 유사한 인터페이스를 제공한 덕분에 하이브는 매우 큰 데이터 집합에 관한 질문 과정의 속도를 향상시킬 수 있다.

■ 하이브 질의 성능 최적화하기

맵리듀스 프레임워크는 데이터 처리 작업을 여러 장비에 분산시키는 병렬화를 통해 대용량 데이터 처리 솔루션을 경제적으로 감당할 수 있게 만들었다. 맵리듀스는 짧은 시간 내에 미가공 파일을 변환하는 거대한 배치 작업에 적용하기에 좋은 모델이지만 질의 속도는 매우 느릴 수 있다. 하이브의 EXPLAIN 문을 이용하면 질의가 여러 맵리듀스 단계를 필요로 하고 각 단계에서도 많은 디스크 접근 이벤트가 발생해서 더 느려진다는 사실을 확인할 수 있다.

속도를 개선하는 첫 단계는 질의 결과를 제공하는 데 필요한 데이터의 양을 제한하는 것이다. 이를 위한 첫 번째 방법은 하이브의 파티션 기능을 사용하는 것이다. 데이터가 파티션되면 하이브는 전체 테이블이 아닌 요청받은 파티션만 탐색한다. 하이브의 칼럼에 색인을 만들 수도 있다. 적절하게 설정된 색인이 하이브의 질의 속도를 최적화하는 데 결정적인 역할을 할 때가 많다.

다른 최적화 방법으로 실행하려는 질의에 가장 적합한 파일 포맷을 이용하는 것이 있다. 하둡이 HDFS에 중간 처리 파일을 저장할 때 시퀀스 파일이라고 하는 포맷을 사용하는데, 이 포맷은 각 키가 데이터 한 행을 가리키는 키-값 구조로 돼 있다. 하이브는 미가공 텍스트 파일이나 시퀀스 파일을 사용할 때 질의가 실행될 때마다 매번 전체 데이터 열을 스캔한다. 이러한 파일 형식은 소수의 데이터 열만 필요로 하는 빠른 질의를 실행하는 데는 최적의 포맷이 아니다. 하지만 RCFile이라고 하는 포맷은 Hive가 질의 결과를 제공할 때 필요한 열에만 접근할 수 있게 해준다.

원본 파일에서 RCFile을 생성하는 간단한 방법은 SELECT 문을 이용해 새로운 RCFile 테이블을 생성하는 것이다. 먼저, 원본 텍스트 파일에서 데이터를 하이브로 불러온다. 그런 다음 RCFile 포맷으로 저장될 새로운 빈 하이브 테이블을 만든다. 마지막으로 RCFile 테이블을 채워넣도록 하이브 질의를 실행한다. 예제 5.3은 위의 단계에 따라 이러한 두 가지 종류의 파일에 대한 HiveQL의 성능 차이를 보여준다.

예제 5.3 텍스트 테이블을 RCFile 형태의 테이블로 변환하기

```
/* 원본 텍스트 포맷 파일에 대한 테이블 생성 */
CREATE TABLE text_table(
  name string,
);

/* HDFS에서 테이블로 데이터 불러오기 */
LOAD DATA INPATH '/names.txt' INTO TABLE text_table;

/* 모든 데이터를 선택해 새로운 RCFile 하이브 테이블에 결과 넣기 */
CREATE TABLE rcfile_table(
  name string,
) STORED AS RCFILE;
```

하이브로 추가 데이터 소스 사용하기

하이브가 사용자에게 관계형 질의 세계만 열어준 것은 아니다. 하이브의 매력적인 다른 특징은 다른 종류의 데이터 소스에 접근하고 쓸 수가 있다는 점이다.

여러 키-값 데이터 저장소가 있지만 하둡 사용자에게 잘 알려진 것으로 HBase가 있다. HBase는 시스템에 많은 데이터가 유입되고 키를 이용해 빠르게 데이터를 호출할 필요가 있을 때 굉장히 좋은 솔루션이다. 하이브는 HBase를 데이터 소스로 사용하도록 설정할 수 있다. 비관계형 키-값 데이터 저장소에 대한 더 자세한 정보는 3장을 참고한다.

하이브를 이용하는 또 다른 방법은 드라이버를 통해 상호작용하는 것이다. 하이브는 오픈소스 프로젝트이고 외부 프로그램과 인터페이스하는 데 사용되는 JDBC와 ODBC 드라이버가 있다. 마지막으로 하이브는 쓰리프트 서버(2장 "대용량의 미가공 데이터를 호스팅하고 공유하기" 참조)에서 유입되는 데이터와 직접적으로 상호작용할 수도 있다.

샤크: RAM 속도로 질의하기

아파치 하이브는 기본적으로 SQL과 유사한 질의문을 하둡 맵리듀스 잡으로 변환하는 시스템이다. 맵리듀스는 배치 프로세스로 동작해서 빠른 속도보다는 유연성을 더 강조한다. 사용자가 결과를 단계적으로 확인하는 대화식 질의를 위한 최적의 설계가 아니다. 데이터가 많은 장비의 디스크에 조각으로 나눠져서 같은 노드에서 처리되게 한 하둡의 설계 목표는 데이터가 디스크에 쓰여지고 읽혀지는 일이 꽤 빈번히 일어난다는 것을 의미한다. 속도 측면에서 디스크 읽기/쓰기는 데이터 처리 작업에서 주요 병목으로 작용한다. 하이브 질의는 종종 여러 단계에 걸친 맵리듀스 프로세스를 만들어내기 때문에 하나의 질의를 실행하면 수많은 디스크 읽기/쓰기를 수행하게 한다.

하둡이 모든 데이터 활용 사례에서 최적의 도구가 아니라는 점을 인지한 일부 개발자들은 분산 처리와 같은 활용 사례를 위한 기반 기술을 재고하기 시작했다. 오픈소스 데이터 세계에서 새롭게 개발된 흥미로운 프로젝트는 UC버클리의 AMPLab에서 수행하는 스파크다. 스파크는 하둡과 같은 분산 처리 프레임워크지만 속도 개선을 위해 시스템 메모리를 사용한다. 스파크의 핵심 데이터 모델은 탄력적인 분산 데이터세트 집합(RDD, Resilient Distributed Datasets)이라고 하는 객체를 기반으로 한다. RDD는 시스템 메모리에 상주하고 디스크 접근이 필요없다. 현재 스파크는 아파치 인큐베이터 프로젝트에 등록됐는데, 하둡이나 하이브처럼 공식적으로 아파치 프로젝트로 승인받기 위한 전 단계에 해당하며, 잘 알려진 기술 기업들이 서비스에 적용할 만큼 성숙했다.

분산 인메모리 환경을 제공하는 것만으로는 충분하지 않다. 하이브처럼 이 플랫폼을 더욱 접근하기 쉽게 만들어줄 실용적인 도구가 필요하다. 물론 절대적으로 스파크를 이용해서 만든 분산 데이터 웨어하우징 솔루션은 동물 이름을 따서 지어야 한다. 이는 분산 데이터 애플리케이션의 견고한 규칙이다. 하이브의 코드베이스(codebase)는 샤크 플랫폼에서 실행되도록 확장됐고, 그 결과를 샤크라고 한다.

하이브를 기반으로 하기 때문에 샤크는 기본적으로 데이터 애플리케이션 개발자들이 사용하기 쉽다. 샤크는 기존의 하둡과 하이브 인스턴스와 잘 작동하고 하이브처럼 HBase 테이블에 접근할 수 있다. 사실 샤크 인스턴스를 실행하는 것은 어렵지 않다. 일부 사용자들은 하이브 ODBC 드라이버 같은 기존의 도구를 이용해 태블러스(Tableaus) 같은 외부 애플리케이션에서 샤크 질의에 접근하는 데 성공했다고 보고했다.

샤크는 하이브가 일반적으로 사용하는 각종 임의 질의를 수행하기 위한 탁월한 수단이지만 다른 인메모리 데이터 기술처럼 성능은 클러스터의 가용 메모리 양에 좌우된다. 하지만 샤크가 디스크에 접근해야 할 때도 질의 성능이 하이브보다 낮다는 보고가 있다. 하지만 샤크 같은 새로운 기술을 사용하는 데서 오는 또 다른 취약점은 성숙한 프로젝트에 비해 도구 생태계와 개발자 커뮤니티가 부족하다는 점이다.

현실적인 관점에서 보면 가용 메모리 양보다 더 많은 데이터를 처리하는 맵리듀스 잡에 대해서는 하둡이 여전히 적절한 선택이다. 샤크와 하둡을 결합해서 사용한다면 양쪽 세계의 최고의 것, 즉 대용량 데이터를 변환하기 위한 디스크 기반의 배치 처리 도구와 분석을 위한 인메모리 질의 엔진을 갖출 수 있다.

하둡을 기반으로 한 빠른 오픈소스 질의 엔진 구현체로 임팔라가 있다. 임팔라는 하이브나 샤크와는 많이 다르지만 비슷한 활용 사례를 다룬다. 하이브나 샤크와 달리 임팔라는 6장 "구글 빅쿼리를 이용한 데이터 대시보드 구축하기"에서 소개할 구글 빅쿼리의 설계 특성을 많이 공유한다.

클라우드에서의 데이터 웨어하우스

5장에서 기존의 하둡 배포판에서 하이브를 이용하는 것을 살펴봤다. 대용량 데이터 분석과 클라우드 컴퓨팅은 함께 성장하고 있다. 필연적으로 클라우드 컴퓨팅과 가상 서버를 임대하는 산업이 출현했다.

완전하게 관리되는 하둡 시스템도 점차 가능해지고 있지만 분산 시스템은 태생적으로 관리 업무가 필요하다. 어떤 제품은 가상의 분산 데이터 웨어하우스 아이디어를 한 단계 발전시켜 완전히 관리되는 솔루션을 제공한다. 이 분야에서 인기를 얻은 한 기술은 아마존의 레드시프트다. 레드시프트는 하이브 같은 하둡 기반 제품이 아니지만 PostgreSQL을 기반으로 하기 때문에 관계형 데이터 웨어하우스에 더 가깝다.

실용적인 관점에서 데이터 웨어하우스를 대상으로 클라우드 기반 솔루션을 고려하는 여러 가지 이유가 있다. 점점 더 많은 애플리케이션이 웹으로 옮겨감에 따라 데이터는 이미 클라우드로 제공되고 있다. 더 중요한 점은 미리 투자해야 할 인프라 비용이 필요없고 필요에 따라 용량을 늘릴 수 있기 때문에 클라우드 데이터 웨어하우스 애플리케이션에 대한 모델이 좀 더 경제적으로 타당하다는 것이다.

정리

전통적인 데이터 웨어하우스 개념의 관계형 데이터베이스 아키텍처는 새로운 파괴적인 오픈소스 기술의 위협을 받고 있다. 데이터 크기가 매우 커졌을 때 상용 데이터 웨어하우스 솔루션은 여러 조직에게 경제적인 제약이 될 수 있다. 완전히 비구조화된 데이터와 관련된 데이터 문제에는 엔터프라이즈 데이터베이스 세계의 관계형 테이블, 스타스키마, 그리고 복잡한 ETL 프로세스를 사용하기가 쉽지 않다.

아파치 하둡 프로젝트는 일반 하드웨어 클러스터를 이용해 데이터를 처리하는 프레임워크를 제공한다. HDFS와 함께 하둡은 시스템에 더 많은 데이터가 추가돼도 수평적으로 확장할 수 있다. 하둡이 제공하는 프로세싱 모델인 맵리듀스는 분산 데이터 스토리지에 최대한 가까운 곳에서 데이터가 처리되도록 설계됐다. 이를 통해 네트워크 상의 복잡한 데이터 배치 처리가 가능해진다(이 경우 보통 스트리밍 맵리듀스 스크립트나 아파치 피그 워크플로우, 또는 자바 같은 고수준 언어로 구현된 하나의 완전한 애플리케이션 형태의 결과물이 만들어진다).

하둡은 단지 데이터 처리를 위한 것만은 아니다. 합산, 그룹화, 조인 및 다른 함수와 관련된 집계 질의의 답을 찾는 데 맵리듀스를 이용할 수 있게 했다. 하지만 데이터 집합을 질의하는 과정은 종종 반복적인 프로세스를 요구한다. 질의 작업은 결과를 얻기 위해 여러 맵리듀스 잡을 요구할 수도 있고, 복잡한 맵리듀스 워크플로우를 정의하는 코드를 반복적으로 작성하는 것은 성가신 일이다. 페이스북에서 처음 시작한 오픈소스 아파치 하이브 프로젝트는 HDFS에 저장된 데이터에 대한 반복 질의를 작성하는 프로세스의 속도를 개선하기 위해 SQL과 비슷한 하둡용 인터페이스를 제공한다.

하이브는 데이터 웨어하우징의 일부 개념을 하둡 프레임워크에 적용하는 프로젝트다. 관계형 데이터베이스를 이용해 구축된 기존의 데이터 웨어하우스 애플리케이션과는 달리 하이브는 HDFS에서 사용 가능한 테이블과 데이터 색인을 정의한다. 하이브 사용자는 HiveQL이라고 하는 SQL과 비슷한 질의 언어를 통해 하이브 데이터에 질의할 수 있다. 하이브 질의 언어는 표준 SQL-92의 모든 기능을 지원하지는 않지만 질의 결과에 대한 다중 테이블를 생성하는 것과 같은 맵리듀스 패러다임에 특화된 기능을 제공한다. 하이브는 자바의 데이터 타입에 기초한 네이티브 데이터 타입을 지원하는데, 정수, 부동소수, 문자열 등을 지원한다. 또한 하이브는 배열, 맵, 그리고 맞춤형 구조도 지원한다.

하이브는 텍스트 파일, 하둡 시퀀스 파일, 칼럼형 RCFile 포맷 등의 다양한 포맷을 지원한다. 데이터 파일은 하둡에 의해 완전히 관리될 수 있고, 또는 외부 장소에 저장하거나 참조할 수도 있어서 기존의 맵리듀스 애플리케이션 및 워크플로우와 공존할 수 있다. 하이브 테이블은 파티션과 색인 정보를 활용해 질의 속도를 개선할 수 있다. 하이브는 하둡에 대한 인터페이스이므로 질의를 위해 컴파일해서 사용할 수 있는 사용자 정의 함수도 만들 수 있다. 하이브의 인기 덕분에 명령줄 도구, 하이브 웹 인터페이스, 외부 소프트웨어에서 접근하는 데 사용되는 JDBC 드라이버 같은 다양한 커넥터를 포함한 거대한 도구 생태계가 형성되고 있다.

분산 데이터 웨어하우징 솔루션으로 하이브만 있는 것은 아니다. AMPLab의 스파크 프로젝트에서는 스파크 분산 처리 엔진을 이용해 데이터를 처리하기 위해 하이브의 코드 기반을 확장했다. 샤크의 인메모리 모델은 하이브 질의보다 기하급수적으로 빠르게 결과를 가져오는 것을 가능하게 했다. 샤크는 기존의 하둡 클러스터와 함께 사용할 수 있다. 샤크는 비교적 근래에 만들어진 프로젝트지만 대화식 질의가 필요할 때는 하이브를 대체할 만큼 유명해졌다.

하이브는 데이터가 너무 커져서 관계형 데이터베이스에서 취급할 수 없거나 비교적 비구조화된 데이터에 관해 질문하는 사용자가 자주 사용하곤 한다. 하이브는 데이터가 꾸준히 증가하는 경우에도 유용하고, 다수의 장비에서 확장 가능하기 때문에 다른 솔루션을 경제적으로 사용하기 힘든 상황에서도 유용하다. 게다가 하이브는 기존의 하둡 배포판을 상당한 수준으로 보완하는데, 질의를 하려면 복잡한 코드를 작성해야 하는 상황에서 개발자가 아닌 분석가들이 데이터에 접근하는 것을 가능하게 한다.

6

구글 빅쿼리를 이용한
데이터 대시보드 구축하기

아파치 하둡이 언론에서 자주 언급된다는 것은 새로운 분산 데이터 기술을 배우고자 하는 이들에게 축복이자 저주였다. 하둡은 대접받아 마땅하지만 빅데이터와 관련된 모든 것을 해결하는 솔루션으로 하둡에 유독 열광한다.

현실에서는 대용량 데이터 문제를 처리하도록 구축된 애플리케이션은 각각 특정 활용 사례에 특화된 다른 종류의 기술을 필요로 한다. 비관계형 데이터베이스는 대용량 데이터를 관리하는 데 유용한데, 읽어들이는 데이터의 양이 쓰는 데이터의 양을 초과할 때 특히 그렇다. 맵리듀스 프레임워크는 데이터를 다른 포맷으로 변환하는 데 유용하다. 이러한 활용 사례를 비롯해 분석가들은 전체 데이터에 관해 이상적으로는 반복 과정을 통해 질문할 수 있어야 한다. 맵리듀스나 비관계형 데이터베이스는 모두 대용량 데이터를 빠르게 질의하는 이상적인 해결책이 아니다. 집계 질의를 처리하기 위해 분석형 데이터베이스라는 다른 잠재적인 솔루션에 대해 알아볼 필요가 있다.

6장에서는 분석형 데이터베이스의 개념에 집중한다. 특히 구글 빅쿼리(Google BigQuery)를 알아보는데, 이 기술은 이 책의 다른 장에서 다루는 기술과는 매우 다르고, 어떤 면에서는 보완하는 역할을 한다. API를 통해 접근하는 서비스인 빅쿼리는 개발자들이 대용량 데이터 집합을 대상으로 실행한 질의 결과를 매우 빠르게 얻을 수 있게 해준다. 이 기술이 온라인 데이터 대시보드를 빠르게 구축하는 데 얼마나 유용한지 살펴볼 것이다. 또한 유사한 활용 사례에 대해 언제 빅쿼리 같은 도구를 사용하고, 또 언제 맵리듀스를 사용할지 현실적인 결정을 내리는 것도 알아본다.

분석형 데이터베이스

대용량 데이터에 관해 질문하는 과정은 많은 단계를 거친다. 데이터 수집 자체도 노력이 필요한 일이다. 이전 장에서 살펴봤듯이 많은 양의 데이터를 저장하고 공유하는 것도 대단한 도전이다. 변환, 처리 및 표준화는 데이터 분석을 시작하기에 앞서 필요하다. 일단 데이터가 원하는 형태로 준비되면 질문을 위한 추가 맥락을 제공하기 위해 준비된 데이터를 다른 데이터와 합치고 싶을 것이다. 마지막으로 이런 단계가 완료된 이후에 질의를 실행함으로써 대용량 데이터에 관한 질문을 시작할 수 있다. 질문에 대한 답을 얻고 나면 추가 질문을 해야 하는 경우가 있고, 그래서 데이터에 관해 질의를 반복하는 솔루션이 필요하다. 전통적인 관계형 데이터베이스 세계에서는 거대한 테이블에 대한 집계 질의는 추가 색인이나 데이터를 다른 형태로 변경하는 추가 기술을 사용하지 않으면 별로 빠르지 않다. 비관계형 데이터베이스는 이런 목적으로 고안되지 않았다. 질문을 하고 빠르게 결과를 얻기 위한 목적으로 최적화된 다른 종류의 기술이 필요하다.

큰 조직의 비즈니스 데이터를 다룰 때 일별 데이터를 관리하는 시스템과 데이터를 분석하는 데 최적화된 시스템을 별도로 사용할 때가 많다. 금융 기록, 웹 콘텐츠 또는 개인정보 등의 고객이 대면하는 애플리케이션에 대해서는 주로 관계형 데이터베이스를 사용한다. 이러한 시스템의 주요 목표는 높은 데이터 일관성을 제공하는 것이다. 웹을 통해 수백만의 고객 중 한 명이 주소 정보를 업데이트하면 이러한 처리 내역은 즉시 정확하게 기록되는 것이 중요하다. 데이터 무결성도 이런 상황에서 절대적으로 중요하다. 거대 조직들은 고객 데이터를 업데이트하기 위해 다수의 데이터베이스에 의존하기 때문에 시스템 간의 트랜잭션 일관성을 제공하는 도구에 많이 투자한다.

과감히 외부 세계와 대면해서 운영되는 데이터베이스는 OLTP(Online Transaction Processing) 시스템이라고 한다. 트랜잭션이라는 용어는 사람들마다 다르게 정의하기 때문에 OLTP 시스템을 특징짓는 표준 소프트웨어 설계는 존재하지 않는다. 때때로 기술적인 데이터베이스 용어인 '트랜잭션'을 뜻하기도 하고, 어떤 종류의 고객 트랜잭션을 묘사하기 위해 데이터베이스가 레코드 삽입(insert)을 처리한다는 의미이기도 하다. 어떤 경우든 OLTP 시스템을 이해하는 한 가지 좋은 방법은 OLTP가 운영 데이터로서 일관되게 업데이트되는 데이터를 잘 처리하도록 설계됐다는 것이다. 실무에서 OLTP 시스템은 보통 관계형 데이터베이스를 사용하는데, 이를 통해 데이터 일관성과 데이터를 특정 스키마에 맞춤으로써 정합성을 보장한다. 앞서 언급했듯이 관계형 모델이 많은 데이터베이스 질의를 빠르게 실행하는 애플리케이션에 항상 최적의 방법인 것은 아니다 (관계형 데이터베이스와 비관계형 데이터베이스의 역할에 관한 자세한 사항은 3장, "대중이 생성한 데이터를 수집하기 위한 NoSQL 기반의 웹 애플리케이션 구축하기"를 참고한다).

가장 앞단의 중요한 데이터베이스는 고객 데이터가 적절한 형태로 존재한다는 것을 보장하는 데 최적화됐으며 분석 업무를 편하게 하기 위해 고안된 것은 아니다. 분석가는 데이터에 관해 질문할 수 있어야 하고 결과 정보를 이용해 조직의 전략을 세우는 데 이바지해야 한다. 질의 결과가 나오기까지 기다리는 수 분에서 수 시간의 시간이 빠른 결정을 할지 또는 데드라인을 놓칠지를 좌우하기 때문에 속도가 주요 고민거리다.

관계형 데이터베이스에 저장된 데이터를 빠르게 질의하는 문제는 OLAP(Online Analytical Processing) 시스템에 사용되는 기술로 때때로 해결한다. OLAP라는 용어가 사촌격인 OLTP와 혼동될 만큼 비슷해 보여도 의미하는 바는 천지 차이다. OLAP 시스템은 기존의 운영 데이터를 빠르게 질의할 수 있는 다른 포맷으로 데이터를 변형하는 기술을 사용한다. OLAP 시스템의 공통적인 목표는 관계형 데이터베이스의 대용량 데이터를 처리할 때 느려지게 하는 과도한 JOIN 질의를 방지하도록 데이터를 변형하는 것이다. 이를 위해 데이터가 OLAP 시스템의 새로운 스키마에 맞게 데이터가 추출된다. 전체 과정은 복잡하고 시간이 많이 소요되지만 한번 이뤄지면 분석가들은 유연성을 포기하는 대가로 빠르게 데이터를 질의할 수 있다. 새로운 종류의 질의가 필요하다면 새로운 OLAP 스키마를 구축하는 과정이 반복될 수도 있다.

OLAP 개념은 유용한 것으로 입증됐기 때문에 오라클과 마이크로소프트 등의 대기업이 활동하고 있는 산업을 낳았다. 하지만 일부 기술은 다른 접근법을 취한다. 분석형 데이터베이스로 알려진 다른 종류의 소프트웨어는 관계형 모델이 필요없다. 디스크에 저장하는 스토리지의 혁신과 분산 메모리를 사용함으로써 분석형 데이터베이스는 SQL의 유연함과 전통적인 OLAP 시스템의 속도를 동시에 얻는다.

드리멜: 빠른 반복 질의하기

2003년도에 구글은 데이터 처리를 위한 맵리듀스 프레임워크를 설명하는 논문을 발표했다. 이 논문을 기점으로 대용량 데이터 처리의 접근성이 획기적으로 높아졌다. 맵리듀스는 일상의 컴퓨터 클러스터 위에서 데이터 처리를 분산시키는 일반 알고리즘이다. GFS라고 하는 확장 가능한 분산 파일시스템과 함께 맵리듀스의 개념 덕분에 구글은 인터넷을 색인할 수 있었다. 구글이 검색 산업에서 성공함과 동시에 하드웨어 비용의 지속적인 하락은 컴퓨터 과학자들이 데이터 처리를 위해 저렴한 하드웨어를 활용한 분산 시스템을 설계하는 데 더 많은 노력을 기울이도록 영감을 줬다. 야후!의 엔지니어들은 아파치 너치(Apache Nutch) 웹 크롤러로 수집한 데이터를 처리하는 데 맵리듀스 논문에서 영감을 받은 기능을 추가했다. 궁극적으로 너치에서의 작업이 하둡 프로젝트를 탄생시켰고, 이후 하둡은 오픈소스 빅데이터 세계의 빛나는 별이 됐다. 하둡은 개발자들이 직접 맵리듀스 애플리케이션을 작성할 수 있는, 수평적으로 확장 가능하고 장애 극복이 가능한 프레임워크다.

맵리듀스 개념의 가장 큰 장점은 다양한 대용량 데이터 처리 작업이 상대적으로 저렴한 하드웨어를 이용해 적당히 짧은 시간 안에 끝날 수 있다는 점이다. 업무의 종류에 따라 이전에는 한 대의 장비에서 불가능했던 작업들이 수 시간, 심지어 수 분 내에 끝날 수도 있다.

하둡 프로젝트는 언론의 많은 주목을 받았고 충분히 그럴만한 자격이 있다. 하지만 이러한 현상의 한 가지 문제점은 데이터 분석 분야를 처음 접하는 사람들이 종종 하둡과 맵리듀스를 빅데이터와 같은 것으로 인식할 수 있다는 점이다. 하둡 커뮤니티의 성공에도 어떤 알고리즘들은 여전히 분산 맵리듀스 잡으로 잘 표현되지 않는다. 하둡이 배치 처리 분야에서는 챔피언이지만 맵리듀스라는 개념은 다양한 상황에 맞는 질의 업무를 처리하는 최적의 방법은 아니다.

데이터에 관해 질문하는 경우 반복 프로세스가 필요할 때가 많다. 한 질문에 대한 답변이 다른 질문을 만들어낼 수 있다. 아파치 하이브 같은 도구와 함께 맵리듀스는 대용량 데이터에서 상황에 적절한 질의를 가능하게 했지만 이러한 기술이 데이터 분석가의 반복적인 행동과 프로세스를 충족시키기에 늘 충분히 빠른 것은 아니다.

맵리듀스를 수년간 사용해본 후 구글의 개발자들은 대용량 데이터에서 집계 질의를 실행하는 프로세스를 다시 생각하기 시작했다. 반복된 질의 경험은 질의를 빠르게 작성하고 실행하는 능력을 필요로 한다. 2010년에 구글은 드리멜(Dremel)로 알려진 기술을 설명하는 연구논문을 발표했다. 드리멜과 함께 엔지니어들은 SQL과 비슷한 문법으로 질의를 작성할 수 있게 됐고, 그래서 원시 맵리듀스 잡을 정의하는 부담 없이 반복적인 분석 과정의 속도를 향상시킬 수 있었다. 더 중요한 것은 드리멜은 수초 내에 테라바이트급의 데이터에 대한 질의 결과를 얻을 수 있는 새로운 기술 설계를 사용했다는 점이다.

드리멜과 맵리듀스는 어떻게 다른가?

현실에서 데이터 처리 애플리케이션은 상호보완적인 기술을 이용해 구축될 때가 많다. 데이터가 다양한 파이프라인을 통해 흐르기 때문에 데이터를 수집, 처리, 분석하는 각 단계에서 특화된 기술이 사용된다. 맵리듀스 같은 데이터 배치 처리 시스템과 드리멜로 표현되는 상황 대처형 분석 처리를 제공하는 시스템은 상호보완적인 관계를 맺는다.

5장에서 질의 결과를 얻는 맵리듀스 잡을 정의하기 위해 SQL과 비슷한 인터페이스를 제공하는 프로젝트인 아파치 하이브를 살펴봤다. 하이브는 사용자가 질의 결과를 만드는 맵리듀스 잡보다는 데이터에 관한 질문에 집중하게 해준다. 겉으로 보기에는 드리멜이 질의를 정의하는 데 SQL과 비슷한 인터페이스를 제공하기 때문에 아파치 하이브를 조금 닮았다.

맵리듀스는 매우 유연하다. 맵리듀스 모델은 하둡과 같은 프레임워크를 위한 거대한 소프트웨어 생태계가 만들어진 것에서 볼 수 있듯이 매우 다양한 다른 작업을 구현할 수 있게 만들어 준다. 비구조적인 데이터를 다루려면 해당 데이터를 처리하기 위한 맞춤 워크플로우를 정의하면 된다.

드리멜은 데이터가 스키마를 따를 것을 요구한다. 기본적인 문자열, 숫자 형식, 불린 값 등의 여러 데이터 타입을 이용할 수 있다. 드리멜 내의 데이터는 평이한 레코드로 기록되거나 레코드 내의 개별 필드가 자식 레코드를 포함하는 형태의 엮여있고 반복되는 형태로 기록된다.

하둡은 데이터를 분산 파일 시스템인 HDFS에 저장한다. 드리멜은 데이터를 열 형태로 디스크에 저장한다. 행이 아닌 열에 데이터를 저장한다는 말은 질의를 실행하는 중에 최소한의 필요한 데이터만 디스크에서 읽으면 된다는 것을 의미한다. 고객의 주소 정보를 담은 데이터 테이블을 상상해 보자. 이 데이터를 표현하는 한 방법은 성, 이름, 거리명, 도시, 우편번호 등을 각 필드에 저장하는 것이다. 각 우편번호에 대해 몇 명의 마이클이 있는지 확인하는 것이라면 드리멜은 단지 성과 우편번호 열만 탐색하면 된다. 이러한 열 데이터 저장소를 사용하는 것은 드리멜만의 기술은 아니다. 나중에 열 데이터 구조를 사용하는 다른 기술도 살펴볼 것이다.

전체 데이터 테이블에서 동작하는 SQL을 닮은 질의를 상상해보자. 이 질의는 GROUP BY, JOIN, ORDER BY 등의 다양한 작업을 할 것이다. 맵리듀스 프레임워크에서 여러 단계가 필요한 질의는 일반적으로 중간 결과를 디스크에 저장한다. 맵리듀스와 달리 드리멜은 디스크를 전혀 사용하지 않음으로써 빠른 속도를 낸다. 전체 데이터 테이블을 탐색해야 하는 집계 질의를 위해 빅쿼리에서는 가용한 시스템 메모리를 통해 이 작업을 수행함으로써 빠른 질의 속도를 보장한다. 참고로 데이터 처리량을 증가시키기 위해 레디스나 MemSQL 같은 인메모리 데이터 시스템을 사용하는 방법에 대한 더 자세한 사항은 3장에서 다뤘다.

맵리듀스 프레임워크의 배치 처리와 빅쿼리의 반복 질의 작업의 활용 사례는 상호보완적이다. 사실 대용량 데이터 수집을 위한 키-값 저장소(3장), 데이터 표준화 및 처리를 위한 맵리듀스 프레임워크, 또는 수집된 데이터를 빠르게 분석하는 분석형 데이터베이스처럼 더 특화된 소프트웨어를 사용하는 시스템이 상용 애플리케이션에서 더 흔히 볼 수 있을 것이다.

빅쿼리: 서비스로서의 데이터 분석

드리멜은 구글의 내부 도구다. 그럼 외부인은 그것을 실전 데이터 솔루션으로 어떻게 이용할 수 있을까? 아마존이 키-값 데이터 저장소인 다이나모DB를 배포했던 것과 비슷하게 구글에서는 외부 개발자들에게 드리멜에 사용된 기술을 API 형태로 제공하고 있다. 이 서비스는 구글 빅쿼리로 알려져 있다.

웹 메일, 소셜 네트워킹, 음악과 같이 널리 사용되는 애플리케이션은 웹 브라우저나 모바일 기기 같은 인터페이스를 통해 소비되는 클라우드 서비스로 점점 바뀌고 있다. 처리 속도를 위해 데스크톱 하드웨어에 의존하기보다는 애플리케이션 공간은 표준 기반의 프로토콜을 통해 재창조되고 있다. 극복해야 할 장애물이 많지만 이 모델의 장점은 기기 독립성, 잠재적으로 저렴한 비용, 소셜 협업에 대한 새로운 기회 등을 선사한다.

데이터 과학자의 경우 하드웨어에 대한 책임을 서비스 제공자에게 맡기는 것이 일반적인 추세다. 호스팅 서비스로 옮겨가는 것이 클라우드 환경의 잠재적인 처리 능력 때문만은 아니다. 클라우드 서비스를 사용함으로써 분석가와 소프트웨어 엔지니어들은 하드웨어를 관리하는 책임에서 벗어나 당면한 문제에 더 집중할 수 있다. 다른 장에서도 봤듯이 데이터의 규모가 커졌을 때 클라우드 기반의 서비스를 이용하는 것이 때로는 데이터 문제를 해결하는 유일한 경제적인 방법일 수도 있다.

이 책의 여러 예제에서 볼 수 있듯이 대용량 데이터를 다루는 것과 관련된 공통 주제는 기술에 대해 혁신적으로 재고하는 것이다. 관계형 모델은 웹 규모의 데이터로 확장하는 데 어려움이 있고, 이를 해결하기 위해 키-값 데이터 저장소 같은 비관계형 데이터베이스가 만들어졌다.

빅쿼리는 전통적인 의미에서 데이터베이스는 아니고 관계형 데이터베이스와 다른 특징을 보여준다. 빅쿼리도 데이터를 저장할 수 있지만 데이터 추가만 가능한 시스템이다. 개별 레코드는 업데이트할 수 없고, 기존 데이터 테이블에 새로운 데이터만 추가할 수 있다. 또한 표준 관계형 데이터베이스와 달리 완벽한 표준 SQL 명령어를 지원하지 않는다. 테이블을 생성하고 업데이트하거나 기존 테이블에 데이터를 추가하는 것은 SQL 명령이 아닌 API 호출로 이뤄진다.

관계형 데이터베이스에서처럼 빅쿼리의 데이터도 테이블로 구조화돼 있다. 이러한 테이블은 데이터로 알려진 그룹으로 구성돼 있다. 결국 각 데이터는 한 프로젝트에 속한다. 서비스가 완벽히 호스팅돼 있기 때문에 빅쿼리는 프로젝트당 과금한다. 또한 빅쿼리 서비스에서는 프로젝트 소유자들이 데이터 집합을 프로젝트 외부인과 공유할 수도 있다. 이러한 경우 다른 빅쿼리 프로젝트의 사용자는 소유자가 만들어놓은 공개 데이터를 대상으로 질의를 실행할 수 있다. 이때 공개 데이터를 대상으로 질의한 사용자에게 과금하고 소유주는 단지 데이터를 저장한 비용만 지불한다. 빅쿼리는 또한 접근 제어 목록(ACL, Access Control List)을 지원한다. 데이터에 대한 접근 권한은 최대한 까다롭게 유지하는데, 소유자에게만 공개, 도메인 사용자에게만 공개, 또는 다양한 공유 권한을 조합하는 등의 옵션을 제공한다.

빅쿼리의 질의 언어

관계형 데이터베이스에 저장된 데이터에 관해 질문하는 것은 거의 항상 SQL-92 같은 표준에 가까운 문법을 사용해 SQL로 질의문을 작성하는 것을 의미한다. 빅쿼리에서는 SQL과 유사한 문법을 사용하지만 전부 또는 대부분을 지원하지는 않는다. 일부 차이점은 빅쿼리가 트랜잭션 데이터베이스가 아니라 질의 엔진이라는 사실에 기인하고, 그래서 개별 레코드를 생성하거나 업데이트하는 데 필요한 SQL이 필요하지 않다.

빅쿼리의 기본 활용 사례 중 하나는 대용량의 데이터 테이블에서 빠른 집계 질의 결과를 제공하는 것이다. 많은 경우 GROUP BY 문은 ORDER BY 문과 함께 사용되어 상위 결과를 얻는다. 이런 종류의 질의가 너무 일반적이라서 빅쿼리는 이 목적을 위해 TOP라는 축약형 메서드를 제공한다. 3억 건 이상의 이력 정보가 포함된 wikipedia라는 샘플 빅쿼리 테이블을 보자. 예제 6.1은 data라는 용어를 가진 페이지 중에서 수정 횟수가 가장 많은 상위 5개의 정렬된 목록을 제공하는 TOP 메서드를 사용하는 예제다.

예제 6.1 빅쿼리의 TOP 함수

```
/* 빅쿼리 TOP 함수: GROUPBY, LIMIT, 그리고 ORDER BY의 기능을 결합  */
SELECT
  TOP(title, 5),
  COUNT(*)
FROM
  [publicdata:samples.wikipedia]
WHERE
   title CONTAINS "data";
```

빅쿼리는 또한 엮여있고 반복되는 필드가 포함된 데이터 구조도 지원한다. 어떤 필드는 자식 속성 집단이 담긴 새로운 행을 정의할 수 있다는 의미다. 예를 들어 person이라는 필드는 재생목록을 정의하는 레코드 목록을 포함한다.

질의가 실행될 때마다 빅쿼리는 결과를 보관하는 새로운 테이블을 만든다. 테이블의 이름을 명시하면 영구적으로 유지된다. 그렇지 않으면 테이블은 임시 저장으로 간주되어 짧은 시간 동안만 저장된다.

맞춤형 데이터 대시보드 구축하기

4장 "데이터 사일로를 다루는 전략"에서 데이터 사일로를 분할하는 전략을 살펴봤다. 그러한 전략은 직원들이 조직의 데이터에 대해 직접 질의할 수 있게 위임하는 데 이바지한다. 운이 나쁘면 조직 내에 데이터 과학자가 아무도 없을 수도 있다. 그러므로 때로는 기술에 익숙하지 않은 사용자가 분석 정보에 접근할 수 있게 도구를 구축하고 제공하는 것이 필요하다. 데이터가 매우 커졌을 때 일반 분석 도구인 R이나 엑셀로는 그와 같은 일을 쉽게 처리할 수 없고, IT 부서에서 데이터 처리나 분산 데이터 처리 인프라를 관리하는 데 시간을 허비하게 만든다. 모든 조직은 각양각색이고 크든 작든 특화된 데이터 레포팅이 필요하다. 따라서 때때로 일반화된 조직의 분석 도구가 결과를 제대로 제공하지 못하게 만들고, 그래서 어쩔 수 없이 맞춤형 제품 도구를 만들어야 한다. 더욱이 조직들은 엑셀, R, 또는 타블류 등의 다양한 데이터 분석 소프트웨어에 의존하고, 심지어 맞춤형 프로그램과 함께 사용해야 할 때도 있다. 무엇을 구축하고 무엇을 구매해야 할지를 평가할 때(13장 "언제 구축하고, 언제 구매하고, 언제 아웃소싱할 것인가?" 참조) 조직 내의 구성원들이 어떤 도구에 이미 익숙한지 이해해야 한다. 하지만 거대 조직에서는 일반적으로 맞춤형 데이터 레포팅 도구가 필요할 때가 많다.

빅쿼리를 지원하는 드리멜 기반의 인프라에는 데이터 개발자가 바로 접근할 수 없고, API를 통해서만 빅쿼리 기능을 사용할 수 있다. bq라고 하는 빅쿼리 명령줄 도구와 빅쿼리 웹 UI가 있지만 단지 빅쿼리 API를 호출하는 애플리케이션에 불과하다. 서비스로서 데이터 분석을 제공하는 것은 대부분의 분산 데이터 소프트웨어에서 발견할 수 없는 개발의 유연성을 보장한다. 완벽하게 관리되는 하둡 서비스가 점점 더 이용하기 쉬워졌지만 직접 하둡을 설치해서 사용하는 경우 조직 내에 하드웨어와 소프트웨어의 업데이트를 관리해야 하고 하둡이 제대로 돌아가게 하기 위해 유능한 직원을 채용해야 한다. 호스팅되는 시스템은 인프라를 관리하는 데 시간을 허비하지 않고 오직 애플리케이션 구축에만 집중하도록 개발자들을 자유롭게 만들어준다. 물론 데이터 분석 API를 애플리케이션 개발 프로세스에 접목시킬 때 발생하는 트레이드오프와 해결해야 할 문제가 있다. 대용량 데이터 관리 도구를 개발하는 프로세스를 설명하기 위해 빅쿼리 API를 이용해 간단한 데이터 대시보드를 만드는 과정을 살펴보자.

데이터를 배치 처리해야 할 때 하둡은 탁월한 선택이다. 하지만 다른 여러 분산 시스템처럼 태생적으로 많은 인프라 관리를 필요로 한다. 하둡 API는 맵리듀스 기반의 애플리케이션을 개발하기 위해 고안됐지만, 애플리케이션을 웹브라우저 기반의 클라이언트와 연결하는 것은 프레임워크 코드의 또 다른 레이어를 요구한다. 반면 빅쿼리 API는 데이터 대시보드를 구축하거나 기존 대시보드에 통합할 때 좋은 방법이다. 관리할 인프라가 없으므로 개발자들은 클라이언트 도구를 구축하는 데만 집중할 수 있다.

브라우저 기반 클라이언트에서 빅쿼리 API에 연결하는 과정을 설명하기 위해 유용한 라이브러리와 함께 자바스크립트를 사용한다. 자바스크립트용 구글 API 클라이언트 라이브러리는 빅쿼리 API를 호출하는 데 필요한 메서드와 빅쿼리 인증을 위한 헬퍼 메서드를 제공한다. 다음의 간단한 애플리케이션은 세 부분으로 돼 있는데, 빅쿼리 API에 인증하기, 질의 실행하기, 그리고 결과를 브라우저에서 시각화하는 부분으로 구성돼 있다.

빅쿼리 API 접근 인증하기

빅쿼리 API는 웹 기반 서비스이며, 인터넷 URL을 호출하는 HTTP 요청을 통해 접근한다. 웹 서비스는 상세하게 정의된 권한과 적절한 API 사용 권한을 보장하는 메커니즘을 보유해야 한다. 빅쿼리는 각 데이터에 대한 다양한 공유 옵션을 지원한다. 데이터는 단일 사용자나 그룹 사용자에게, 또는 심지어 API를 통해 누구나 접근할 수 있게 공개할 수 있다. 한 사용자가 대시보드에 접근하려 할 때 어떻게 빅쿼리 API는 해당 사용자가 특정 테이블이나 데이터에 대한 권한을 가지고 있는지 알 수 있을까?

한 가지 해결책은 각 사용자에게 빅쿼리 API에 접근하는 패스워드를 부여하는 것이다. 대시보드에서 빅쿼리를 호출할 때 애플리케이션은 사용자에게 패스워드를 요구하거나 이미 저장된 패스워드를 사용할지 물어볼 수 있다. 하지만 패스워드를 요구하는 것은 빅쿼리의 접근 권한을 주는 안전한 방법이 아니다. 애플리케이션 미들, 즉 대시보드가 패스워드를 안전하게 저장하고 있다고 어떻게 알 수 있을까? 애플리케이션에서 무슨 일이 발생했는지에 대한 안전을 보장할 방법이 없다.

온라인 애플리케이션을 구축할 경우 사용자가 서비스의 패스워드를 공유하는 일 없이 사용자의 편의를 위해 애플리케이션에서 외부 API를 사용하게 하는 편이 가장 바람직하다. 이러한 경우 사용자가 구글 계정의 패스워드를 공유하지 않고도 데이터 대시보드 애플리케이션에서 빅쿼리에 접근하게 하고 싶다. 대신 제한된 시간 동안만 애플리케이션이 사용자의 빅쿼리 데이터에 접근하게 하고 싶다.

다행히도 이러한 수준의 접근 권한을 제공하는 방법이 있다. OAuth 프로토콜은 사용자의 패스워드를 공유하는 일 없이 네트워크의 자원에 접근하는 표준을 정의한다. 대신 서비스 제공자(지금은 구글)가 특별한 접근 토큰을 생성하고, 이 토큰이 사용자 빅쿼리 테이블과 같이 특정 네트워크 자원에만 접근하도록 제한한다. 일반적인 브라우저 기반 흐름에 따르면 애플리케이션(여기서는 대시보드)은 인증을 요청하기 위해 빅쿼리 API를 호출한다. 그럼 빅쿼리 API는 사용자를 제어 페이지, 즉 사용자에게 API에 대한 접근 권한을 요청하는 페이지로 이동시킨다.

물론 모든 애플리케이션이 웹 기반은 아니다. 일부 애플리케이션은 데스크톱이나 임베디드 기기 또는 서버에서 떨어진 곳에서 실행되도록 고안됐다. 애플리케이션이 브라우저 창에 접근할 수 없다면 어떤 일이 발생할까? 브라우저 기반 인증 플로우 외에도 OAuth 프로토콜에는 다음과 같은 다른 방법으로 웹 서비스에 접근하는 다양한 흐름이 정의돼 있다.

기존의 OAuth 규약이 비판받는 점 중 하나는 너무 복잡해서 클라이언트 개발자들이 구현하기가 어렵다는 점이다. 최신 프로토콜인 OAuth 2.0에서는 이에 대한 요구사항을 단순화했다. OAuth 2.0은 점차 관심을 끌고 있으며, 페이스북, 포스퀘어, 구글을 비롯한 여러 회사의 서비스에서 접근 권한을 부여하는 데 사용되고 있다[20].

애플리케이션이 빅쿼리 API를 이용하도록 허가받으려면 먼저 구글에 애플리케이션을 등록해야 한다. OAuth를 제공하는 서비스 제공자는 모두 사용 가능한 API에 접근 요청을 하는 애플리케이션을 등록하는 수단을 제공한다. 구글에서는 클라우드 콘솔(Cloud Console)을 통해 개발팀이 프로젝트에서 협업할 수 있게 해준다. 애플리케이션이 OAuth를 사용할 수 있게 하려면 이 콘솔을 이용해 두 가지 값을 생성해야 한다. 첫 번째 값은 개발자 프로젝트 ID다. 또한 구글에서 애플리케이션을 구분하는 데 사용되는 클라이언트 ID를 생성해야 한다.

애플리케이션에서는 사용자가 승인한 데이터 접근 범위도 알고 있어야 한다. 이 예제의 경우 대시보드 애플리케이션은 빅쿼리 서비스에만 접근하고 지도 API나 구글 드라이브 API 등의 다른 구글 서비스는 이용하지 않는다. 접근 범위란 애플리케이션에서 사용할 서비스를 나타내는 문자열 값이다. 범위는 '테이블과 프로젝트만 읽을 수 있다'와 같이 빅쿼리 API가 사용되는 방법을 제한할 수도 있다. 범위에 대한 자세한 정보는 구글 빅쿼리 문서(https://developers.google.com/bigquery/)를 참고한다.

---

20 http://oauth.net/2/

클라이언트 ID를 생성할 때 구글에서는 인증 단계를 거친 후 사용자를 어디로 보내야 할지 알고 있어야 한다. 이것은 콜백 URL이라고 하는 위치인데, 자바스크립트용 구글 API 클라이언트 라이브러리에서 기본 콜백 위치는 http://your_application_url/oauth2callback이다. 로컬 컴퓨터에서 웹 서버를 이용해 예제를 테스트한다면 로컬 웹 서버의 port에 따라 달라지겠지만 아마도 콜백 URL은 http://localhost:8000/oauth2callback일 것이다.

대시보드 애플리케이션에 필요한 정보를 모두 만들었다면 OAuth 유저플로우를 시작할 수 있다. OAuth 플로우가 시작할 때 애플리케이션에서는 브라우저 창을 구글이 제공하는 웹 페이지로 리다이렉트시킬 것이다. 이 웹 페이지는 스스로 빅쿼리 API의 인증 화면으로 식별할 것이다. 사용자가 구글 계정으로 로그인하지 않았다면 먼저 사용자 계정과 패스워드를 묻는 사용자 인증 페이지를 요청한다. 이 패스워드는 서비스 제공자(이 경우 구글)에 필요한 것이지 애플리케이션에 필요한 것이 아니다. 그래서 어떤 경우에도 데이터 대시보드와는 공유되지 않는다. 사용자가 빅쿼리 API에 접근 권한을 갖게 되면 애플리케이션이 "구글 빅쿼리에서 데이터 조회 및 관리하기"를 허용할지 여부를 물을 것이다. 이를 통해 애플리케이션에 접근 토큰을 제공하고, 그래서 사용자 편의에 따라 빅쿼리 API를 호출하는 것을 허용한다. 접근 권한이 허가되면 애플리케이션은 사용자를 대신해서 빅쿼리 API를 호출할 수 있는 애플리케이션으로 사용자를 리다이렉트시킬 것이다. 트위터나 페이스북 로그인을 해본 사용자에게는 친숙한 인증 절차다.

이제 프로젝트 ID, 새로운 클라이언트 ID, 그리고 빅쿼리 사용 범위를 애플리케이션 내의 변수로 추가하자. 예제 6.2는 자바스크립트용 구글 API 클라이언트 라이브러리를 이용해 인증 절차를 정의하는 방법이다.

예제 6.2 프로젝트 id, 클라이언트 id, 사용 범위 정보 추가하기

```html
<html>
  <head>
    <script src="https://apis.google.com/js/client.js"></script>
    <script src="https://ajax.googleapis.com/ajax/libs/jquery/1.7.2/jquery.min.js">
    </script>
    <script>
      // 프로젝트 ID와 클라이언트 ID
      var project_id = 'XXXXX123456';
      var client_id = 'XXXXX123456.apps.googleusercontent.com';
```

```
    var config = {
      'client_id': client_id,
      'scope': 'https://www.googleapis.com/auth/bigquery'
    };

    function auth() {
      gapi.auth.authorize(config, function() {
        gapi.client.load('bigquery', 'v2');
        $('#client_initiated').html('BigQuery client initiated');
      });
    }
  </script>
</head>
<body>
  <h2>BigQuery + JavaScript Example</h2>
  <button id="auth_button" onclick="auth();">Authorize</button>
</body>
</html>
```

질의를 실행하고 결과 받기

이제 애플리케이션을 구글에 등록하고 인가에 필요한 매개변수를 설정했기 때문에 빅쿼리 API를 호출할 준비가 끝났다. 그러나 이것은 정확히 무엇을 의미하는가? 근본적으로 빅쿼리와의 모든 상호작용은 REST 기반 API를 통해 이뤄진다. JSON 포맷으로 빅쿼리에 메시지가 보내지고, 결과와 잡 메타데이터도 JSON 객체로 반환된다.

빅쿼리 API는 잡 기반인데, 질의하기, 데이터 적재하기, 내보내기 같은 각종 데이터 처리 연산을 수행할 경우 그러한 잡이 시스템 내에 삽입되도록 API 호출이 일어난다는 의미다. API 응답 (response)은 애플리케이션이 잡의 상태를 확인하는 데 사용하는 고유의 잡 ID를 반환한다. 질의를 실행하기 위해 먼저 애플리케이션에서는 질의문이 담긴 잡 설정을 삽입한다. 다음으로 애플리케이션은 폴링 루프(polling loop)를 시작해서 질의 잡의 상태를 확인하고, 잡이 완료되면 질의 결과를 받을 수 있다. 이를 비동기 질의(asynchronous query)라고 한다.

질의 잡을 수행하기 위해 빅쿼리에서는 잡 삽입, 폴링 루프, 결과 반환 단계를 한 번의 호출로 가능하게 하는 편리한 API 메서드를 제공한다. 이 API 메서드는 결과를 반환하거나 에러가 발생할 때까지 차단되기 때문에 API 메서드에서는 추가적인 타임아웃 매개변수를 받는다. 예제 6.3은 질의 결과를 받기 위해 편의 메서드를 사용하는 예다.

예제 6.3 자바스크립트를 이용한 간단한 빅쿼리 질의 예제

```
function runQuery() {
  var request = gapi.client.bigquery.jobs.query({
    'projectId': project_id,
    'timeoutMs': '30000',
    'query': 'SELECT TOP(repository_language, 5) as \
             language, COUNT(*) as count FROM \
             [publicdata:samples.github_timeline] \
             WHERE repository_language != "";'
  });
  request.execute(function(response) {
    console.log(response);
    $('#results')
      .html(JSON.stringify(response.result.rows, null));
  });
}
```

질의 결과 캐싱하기

빅쿼리는 질의 결과를 매우 빠르게, 보통 초 단위로 반환한다. 응답성 있는 웹 기반 애플리케이션의 경우 사용자들은 이보다 훨씬 짧은 시간 지연을 기대한다. 만족할 만한 대화식 사용자 경험을 제공하기 위해 애플리케이션에서는 가능한 한 더 빠르게 사용자에게 결과를 반환하려고 노력해야 한다.

기본적으로 빅쿼리 API는 테이블이 변경되지 않았다면 한 질의의 결과를 가능한 한 기억해둔다. 결과는 사용자 단위로 저장되어 한 사용자 계정에서 실행된 캐시된 질의 결과가 다른 사용자에게 영향을 주지 않는다. 이렇게 하면 반복되는 질의의 속도를 높여주지만 결과를 조회하려면 여전히 API를 왕복으로 호출해야 한다. 이 경우 브라우저 기반 저장소를 이용해 질의 결과를 로컬에 저장해두는 편이 더 효율적이다.

HTML5 API를 이용해 데이터를 로컬에 저장하는 다양한 방법이 있으며, 각기 장단점이 있다. 이번 예제에서는 가장 간단하고 잘 지원되는 방법인 웹 스토리지를 이용한다. 한번 질의 결과가 반환

되면 질의의 해시 값을 기반으로 키를 생성한다. 그런 다음 결과 데이터를 클라이언트 장비에 저장
한다. 이런 식으로 사용자가 이미 로컬 장비에 결과가 보관돼 있는 특정 질의를 요청하면 매우 빠른
사용자 경험을 위해 로컬에 캐싱된 사본에 접근한다. 예제 6.4는 HTML 웹 스토리지 API를 이용
해 결과를 로컬에 캐싱하는 것을 보여준다. 이 예제에서는 캐시 만료나 복잡한 문자열 해싱을 하고
있지 않다는 점을 알아두자.

예제 6.4 자바스크립트를 이용한 간단한 빅쿼리 예제

```
// 간단한 해시 함수
String.prototype.hash = function(){
  var hash = 0, I, char;
  if (this.length == 0) return hash;
  for (I = 0, l = this.length; I < l; i++) {
    char = this.charCodeAt(i);
    hash = ((hash<<5)-hash)+char;
    hash != 0;
  }
  return hash;
};

function runQuery() {
  var query = $('#query').val();
  var results;

  // 캐시된 질의 결과를 가져옴
  cachedResult = localStorage[query.hash()];

  if (!cachedResult) {
    var request = gapi.client.bigquery.jobs.query({
      'projectId': project_id,
      'timeoutMs': '30000',
      'query': query
    );

    request.execute(function(response) {
      results = response;
      localStorage[query.hash()] = JSON.stringify(results);
```

```
        drawTable(results);
      });

    // 캐시된 결과가 존재하면 캐시 값을 반환
    } else {
      results = JSON.parse(cachedResult);
      drawTable(results);
    }
  }
```

시각화 추가하기

질의를 처리하기 위해 빅쿼리를 어떻게 사용하는지 이미 알아봤다. API 호출을 통해 질의 잡을 실행하고 결과를 반환받는다. 이제 대시보드는 JSON 객체를 가져온다. 분명 미가공 JSON 객체도 아름답다고 생각하는 사람들이 많겠지만 결과 데이터를 좀 더 이해하기 편한 포맷으로 보여주는 편이 더 유용하다. 대시보드에 시각화를 더해보자.

빅쿼리에는 온라인 API를 통해 접근하기 때문에 서비스에 바로 연결되는 상용 또는 오픈소스 시각화 소프트웨어 도구가 많다. 이번에는 클라이언트 기반 그래프를 만들어주는 서비스인 구글 차트(Google Chart)를 이용해 간단한 테이블을 만들어보자. 구글 차트 도구를 이용하려면 간단히 자바스크립트 코드 몇 줄을 애플리케이션 코드에 추가하면 된다. 예제 6.5는 구글 차트 도구 라이브러리를 이용해 빅쿼리 결과를 테이블 형태로 보여준다.

예제 6.5 구글 차트 API를 이용한 빅쿼리 결과의 시각화

```
<!-- 구글 차트 도구 라이브러리를 포함 .->
  <script type='text/javascript'
    src='https://www.google.com/jsapi'></script>
  <script type='text/javascript'>
    google.load('visualization', '1', {packages:['table']});
  </script>

  <script>
    // drawTable은 빅쿼리 결과 객체를 가져와 구글 차트 테이블을 그림
    function drawTable(queryResults) {
      var data = new google.visualization.DataTable();
```

```
// 빅쿼리 결과 스키마에서 칼럼 이름을 조회
$.each(queryResults.schema.fields, function(i, item) {
  data.addColumn('string', item.name);
});

// 데이터 열을 데이터 테이블에 밀어넣음
$.each(queryResults.rows, function(i, item) {
  var rows = new Array();
  for (var i=0;i<item.f.length;i++) {
    rows.push(item.f[i].v)
  }
  data.addRows([rows]);
});

// 구글 차트 테이블을 그림
var table =
  new google.visualization.Table(document.getElementById('results'));
  table.draw(data, {showRowNumber: true});
}
</script>

<body>
  <h2>BigQuery + JavaScript Example</h2>
  <button id="auth_button" onclick="auth();">Authorize</button>
  <hr>
  <div><input id="query" type></input></div>
  <button id="query_button" onclick="runQuery();">Run Query</button>
  <hr>
  <div id="results"></div>
</body>
```

분석형 질의 엔진의 미래

하둡 프로젝트는 구글이 공개한 맵리듀스와 GFS에 관한 연구 논문에 나오는 디자인에 영감을 받아 만들어졌다. 이와 비슷하게 드리멜 기술에 대한 구글의 논문에서 얻은 아이디어는 대용량 데이터에서 질의를 처리하는 속도를 개선하는 여러 오픈소스 프로젝트의 기초가 됐다.

이러한 프로젝트 중 하나는 클라우데라(Cloudera)의 임팔라인데, 임팔라는 HDFS나 HBase에 저장된 데이터를 빠르고 대화식으로 질의하는 것을 목표로 삼는다. 드리멜과 비슷하게 임팔라는 데이터 구조로 칼럼형 데이터 포맷을 사용한다. 또한 임팔라는 하둡 맵리듀스 프레임워크를 완전히 건너뛰고 빠른 질의 속도를 위해 인메모리 처리 엔진을 사용한다.

대용량 데이터에서 빠른 질의 결과를 얻기 위해 인메모리 데이터 객체를 사용하는 다른 프로젝트도 있다. AMPLab의 샤크 프로젝트는 아파치 하이브를 기반으로 한 데이터 웨어하우스 시스템이다. 임팔라처럼 샤크도 기존의 HDFS나 HBase의 데이터를 이용할 수 있다. 샤크는 벤치마킹에서 하이브보다 몇 배나 빠른 질의 결과를 반환하기 위해 완벽한 인메모리 모델을 사용한다(샤크나 관련 프로젝트에 대한 자세한 사항은 5장 "하둡, 하이브, 샤크를 이용해 대용량 데이터 집합에 대해 질문하기"을 참고한다).

분석형 데이터베이스가 너무 많아서 특정 문제에 가장 알맞은 도구를 결정하기가 어려워질 수 있다. 임팔라와 샤크의 잠재적인 이점은 이미 하둡 환경에 존재하는 데이터에 대한 질의 속도를 향상시킨다는 점이다. 반대로 구글 빅쿼리 같은 도구는 분산 인프라가 갖춰져 있지 않은 프로젝트에 탁월한 선택이다.

구글 빅쿼리에 대한 가장 흥미로운 점은 다른 데이터 처리 도구의 미래 방향을 제시했다는 점이다. 데이터 과학 분야에는 기계 학습에서 데이터 수집에 이르기까지 완전히 클라우드에서 서비스로 제공되도록 개발된 애플리케이션 사례가 많다. 동시에 데스크톱이나 모바일 애플리케이션은 웹 애플리케이션으로 더 많이 개발되고 있고, 그러한 애플리케이션에서 생성된 데이터는 이미 클라우드에 존재한다. 이러한 트렌드의 조합은 더 완전히 호스트되고 관리되는 클라우드 기반 분석 서비스를 낳을 것이다.

정리

거대한 조직에서 만들어내고 있는 방대하고 증가하는 데이터로부터 통찰을 얻으려면 데이터 분석 프로세스의 각 단계마다 특화된 기술이 필요하다. 조직의 데이터가 정제되고 합쳐지고 원하는 형태로 다듬어지면 데이터에 관해 질문하는 프로세스는 반복적일 때가 많다. 오픈소스 아파치 하둡 프로젝트 같은 맵리듀스 프레임워크는 저가의 일반 컴퓨터 클러스터를 이용해 대용량 데이터를 경제적으로 처리할 수 있는 유연한 플랫폼이다. 맵리듀스가 대량의 배치 처리 연산을 위해 최상의 선택이기는 하지만 항상 대용량 데이터 집합을 빠르게 반복해서 질의하는 이상적인 솔루션인 것은 아니다. 맵리듀스는 많은 디스크 읽기/쓰기, 관리 업무, 한 질의의 결과를 얻기 위한 여러 단계의 작업이 필요할 수도 있다. 결과를 얻기 위해 기다리는 것은 반복적인 상황 대처형 분석을 어렵게 한다.

분석형 데이터베이스는 대용량 데이터에 상황에 맞는 질의를 수행하기 위해 고안된 특화된 기술이다. 이러한 시스템은 종종 빠른 질의 속도, 칼럼형 포맷의 데이터 저장, 인메모리 처리 사용, SQL과 유사한 질의 언어를 통한 접근 등의 특징이 있다.

구글 빅쿼리는 분석형 데이터베이스로서 매우 큰 데이터 집합에서 SQL을 닮은 질의를 실행해 수초 내에 결과를 얻도록 설계됐다. 다른 분석형 데이터베이스와는 달리 빅쿼리는 완전히 REST API를 통해 호스트되고 접근할 수 있다. 그래서 개발자들은 인프라를 구축하는 것이 아닌 데이터에 관해 질문하는 애플리케이션을 구축하는 데 집중할 수 있다. 이 모델도 클라우드 내로 데이터를 불러오는 프로세스와 같은 특화된 도전과제가 있지만 컴퓨터 클라우드를 관리하는 부담이 없다.

빅쿼리의 설계는 근본적으로 관계형 데이터베이스와 맵리듀스 프레임워크와 다르다. 데이터는 행이 아닌 열 형태로 저장되어 필요할 때 특정 열의 데이터만 질의할 수 있다. 빅쿼리는 밋밋한 데이터 구조와 중첩된 데이터 구조를 지원한다. 질의 결과는 JSON 객체로 반환되고, 매우 큰 결과는 새로운 테이블에 저장된다.

빅쿼리는 REST 기반의 API를 이용하기 때문에 온라인 대시보드 같은 대화식 도구를 구축하는 데 유용하다. 빅쿼리 API를 이용해 구축한 애플리케이션은 OAuth 프로토콜을 통해 데이터에 대한 접근 권한을 얻기 때문에 사용자가 패스워드를 공유할 필요가 없다.

빅쿼리 같이 호스팅 방식으로 서비스되는 인메모리 분석형 데이터베이스가 대용량 데이터 분석을 구축하거나 애플리케이션에 통합하는 데 제격이지만 모든 데이터 처리 요건에 적합한 수단은 아니다. 시스템의 가용 메모리 용량을 벗어나서 오래 실행되는 배치 처리 작업에는 맵리듀스가 적절한 수단이다. HDFS나 HBase에 이미 존재하는 데이터를 빠르고 상황에 맞게 질의해야 하는 애플리케이션에는 클라우데라의 임팔라나 AMPLab의 샤크 프로젝트 같은 애플리케이션이 더 적합하다. 드리멜 기술에 대한 구글의 연구논문에서 온 개념은 분석형 데이터베이스 기술 세계에 많은 혁신을 불러일으켰고, 이에 따라 수많은 분산 상황 대처형 분석 기술이 늘어나고 있다.

7

대용량 데이터 탐색을 위한
데이터 시각화 전략

정보의 과부하란 존재하지 않는다. 단지 나쁜 디자인만 있을 뿐이다.

- 에드워드 터프트(Edward Tufte)

Bit.ly의 힐러리 메이슨(Hillary Mason)은 "데이터 과학자는 세 가지 근본적으로 다른 일, 즉 수학, 코딩, 그리고 커뮤니케이션을 한다"[21]라고 말했다. 데이터 처리 기술의 일부는 엔지니어링과 수학 분석에 각각 초점을 두고 개발됐지만, 정보는 엔지니어링, 수학 분석 및 커뮤니케이션 기술을 종합해서 시각적으로 표현된다. 데이터 시각화의 목적은 수학이나 평가지표의 세계에 존재하는 추상적인 개념을 좀 더 인간의 언어에 가까운 공간 표현으로 전달하는 것이라는 말이 있다.

현재의 데이터 시각화 관례는 디지털 시대 이전의 수십 년간의 개척과 실천으로 뒷받침되는 깊은 문화적 역사의 결실이다. 심미적 요소는 시각 정보의 전달을 완성하는 데 매우 중요하기 때문에 단기간에 터득할 수 있는 분야는 아니다. 오랜 시간에 걸쳐 검증된 모범 사례가 있지만 꾸준한 대화식 디지털 기술의 발전과 웹 상에서 더 많은 데이터를 공유하는 분석가의 실천 덕분에 혁신이 꾸준히 일어나고 있다. 사용자 경험(UX) 디자인 같은 분야에서 차용한 기법을 활용하는 것은 시각화 연구자들이 데이터에 관한 이야기를 전달하는 최선의 방법을 이해하는 데 이바지하고 있다.

데이터 시각화의 세계는 책으로 도서관을 꽉 채울 만큼 넓지만 7장에서는 대용량 데이터를 다루기 위한 실용적인 고려사항만 다룬다. 데스크톱이나 웹에서 시각화를 돕는 인기 있는 오픈소스 소프트웨어도 소개한다.

----

21 http://www.hilarymason.com/blog/getting-started-with-data-science/

주의를 요하는 이야기: 데이터를 이야기로 바꾸기

존 스노(John Snow)라는 이름을 들으면 '왕좌의 게임(Game of Thrones)'이라는 판타지 소설의 캐릭터가 머릿속에 떠오르겠지만 의생태학 학생들은 1854년에 런던의 브로드가 근처에서 발생한 치명적인 콜레라의 미스터리를 밝힌 19세기의 내과의사를 떠올릴 것이다.

1850년대에 런던에서 발병한 콜레라는 수만 명의 목숨을 앗아간 것으로 추정된다. 당시 콜레라의 전파 수단은 공기 오염으로 인한 독기 또는 나쁜 공기라는 의학적 합의가 만연했다. 문제를 더 복잡하게 만든 것은 경제적으로 하위 계층을 차지하던 사람들이 콜레라에 더 쉽게 감염되고(가난한 자의 도덕적 부패로 예정된 결과[22]) 과밀화와 자원 부족으로 가난한 시민들이 더 많은 오염을 만들어 낸다는 생각이었다.

존 스노가 콜레라 발병을 면밀히 조사한 결과 독기에 의해 콜레라가 전파된다는 이론이 잘못됐다고 믿게 됐다. 런던의 콜레라 발병 지역에 사는 사람들의 행동에 대한 지역 전문가인 리버렌드 헨리 화이트헤드(Reverend Henry Whitehead)의 도움을 받아 스노는 이 비극을 밝히기 위해 다양한 기법을 사용했다. 다른 사람들에게 콜레라 발병 원인이 특정 펌프에서 나오는 오염된 식수원이라는 사실을 확신시키기 위해 스노가 사용한 한 가지 도구는 사망자들의 위치를 찍은 지도였다. 당시에는 생소했던 병균 전파에 관한 세균설 지식 없이도 스노는 발병의 진원지가 사망자 지도의 중심에 있는 펌프라는 결론을 내렸다. 이는 전체 이야기의 일부일 뿐이다. 스노는 지역의 권위자와 동료 과학자들을 확신시킬 필요가 있어서 그림 7.1과 같은 점분포지도라고 알려진 시각화의 도움을 받았다. 브로드가의 펌프 콜레라 지도는 의학 발병의 영향을 이해하고 의사소통을 위한 지도 제작의 이정표로 자주 인용되곤 한다[23].

----

22 스티븐 존슨(Steven Johnson), 유령 지도(The Ghost Map), 뉴욕: 리버헤드(New York: Riverhead), 2006.
23 http://www.ncgia.ucsb.edu/pubs/snow/snow.html

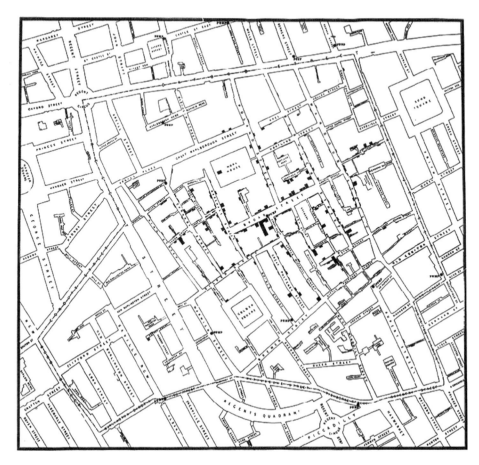

그림 7.1 19세기 의생태학의 개척자 존 스노(John Snow)의 유명한 점분포지도: 1854년에 런던 브로드가에서 발병한 콜레라의 영향을 보여줌

유명한 정보시각화의 개척자이자 작가인 에드워드 터프트(Edward Tufte)는 1869년의 찰스 조셉 미나드(Charles Joseph Minard)의 작업은 "현재까지 그려진 최고의 통계 그래픽"[24]이라고 주장했고, 누구도 이 주장에 반대하지 못한다. "Carte figurative des pertes successives en hommes de l'Armée Française dans la campagne de Russie 1812 – 1813"[25]라는 이름을 지닌 미나드의 차트는 1812년 나폴레옹이 러시아 원정에서 행한 비참한 약탈을 통계적 이야기로 보

----

24 에드워드 터프트, 정량적 정보를 위한 시각화(The Visual Display of Quantitative Information), 뉴욕: 그래픽스프레스(New York: Graphics Press), 1983, 40쪽.

25 http://www.datavis.ca/gallery/minbib.php

여준다(그림 7.2). 이 차트는 심미적으로도 호소할 뿐만 아니라 놀라울 정도로 많은 양의 정보를
담고 있다. 미나드의 작품은 흐름지도(flow map)의 예제인데, 영역형 차트와 지도를 결합한 것
이다. 역동적으로 크기가 변하는 막대를 사용해 병사의 수를 표현한 것은 러시아로 진격한 약 50만
의 병사의 크고 확신에 찬 군대를 보여주는 두껍고 옅은 색의 막대로 시작한다. 시간 축과 함께 온
도 변화를 선 그래프로 시각화했다. 겨울철 기온이 내려감에 따라 나폴레옹의 군대는 추위, 식량 부
족 및 기타 여러 재앙에 굴복하기 시작했다. 미나드는 마치 시간에 따른 기온의 하강을 반영하듯 점
점 좁아지는 검은 선을 통해 퇴각하는 동안 쇠퇴하는 군대의 규모를 그렸다. 미나드의 정보 시각화
는 최고의 걸작으로 널리 알려졌지만 그의 그래프는 단지 이야기의 한 단면만을 보여준다. 비슷한
규모의 러시아 군대와 더 많은 시민들 또한 죽었기 때문에 역사상 매우 치명적인 전투 중 하나로 기
록된다.

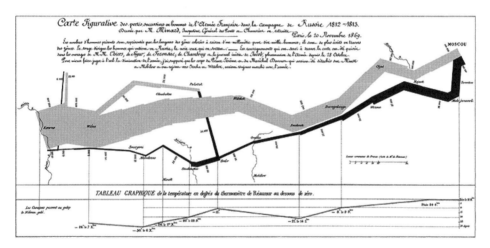

그림 7.2 에드워드 터프트가 역사상 가장 위대한 통계 그래픽이라고 찬사를 보낸 찰스 조세프 미나드의 1890년의 작품
"Carte figurative des pertes successives en hommes de l'Armée Française dans la campagne de Russie 1812–1813,"

두 이야기 모두 시각화가 줄 수 있는 위력뿐 아니라 수치 데이터를 압축해서 매력적으로 보여주는
복잡성과 주의를 동시에 보여준다. 둘 모두 다차원 정보를 잘 시각화해서 이해하기 쉽게 만들었다.
간단한 2차원 공간에서 시공간 및 지표에 관한 생각은 이야기로 압축된다. 위대한 시각화의 효과는
위대한 이야기를 전하는 것뿐만 아니라 특정 관점을 지닌 다른 사람들을 설득시키는 것이다.

앞에서 기술한 역사적인 시각화 걸작들은 영감을 주며, 데이터를 시각적으로 표현하는 능력은 이
전보다 더 활용할 수 있게 됐다. 사람들은 이미 마이크로소프트 엑셀과 같은 업무 생산성 도구에 있
는 그래픽 기능에 이미 친숙하다. 엑셀은 차트나 그래프를 그리는 데 뛰어나지만 간단한 버튼 조작

만으로 차트나 그래프를 쉽게 그릴 수 있기 때문에 오히려 이야기를 잘못된 방향으로 이끌 수 있다. 데이터의 공간적 시각화는 매우 강력하지만 좋은 데이터 과학자는 어떤 종류의 시각화 요소가 자신의 이야기를 가장 잘 지원하는지 깊이 고민해야 한다.

정보 시각화에서 무엇보다 중요한 목표는 추상적인 개념을 공간적인 요소를 이용해 전달하는 것이다. 이야기를 전달할 때 말하거나 글쓰는 방식이 듣는이의 경험에 영향을 줄 수 있는 것과 마찬가지로 심미적 아름다움은 중요하다. 하지만 데이터 시각화의 어려움은 어떤 데이터를 어떤 시각적인 효과로 표현할 것인가에 익숙하지 않다는 점이다.

인간 규모 대 컴퓨터 규모

이 책의 많은 예제는 대용량 데이터를 어떻게 다룰 것이냐를 설명한다. 비관계형 데이터베이스나 하둡 같은 분산 처리 프레임워크를 비롯해 비교적 최신 오픈소스 기술들 덕분에 많은 양의 데이터를 수집하고 처리하기가 훨씬 수월해졌다. 하지만 이러한 기술의 발전과 달리 대용량의 공간 데이터를 이해하는 사람들의 능력은 진화하지 않았다.

상호작용성

디지털 디스플레이가 발명되기 전에는 모든 차트가 종이에 그려졌다. 다행스럽게도 이제 시각화는 더 이상 정적일 필요가 없다. 지난 몇 십년 동안 새로운 인터페이스의 개발로 속도가 크게 빨라졌고, 연구자들은 혁신적인 시각화 기법을 개발할 수 있었다. UX와 인지 과학에서 개발된 방법론을 이용해 데이터 시각화 연구자들은 작업의 효과성을 정량화할 수 있었다. 결과적으로 새로운 유형의 시각적 표현법이 개발됐다. 최근의 시각화 혁신의 예로 스트림그래프[26]를 들 수 있는데, 스트림그래프는 시간에 따라 변화하는 대용량 데이터를 비교하기 위해 개선된 방법으로 개발된 비교형 플로우 영역형 그래프다. 이와 비슷하게 1990년대 말에 개발된 에드워드 터프트의 스파크라인(Sparklines)이라는 시각화[27] 개념은 텍스트 안쪽으로 짧고 짙은 선형 그래프를 통해 지표의 변화를 보여준다. 이 같은 종류의 시각화는 온라인 금융 데이터를 표시하는 데 널리 사용되는 기능으로 자리 잡았다.

----

26 리 바이런(Lee Byron), 마틴 와턴버그(Martin Wattenberg), "스택 그래프 – 기하학과 미학(Stacked Graphs—Geometry & Aesthetics)", IEEE 트랜잭션 온 시각화 및 컴퓨터 그래픽스 14(IEEE Transactions on Visualization and Computer Graphics 14), 6호, 2008년 11월/12월, 1245–1252쪽

27 http://www.bissantz.com/sparklines/

대화식 시각화는 다차원의 큰 데이터를 잘게 쪼개서 사용자가 특정 질문에 적합한 것만 선택해서 볼 수 있게 해준다. 잘 알려진 온라인 대화식 시각화의 예로 한스 로슬링(Hans Rosling)의 선구적인 작품이 있는데, 그는 갭마인더 재단(Gapminder Foundation)을 통해 트렌달라이저(Trendalyzer)로 알려진 소프트웨어 도구의 개발을 이끌고 있다. 트렌달라이저는 사용자가 전 세계 여러 나라의 다양한 경제 지표(예: 평균수입, 태아의 몸무게)를 버블 차트 형식으로 비교할 수 있다. 도구에 시간 요소를 가미해 사용자는 시간의 변화에 따른 국가 경제 지표의 변동을 확인할 수 있다.

요약하면, 대화식 시각화는 대용량 데이터를 시각적으로 표현하는 또 다른 전략을 제공한다. 사용자가 보고 싶은 데이터를 선택할 수 있게 해줌으로써 시각화를 무용지물로 만들 수 있는 혼란스러운 시각적 부담을 줄여줄 수도 있다.

대화식 데이터 애플리케이션 구축하기

데이터에 관해 질문하는 능력은 데이터 분석가의 중요한 덕목이다. 빠르게 플롯을 그리거나 시각화하는 능력은 데이터를 대화식으로 탐색하는 데 유용할뿐더러 다른 사람들과 데이터에 관한 통찰을 공유하는 데도 유용하다.

일반적인 데이터 시각화 및 특정 업계를 대상으로 그래프와 시각 효과를 만들어내는 데 사용하는 도구는 상용 및 오픈소스로 많이 나와 있다. 타블류나 클릭뷰 같은 회사의 제품은 다양한 출처의 데이터를 대화식으로 처리하는 데 초점을 맞췄다. 스플렁크(Splunk) 같은 다른 상용 제품도 시각화를 데이터 분석 워크플로우에 통합했다.

데이터을 대화식으로 탐색하거나 웹 기반 애플리케이션을 직접 만들고 싶은 사용자에게 상용 제품이 항상 최선의 선택인 것은 아니다. 때로는 직접 코드를 작성해서 개인화된 시각화를 제공하는 것이 현실적인 해결책인 경우도 있다.

R과 ggplot2를 이용한 대화식 시각화

R은 현재 가장 인기 있는 오픈소스 과학 및 수치 분석 언어다. R은 다른 함수형 언어를 비롯해 다양한 분석 업무를 처리하기 위해 자발적으로 분석 모듈을 제공하는 거대한 사용자 커뮤니티에 영감을 받아 직관적으로 설계됐다는 특징이 있다. R의 가장 과소평가된 장점은 플롯과 그래프를 위한 다양한 함수와 설치 가능한 라이브러리가 있다는 점이다.

2002년에 소그네시(Shaughnessy)와 판쿠치(Pfannkuch)의 "올드 페이스풀 데이터는 얼마나 통계모델에 잘 맞는가?(How Faithful is Old Faithful)?"[28]라는 논문에 나오는 이야기를 보자. 통계 분석 세계에 이정표를 남긴 논문이다. 더욱이 논문에 사용된 Old Faithful 분출 데이터는 R의 핵심 배포판을 테스트하는 데 자주 사용되는 공개 데이터다.

산포도는 변수 간의 가능한 상관관계를 확인하는 뛰어난 시각화 도구이고, 2차원 수치 데이터를 탐색하는 좋은 플롯이기 때문에 R은 이 기능을 매우 쉽게 구현해뒀다. 단지 plot()을 입력하기만 하면 된다. 예제 7.1은 plot() 함수를 사용하는 법과 R플롯 그래프를 출판용으로 적합한 PNG 파일로 저장하는 방법을 보여준다. 결과값의 예제는 그림 7.3을 참고한다.

예제 7.1 R의 간단한 플로팅 함수 예제

```
# 페이스풀의 첫 세 줄에 해당하는 데이터 확인

head(faithful,3)

    eruptions waiting
1     3.600      79
2     1.800      54
3     3.333      74

# 올드 페이스풀 데이터의 산포도 생성
plot(faithful)

# R에서 PNG 파일로 플롯을 저장
# 500 x 500 플롯을 저장
png(filename="old_faithful.png", width=500, height=500, pointsize=16)
plot(faithful)
# 다음 명령은 파일을 닫는다
dev.off()
```

----

28 (옮긴이) 올드 페이스풀은 미국 옐로스톤 국립공원에 있는 용천수 이름이다.

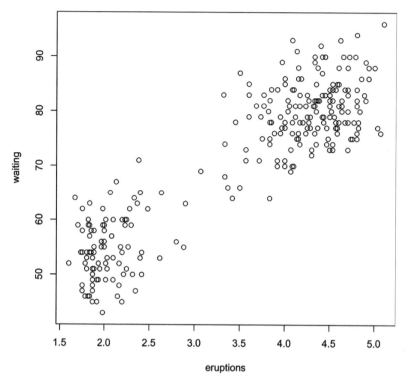

그림 7.3 R의 faithful 데이터 샘플을 이용해 Old Faithful의 분출 횟수와 기다리는 시간을 그린 산포도

이 예제는 유용한 시각화 결과를 만들어내지만 추가 작업 없이는 기본 R 패키지의 그래프 결과는 지나치게 빈약하다. R의 핵심 그래프 기능을 더 심미적으로 즐겁게 만들 수도 있지만 이 목적이라면 많은 사람들은 다른 추가 라이브러리를 사용하는 방법을 더 선호할 것이다. 더 복잡하고 아름다운 시각화를 위해 예제 7.2에서 보여주는 것과 같이 ggplot2 라이브러리를 사용하는 것이 좋다. ggplot2는 산포도 예제 같은 간단한 시각화에 사용하기에는 지나치게 장황한 면이 있지만 복잡한 데이터를 시각화하는 데 매우 적합하다. ggplot2의 핵심 아이디어는 데이터와 그것이 어떻게 표현되는가를 분리한 점이다. ggplot 객체로 데이터가 로드되면 aesthetic의 함수는 데이터가 어떻게 표현될지를 기술한다.

예제 7.2 산포도를 그리기 위한 ggplot2 라이브러리 활용

```
# ggplot 라이브러리를 불러옴
library(ggplot2)
# ggplot 객체 생성. aesthetic을 이용해 분출과 기다리는 시간을 연결함
```

```
geyser_plot <- ggplot(faithful, aes(eruptions, waiting))
# ggplot이 점을 찍게 함
plotgeyser_plot + geom_point()
```

matplotlib: 파이썬을 이용한 2D 차트

많은 개발자들이 파이썬을 범용으로 사용한다. 많지 않은 간단한 문법과 전반적인 설계 철학은 파이썬 스크립트를 매우 읽기 쉽고 사용하기 편하게 만든다. 파이썬 개발자가 많다는 것은 데이터 분석 업무를 위한 다양한 라이브러리가 개발됐다는 뜻이기도 하다. 아이파이썬(iPython) 대화식 셸은 데이터 분석가들이 널리 사용하고 있고, 아이파이썬 노트북은 강력한 웹 기반 인터페이스를 제공한다. 이와 비슷하게 싸이파이(SciPy)나 판다스(Pandas) 같은 파이썬 데이터 분석 라이브러리도 다양한 기능이 있다는 측면에서 R의 강력한 라이벌로 여겨지고 있다. 파이썬이 어떻게 대화식 데이터 분석에 사용되는지 궁금한 개발자들은 12장 "파이썬과 판다스를 이용한 분석 워크플로우 구축하기"을 참고한다.

파이썬 데이터 분석 도구의 가장 중요한 부분은 matplotlib이라는 강력한 2D 그래프 및 플롯 라이브러리다. 고(故) 존 D. 헌터(John D. Hunter)에 의해 처음 개발된 matplotlib을 이용하면 다양한 종류의 차트와 그래프를 만들 수 있다. 객체 지향 인터페이스인 파이써닉(Pythonic)은 별도로 하고, matplotlib은 상업 애플리케이션인 매트랩(MatLab)과 비슷한 인터페이스로 프로시저 모드도 제공한다.

D3.js: 웹을 위한 대화식 시각화

펄에서 차용한 matplotlib의 모토가 '쉬운 것은 쉽게 어려운 것은 가능하게' 만드는 것이라면 D3.js는 불가능한 시각화 요구사항도 가능하게 만드는 툴킷으로 묘사할 수 있다. 분명 인터넷은 데이터를 공유하는 놀라운 도구가 됐고, 대화식 시각화를 위한 툴킷은 D3.js(D3는 데이터 기반 문서(data-driven document)를 의미한다) 라이브러리 말고는 별로 없다. D3.js는 유명한 자바스크립트 시각화 라이브러리인 프로토비스(protovis)를 계승했다. D3.js를 이끄는 개발자인 마이크 보스톡(Mike Bostock)은 대화식 데이터 시각화 자체만으로도 이야기가 될 수 있도록 디자인하는 업무로 현재 뉴욕타임즈에 근무하고 있다. 온라인 저작을 위한 대화식 시각화를 위해 D3.js나 비슷한 도구를 사용하는 놀라운 예제는 데이터 주도 저널리즘(data-driven journalism)인데, 이야기를 전하기 위해 저널리즘의 원칙을 데이터 분석에 적용하려고 시도하는 성장 중인 분야다. 인터넷

이 저널리즘 분야에 경제적으로 부정적인 영향을 끼쳤다고 주장하는 이들도 있지만 D3.js 같은 웹 기반 대화식 툴킷은 온라인 언론인들의 역할이 진화하고 있고, 데이터 과학자들이 사용하는 기술을 사용할 수 있다는 명백한 증거다.

시각화는 그래픽에 크게 의존한다. 웹 상의 벡터 기반 그래픽 파일의 공개 표준으로 강력하지만 과소평가받고 있는 XML 기반의 확장 가능한 벡터 그래픽 포맷, 즉 SVG(Scalable Vector Graphics)가 있다. D3.js는 데이터 출처로부터 공통된 시각화 요소를 구축하는 데 도움이 되는 방법에 초점을 맞춰서 SVG 객체를 생성하고 변환하기 위한 라이브러리다. 데이터 시각화 커뮤니티에는 많은 온라인 문서와 강좌가 있지만 D3.js 입문자에게는 너무 복잡해서 사용하기 어렵다. D3.js의 설계와 구조는 다른 자바스크립트 프레임워크인 제이쿼리(jQuery)와 매우 닮았지만 실제로 SVG 그래픽을 실제로 정의하고 생성하는 컨벤션은 낯설게 느껴질 수 있다. SVG 그래픽이 어떻게 동작하는지 이해하는 사람들이 많지 않다는 것도 D3.js가 낯설게 느껴지는 부분적인 이유다. D3.js를 간략히 살펴보기 전에 SVG 파일의 XML 소스를 보자.

예제 7.3은 오픈소스 벡터 그래픽스 도구인 잉크스케이프(Inkscape)로 만든 간단한 XML 파일이다. 이 코드는 X, Y 좌표가 각각 57, 195이고 높이와 너비가 모두 100픽셀인 사각형 객체를 묘사한다. SVG 그래픽스를 사용할 때 자주 혼동하는 것은 원점이 좌상단 코너에 있고, Y 축은 좌하단으로 향한다는 것이다. 웹 브라우저로 열어보면 정확히 (57, 195) 좌표에 놓인 1픽셀 두께의 검은색 테두리를 지닌 파란색 사각형이 나타난다.

예제 7.3 SVG: 검은색 테두리를 지닌 파란색 사각형

```
<?xml version="1.0" encoding="UTF-8" standalone="no"?>
<!DOCTYPE svg PUBLIC "-//W3C//DTD SVG 1.1//EN"
  "http://www.w3.org/Graphics/SVG/1.1/DTD/svg11.dtd">
<svg xmlns="http://www.w3.org/2000/svg" version="1.1">
  <rect
    width="100"
    height="100"
    x="57"
    y="195"
    id="my_square"
    style="fill:#0000ff;stroke:#000000;stroke-width:1px;" />
</svg>
```

D3.js는 SVG 그래픽을 위한 도구라는 사실을 명심해야 한다. 그러므로 정확히 똑같은 사각형을 프로그램으로 만들어보자. 우선 예제 7.4에서처럼 간단한 웹 페이지를 생성하고 D3.js 라이브러리를 이용해 새로운 SVG 객체를 만들고, 다음으로 이 객체에 푸른색 사각형을 붙인다. 이 파일을 d3test.html 등의 이름으로 저장해 웹 브라우저에서 이 파일을 열면 사각형을 볼 수 있다.

예제 7.4 D3.js: 프로그램으로 푸른색 사각형 그리기

```
<html>
<head>
<!-- 최신 d3.js 라이브러리를 포함한다 -->
<script src="http://d3js.org/d3.v3.min.js" charset="utf-8"></script>
</head>
<body>

<script>
// SVG 객체를 생성해 페이지의 <body> 엘리먼트에 붙인다
var svgObject = d3.select("body")
                    .append("svg");

// 크기, 색깔, 위치 정보를 앞서 만든 SVG 객체에 추가한다.
// 이 예제에서는 순수 SVG 예제의 것과 같은 검은 테두리를 띤
// 파란 사각형을 만든다.
var blueSquare = svgObject.append("rect")
                            .attr("x", 57)
                            .attr("y", 195)
                            .attr("width", 100)
                            .attr("height", 100)
                            .attr("fill", "#0000ff")
                            .attr("stroke","#000000")
                            .attr("stroke-width","1px");
</script>
svg
</body>
</html>
```

예제 7.4의 푸른색 사각형을 만드는 예제는 예제 7.3에서 만든 SVG 예제의 간단한 미가공 XML보다 다소 복잡해 보인다. 하지만 도형을 만드는 것은 D3.js의 핵심이 아니다. 다음 단계는 도형을 데이터 시각화를 위한 패턴으로 바꾼다.

이전 예제에서 배운 순서대로 이번에는 미국 대통령의 취임 당시의 나이를 표시하는 간단한 D3.js 막대 차트를 만들겠다. 이 예제는 매우 간단하지만 D3.js를 강력하게 만든 유용한 기능을 잘 설명해준다. 예제 7.5의 코드를 보자.

우선 usaPresidentAges라는 간단한 자바스크립트 배열을 이용해 샘플 데이터를 정의한다. 파란색 사각형 예제에서처럼 기본 그래픽에 해당하는 svgObject를 생성한다. d3.scale.linear 함수는 차트의 너비를 자유롭게 조정하도록 돕는다.

D3.js의 뛰어난 기능 중 하나는 배열의 값을 순회해 시각화 부분에 할당하는 함수를 적용할 수 있다는 점이다. .data(usaPresidentAges) 메서드는 미국 대통령의 나이 배열에서 값을 하나씩 가져와 대통령의 나이에 비례하는 너비의 막대 그래프를 돌려주는 함수를 실행한다.

예제 7.5 D3.js를 이용해 간단한 막대 차트 그리기

```
<html>
<head>
<script src="http://d3js.org/d3.v3.min.js" charset="utf-8"></script>
</head>
<body>

<script>
// 예제의 일부 데이터를 추가하자.
// 이 배열은 포드부터 오바마까지 취임식을
// 기준으로 한 나이 목록이다.
var usaPresidentAges = [57, 61, 57, 57, 58, 57, 61,
                        54, 68, 51, 49, 64, 50, 48,
                        65, 52, 56, 46, 54, 49, 50,
                        47, 55, 55, 54, 42, 51, 56,
                        55, 51, 54, 51, 60, 62, 43,
                        55, 56, 61, 52, 69, 64, 46,
                        54, 47];
```

```
// 막대 차트에서 전체 높이를 설정
var height = 15 * usaPresidentAges.length;
var width = 600;

// 새로운 SVG 객체를 생성해 페이지의 <body> 엘리먼트에 붙인다.
var svgObject = d3.select("body")
                .append("svg")
                .attr("width", width)
                .attr("height", height);

// 생성
var x = d3.scale.linear()
        .domain([0, d3.max(usaPresidentAges)])
        .range([0, 420]);

//
svgObject.selectAll("rect")
        .data(usaPresidentAges)
        .enter().append("rect")
        .attr("y", function(d, i) { return i * 20; })
        .attr("width", x)
        .attr("height", 20)
        .style("fill","#CCCCCC")
        .style("stroke", "#FFF");
</script>
</body>
</html>
```

앞에서 살펴본 예제는 D3.js로 할 수 있는 일들의 극히 일부분만 보여준다. 데이터 시각화 전문가들은 D3.js를 이용해 아주 다양한 매력적인 이야기를 만들어왔다. 웹 기반 데이터 시각화에 입문한 분들은 D3.js를 배우기가 까다로울 수 있지만 온라인 사용자에게 대화식 데이터와 관련된 통찰력을 제공하는 데 관심이 있는 이들에게 중요한 기술이다.

정리

데이터를 시각적으로 표현하는 가장 큰 목적은 수치 개념에 대한 추상적인 생각을 사용자가 쉽게 이해할 수 있는 공간적인 표현으로 바꿔서 전달하는 데 있다. 이 분야는 분석에 대한 전문성도 필요하지만 심미적인 감각도 중요하다.

대용량 데이터를 다루는 도구는 날로 늘어나지만 공간 포맷으로 표시된 정보에 대한 사람들의 이해력은 그렇지 못하다. 그러므로 데이터 시각화의 공통적인 도전과제는 어떻게 데이터를 사용자에게 잘 보여줄 것인가를 이해하는 것이다. 매우 큰 데이터 집합에서 데이터를 그룹화하거나 합치려면 데이터 변환 프로세스가 필요할 때가 많다. 시각화는 더는 종이에 국한되지 않는다. 디지털 출판은 데이터 과학자에게 사용자들이 필요한 부분만 볼 수 있는 대화식 시각화를 만들어줄 기회를 준다.

통계 언어인 R의 유용한 기능은 다양한 플롯팅 및 그래픽 처리 능력이다. 최근의 많은 과학 관련 저작물에서는 R을 직접 사용해서 만든 그래프가 담겨 있고, ggplot2 라이브러리도 폭넓게 사용되고 있다. 파이썬 프로그래밍 언어도 데이터 커뮤니티에서 점점 더 많이 사용되고 있다. matplotlib은 인기 있는 파이썬용 2차원 플로팅 및 차트 라이브러리이며, 싸이파이나 판다스 같은 파이썬 데이터 분석 라이브러리와 함께 사용될 때가 많다. 또한 matplotlib은 아이파이썬 대화식 셸과 통합되어 다른 연구자와 손쉽게 데이터 분석 및 시각화 작업을 협업하고 공유할 수 있게 돕는다.

데이터 기반 저널리즘과 같이 성장하는 분야에서 인터넷은 대화식 데이터 시각화에 적합한 매체가 됐다. 가장 인기 있고 유용한 웹 기반 시각화 도구 중 하나는 D3.js 라이브러리인데, SVG 그래픽 파일을 읽고 변환하는 인터페이스를 제공한다. D3.js는 잘 설계돼 있고 완전한 기능을 갖추고 있으며, 각종 오픈소스 플러그인으로 더 유용해지고 있다.

4부

데이터 파이프라인 구축하기

8

하나로 합치기:
맵리듀스 데이터 파이프라인

불가능한 일에 도전하는 것은 즐거운 일이다.

- 월트 디즈니(Walt Disney)

인간의 두뇌는 수백만 건의 데이터 포인트를 계속해서 추적하는 데 익숙하지 않다. 그러나 당장이라도 수집해서 분석하고 시각화해야 할 데이터는 무수히 많다. 복잡성을 다루기 위해 인간은 문제를 잘 이해할 수 있는 은유를 사용한다. 문제를 어떻게 처리할지 알아낼 때까지 수백만 건의 레코드를 저장할 필요가 있을까? 그것들은 데이터 웨어하우스에 정리해서 보관해두자. 수십억 건의 데이터 포인트를 분석할 필요가 있을까? 그것들은 좀 더 다루기 쉽게 만들어 보자.

더는 공부를 목적으로 데이터를 저장하고 데이터를 일부 사용해보는 데 만족해서는 안 된다. 분산 컴퓨팅 도구가 점점 더 접근하기 쉬워지고 사용하는 데 드는 비용 또한 저렴해지고 있기 때문에 데이터를 출처에서 목적지까지 흘러가는 역동적인 개체로 간주하는 사고방식이 더욱 일반화됐다. 진정 데이터로부터 가치를 얻고자 한다면 데이터를 한 상태에서 다른 상태로 변형시키거나 때로는 어떤 물리적 위치에서 다른 위치로 옮길 필요가 있다. 데이터의 상태가 변하는 동안 데이터의 상태를 확인하는 것도 때때로 유용하다. 물이 공급되는 것처럼 데이터를 이동시키기 위해 파이프라인을 구축할 필요가 있다.

데이터 파이프라인이란 무엇인가?

우리 동네 모퉁이 상점에는 특정 시간에 일하는 점원이 있다. 이 점원은 금전등록기를 사용하고 물건을 진열하며 사람들이 물건을 찾게끔 도와준다. 전반적으로 이 상점에 방문하는 사람들의 수는 셀 수 있을 정도로 많지는 않아서 점원은 부담을 느끼지 않는다(오전 1시 55분에 맥주를 팔지만 않는다면). 내가 그 점원에게 그날 얼마나 많은 고객이 방문했는지 알려달라고 부탁한다면 셀 수 있을 정도가 아니라 정확한 답을 얻을 수 있을 거라고 확신한다.

이 모퉁이 상점은 편리하긴 하지만 때로는 6개월은 버틸 수 있는 대형 샴푸와 감자칩을 구매하고 싶을 때가 있다. 도매로 취급되는 휴지와 킬로그램 단위의 케첩을 판매하는 대형 할인매장에서 구매해본 적이 있는가? 이런 대형 상점에 대해 놀랐던 것 중 하나는 고객의 흐름을 처리할 수 있는 계산대의 수다. 수많은 고객들이 매 시간, 온종일 물건을 구입하고 있을지도 모른다. 어떤 주말에는 20개 이상의 각 계산대 라인마다 십여 명의 고객이 계산을 기다리고 있을지도 모른다.

할인매장의 계산대는 많은 고객을 처리하도록 만들어졌고, 계산대 직원이 물건을 찾는 일을 도와주지는 않는다. 동네 모퉁이 상점의 점원과 달리 계산대 직원이 하는 일은 전문화돼 있고, 수많은 고객들이 빠르게 계산할 수 있게 돕는다.

할인매장에서 수행하는 다른 전문화된 일도 있다. 2리터짜리 메이플 시럽 병 묶음을 판매층으로 나를 수 있도록 일부 직원들은 지게차 운전의 전문가다. 단순히 고객들에게 정보를 제공하는 직원들도 있다.

이제 특대형 액상 세제 묶음을 계산할 때 계산대 직원에게 하루 동안 모든 계산대를 통과하는 총 고객의 수를 알려달라고 부탁하는 것을 상상해보자. 그들이 정확한 답을 주는 것은 어려울 것이다. 계산대 직원이 관리하는 계산대를 통과하는 고객의 수를 기록하기는 쉬울 수 있지만 다른 계산대의 상태를 모두 알기는 어려울 것이다. 각 계산대의 직원은 고객들을 상대하느라 너무 바빠서 평소에 서로 그다지 많이 대화하지 않는다. 대신 계산대를 이리저리 돌아다니며 고객의 수를 취합할 다른 직원을 배치할 필요가 있을 것이다.

작업에 적합한 도구

요점은 작은 편의점에 적당한 규모를 넘어서는 정도까지 고객의 수가 많아질 경우 특화된 해결책을 마련할 필요가 생긴다는 것이다. 거대한 규모의 데이터 문제도 이와 마찬가지다. 여러 장비에 문제

를 분산시키고 각 장비에서 작은 문제를 해결하는 특화된 소프트웨어를 사용함으로써 데이터 도전
과제를 해결할 수 있다. 데이터 파이프라인은 데이터를 한 상태에서 다른 유용한 상태로 바꾸는 것
을 용이하게 한다.

전통적으로 개발자들은 모든 것을 처리하기 위해 단일 노드 데이터베이스에 의존했다. 질문할 필요
가 생기면 단일 장비에서 데이터를 수집해서 그것을 영구히 저장하고 질의를 실행한다. 데이터의
양이 증가하면 단일 서버를 요구사항에 맞게 확장하기가 경제적으로 불가능해진다. 유일하게 현실
적인 해결책은 클러스터 내에 네트워크로 연결된 장비에 요구사항을 분산하는 것이다.

때로는 대규모의 데이터를 수집하고 처리하고 분석하기 위해 다양한 기술들을 사용해야 한다. 예를
들어, 데이터 수집에 특화된 소프트웨어는 데이터 분석에 최적화돼 있지 않을 것이다. 이는 할인매
장 대 작은 편의점의 이야기와 매우 유사하다. 대규모 데이터에 관해 질문하는 데 필요한 최적의 기
술은 수천 명의 사용자로부터 빠르게 데이터를 수집하는 데 사용되는 소프트웨어와 다를 것이다.
게다가 데이터 자체는 다른 애플리케이션에서 다르게 구조화될 필요가 있다. 데이터 파이프라인 정
책은 필요에 따라 데이터를 한 포맷에서 다른 포맷으로 변환할 필요가 있다.

데이터 분야에서 새롭게 떠오르는 오픈소스 기술에 대해 가장 마음에 드는 것 중 하나는 대용량 데
이터를 처리하는 여러 도구를 조합해 새로운 시스템을 만들 수 있다는 잠재력이다. 거대 인터넷 기
업의 가치는 대용량 데이터 처리 파이프라인을 위한 효율성 높은 시스템을 만들 수 있는 능력을 기
반으로 하고, 이 기술은 빠르게 대중화되고 있다.

하둡 스트리밍을 이용한 데이터 파이프라인

대규모 데이터 처리 기술의 특징 중 하나는 데이터 도전과제를 수행하기 위해 다수의 장비를 병렬
로 사용한다는 점이다. 저렴한 장비를 사용함으로써(또는 클라우드에서 가상의 서버를 사용함으로
써) 몇 년 전에는 불가능하다고 여겨졌을 데이터 문제를 해결할 수 있다. 여러 장비에 분산시킨다
고 해서 모든 문제를 쉽게 해결할 수 있는 것은 아니지만 데이터 수집 및 변환과 관련된 문제는 분
산화된 접근법에 적합하다. 다양한 출처에서 수집된 다량의 구조화되지 않은 데이터를 가져오고,
그것들을 좀 더 구조화된 데이터로 변환해서 분석하는 것은 공통적인 활용 사례다. 계산 문제를 분
산하는 방법에도 여러 전략이 있지만, 범용적인 적절한 접근법은 맵리듀스로 알려져 있다. 맵리듀
스는 납득할 만한 시간 내에 대용량 데이터의 변환을 손쉽게 처리하는 훌륭한 방법이 될 수 있고,
많은 사람들은 그것을 데이터 파이프라인 작업에 기본적으로 사용하고 있다.

맵리듀스와 데이터 변환

익숙한 용어로 자리 잡고 있는 것과는 별개로 맵리듀스는 원래 다수의 장비에 분산된 애플리케이션을 구동하기 위해 구글에서 만든 소프트웨어 프레임워크다. 간단히 말해 맵리듀스의 기본 아이디어는 문제를 다수의 장비에서 독립적으로 처리할 수 있는 작은 덩어리로 나누는 것이다. 각 데이터 덩어리가 처리되고 나면 결과 데이터는 여러 장비에서 처리해 하나의 결과로 돌려주도록 그룹화될 수 있다. 데이터를 신중히 여러 묶음으로 분할 또는 샤딩하는 것을 맵 단계라고 한다. 각 맵 작업을 추적하기 위해 조각난 데이터에는 키를 부여한다. 각 서버에서는 그와 같은 하위 문제를 풀고 그 결과를 돌려준다. 셔플 단계에서는 결과 파일을 부여받은 키를 기준으로 그룹으로 정렬한다. 마지막으로, 리듀서 단계에서는 각 결과 그룹을 가져와 최종 결과를 만들기 위해 추가 처리를 한다.

원본 데이터가 자연스럽게 상대적으로 작은 조각으로 나뉜다면(대량의 스크랩된 웹 페이지 컬렉션을 생각해보라) 맵리듀스 접근법은 분석 문제에 대한 훌륭한 해결책이 될지도 모른다. 이것을 하나의 아주 커다란 문서에 포함된 데이터를 처리하는 프로시저와 비교해보자. 그러한 경우에는 데이터를 작은 조각으로 나누는 가장 효율적인 방법이 명확하게 떠오르지 않을 수도 있다.

다수의 장비에 분산시키는 데 거의 노력이 들지 않는 작업을 처치 곤란 병렬 문제(embarrassingly parallel problem)라고 한다(아마 이러한 문제가 당혹스러울 만큼 많은 데이터를 제공하기 때문일 것이다). 또는 그것은 상사에게 "이렇게 말해서 당혹스럽긴 하지만 내가 봉급을 받기 위해 실제로 했던 일은 단지 20줄의 파이썬 스크립트를 작성해서 200GB에 달하는 데이터를 처리한 것뿐이다"라고 말하는 것을 의미할지도 모른다.

맵리듀스의 토대가 되는 전체적인 개념은 상당히 단순하지만 데이터를 샤딩하고 섞고 하위 프로세스를 조정하는 것은 아주 복잡해질 수 있다(특히 데이터의 규모가 커졌을 때). 우선 처리되는 데이터 파편의 매핑을 추적하는 시스템을 구축해야 한다고 해보자. 이와 마찬가지로 이쪽에서 다른 곳으로 메시지를 전달하는 장비를 조율하는 것도 벅찬 일이다. 맵리듀스의 셔플 단계 또한 상당히 까다로운 단계일 수 있다. 수백만 개에 달하는 별도로 처리된 데이터 파편을 다룰 경우 그것들을 각 리듀서 단계로 효율적으로 정렬하는 프로세스는 꽤 오랜 시간이 걸릴 수 있다. 이러한 도전과제 때문에 자신만의 맞춤형 맵리듀스 프레임워크를 구축하는 것은 실용적이지 않다. 그렇게 하는 대신 기존의 바퀴를 재발명하는 것을 피하는 편이 더 낫다. 즉, 사용할 수 있는 프레임워크를 이용하라.

맵리듀스 기능을 제공하는 오픈소스 프레임워크는 많지만 가장 인기 있는 것은 의심할 여지없이 아파치 하둡이다. 하둡은 다수의 장비에 데이터를 저장하기 위한 분산 파일시스템 같은 기능을 제공하는 것과 더불어 맵리듀스 잡을 조율하는 복잡성을 처리한다.

하둡은 기본적으로 자바 프로그래밍 언어로 작성됐다. 많은 맵리듀스 애플리케이션이 바로 하둡 위에 자바로 작성됐다. 하둡 자바 API를 이용해 직접 상호작용하는 것이 가장 성능이 좋지만 프레임워크 자체는 초보자에게 다소 복잡할 수 있다. 게다가 어떤 개발자들은 파이썬 같은 다른 언어를 사용하는 것을 선호할지도 모른다.

다행히도 하둡 스트리밍 유틸리티를 이용하면 원하는 거의 모든 언어로 데이터 파이프라인 구성요소를 구축하는 것이 가능하다. 하둡 스트리밍은 개발자들이 매퍼와 리듀서로 임의의 프로그램을 사용하는 것을 가능하게 한다. 해당 프로그램이 데이터 파이프라인 스트림(표준 입력(stdin)과 표준 출력(stdout)으로 더 잘 알려진)으로부터 읽고 쓸 수 있다면 말이다. stdin 또는 stdout의 개념에 익숙하지 않더라도 명령줄에서 명령어를 입력해본 적이 있다면 그것을 사용해본 것이다.

하둡 스트리밍 API를 이용해 간단한 단일 데이터 파이프라인과 여러 단계로 이뤄진 다단계 데이터 파이프라인을 만드는 방법을 살펴보자. 예제로는 맵리듀스 잡으로 HDFS에 저장된 데이터를 변환하기 위해 파이썬으로 작성된 스크립트를 사용한다. 비구조화된 미가공 텍스트 문서로 시작해 구조화된 데이터를 추출하고, 그 결과를 종합 분석 도구 또는 시각화 도구에서 불러오기에 적합한 새로운 파일로 저장할 것이다.

가장 간단한 파이프라인: stdin에서 stdout으로

대용량 데이터를 변환하기 위한 거대한 분산 파이프라인을 구축하는 방법을 살펴보기에 앞서 파이프라인 프로그래밍을 위한 친숙한 표준, 즉 유닉스 명령줄을 되짚어보자. 유닉스 명령줄에서 발견되는 기본 제어 구조 중 하나는 파이프(pipe)다. 유닉스 파이프는 실제 파이프가 물을 처리하고 수도 배관 게임과 매우 흡사한 방식으로 데이터를 다룬다. 데이터가 한쪽에서 들어와 다른 쪽으로 나간다. 유닉스 프로그램의 출력이 또 다른 프로그램의 입력이다. 임의 길이의 애플리케이션 체인은 데이터가 한쪽에서 흘러나와 다른 쪽으로 흘러들어 가는 식으로 서로 연결될 수 있다.

별도로 명시하지 않는다면 stdin은 일반적으로 다른 애플리케이션에서 나와서 들어오는 데이터를 가리키고, stdout은 일반적으로 터미널 화면에 표시되는 텍스트 출력을 의미한다. 예를 들면, 현재 디렉터리의 파일 목록을 보여주는 ls 명령어를 입력하면 stdout은 터미널에 보낼 것이다.

파이프 연산자(|)로 두 애플리케이션을 연결하면 아주 강력한 계산을 단 몇 개의 명령으로 수행할 수 있다. 예제 8.1의 예제는 ls의 결과를 워드 카운트 유틸리티인 wc로 전달해 ls 결과의 줄 수를

계산하는 것을 보여준다. 이와 비슷하게 echo의 텍스트 출력을 sed 문자열 치환 명령으로 전달함으로써 간단한 데이터 변환을 할 수 있다.

예제 8.1 stdout으로 재지정하는 유닉스 명령줄 파이프 예제

```
# 현재 디렉터리에 몇 개의 파일이 있는가?
# ls의 결과를 wc로 파이프하기
> ls | wc -1
10


# 터미널의 stdout으로 텍스트 표시하기
> echo "Here's some test data"
Here's some test data


# 파이프를 이용해 결과를 다른 프로그램으로 재전송한다.
# 이 경우 텍스트는 sed 프로그램을 이용해 치환한다.
> echo "Here's some test data" | sed 's/Here/There/'
There's some test data
```

간단하지 않은가? 예제 8.1의 유닉스 파이프라인 예제는 기본 명령줄 도구의 장점을 보여준다. 이런 도구만을 이용해 유용한 데이터 분석 프로세스를 실행할 수도 있다. 한 가지 기억해야 할 것은 때때로 데이터 문제를 다루는 최고의 방법은 가장 간단한 해결책을 사용한다는 것이다.

좀 더 복잡하거나 맞춤형 업무의 경우 데이터를 처리하기 위한 좀 더 표현력 있는 방법을 사용하고 싶을 것이다. 훌륭한 해결책은 파이썬 같은 범용 언어를 사용하는 것이다. 파이썬의 핵심 라이브러리는 스크립팅 업무를 위한 사용하기 쉬운 시스템 모듈을 제공한다. 좀 더 복잡한 예제를 보자. 표준 입력으로부터 받은 데이터를 가공하는 파이썬 스크립트를 작성해보자. 예제 8.2에서 input_filter.py는 stdin으로부터 문자열 입력을 받아 공백이나 알파벳 소문자 텍스트만 걸러내고, 결과 문자열을 stdout으로 출력한다. 또 다른 파이썬 스크립트인 output_unique.py(예제 8.3)에서는 결과 문자열을 분할하고 유일한 단어들만 문자열로 출력한다.

input_filter.py의 출력을 output_unique.py에 전달함으로써 유일한 단어 목록을 만들어낼 수 있다. 이처럼 간단한 예제를 작성하는 것이 개별 어절이나 레코드의 검색 색인을 만드는 첫 번째 단계가 될 수 있다.

예제 8.2 input_filter.py: stdin으로부터 데이터를 읽어오는 파이썬 스크립트 예제

```
#!/usr/bin/python
import string
import sys


legal_characters = string.ascii_lowercase + ' '
for line in sys.stdin:
  line = line.lower()
print ''.join(c for c in line if c in legal_characters)
```

예제 8.3 output_unique.py: stdin으로부터 데이터를 읽어오는 파이썬 스크립트 예제

```
#!/usr/bin/python
import string
import sys


for line in sys.stdin:
  terms = line.split()
  unique_terms = list(set(terms))
  print sorted(unique_terms)

# 입력값과 출력값 파이프하기
> echo 'best test is 2 demo... & demo again!' | \
    python input_filter.py | python output_unique.py
['again', 'best', 'demo', 'is', 'test']
```

이제 새로운 어딘가로의 여정을 시작했다. 이처럼 간단한 파이썬 예제는 구조화되지 않은 미가공 데이터를 좀 더 깔끔한 포맷으로 변환하는 방법에 대한 힌트를 준다. 그러나 단일 서버에서 수 기가 바이트 또는 테라바이트 급의 미가공 파일을 대상으로 이 스크립트를 실행한다면 작업은 영원히 끝나지 않을 것이다. 글자 그대로 '영원히'가 아니라 아마 급여 인상 협상을 하기 전에 결과를 얻어 상사를 설득시킬 수 있을만큼 빨리 실행하지는 못할 것이라는 의미다.

다수의 장비를 이용해 한꺼번에 많은 파일을 대상으로 이 스크립트로 실행할 수 있다면 변환 작업이 더욱 빨리 끝날 것이다. 이러한 유형의 처리를 병렬화(parallelization)라고 한다. 자동 별렬화를 제공하는 것은 아파치 하둡과 맵리듀스 프레임워크의 역할이다. 대용량 데이터를 처리하는 데 하둡을 사용하는 이점은 데이터를 서버 클러스터에 배치하고 하둡 프레임워크가 병렬 작업을 관리하는 복잡성을 다루게 할 수 있다는 점이다.

하둡을 배치하는 데는 물리적 하드웨어를 이용하는 방법을 비롯해 클라우드 내의 가상의 장비 클러스터를 사용하는 방법, 또는 관리 소프트웨어까지 갖추고 이미 구동 중인 클라우드 서비스에 대한 접근 권한을 구입하는 등 다양한 방법이 있다. 이처럼 다양한 방법이 있기 때문에 여기서는 멀티노드 클러스터를 설치하고 관리하는 방법에 대해서는 깊게 다루지 않을 것이다. 그러나 현재 클러스터에 접근하지 못하더라도 싱글 노드 또는 로컬 모드에서 하둡을 이용해 단일 서버 위에서 여러 버전의 스트리밍 애플리케이션을 실행하는 것은 가능하다. 심지어 다양한 하둡 데몬들이 개별 자바 프로세스에서 구동되는 분산 환경을 시뮬레이션하는 것도 가능한데, 이를 모의 분산 모드라 한다. 하둡 스트리밍 프레임워크에서 가장 마음에 드는 부분은 앞에서 했던 것처럼 소규모 데이터를 대상으로 직접 작성한 스크립트를 테스트할 수 있다는 것이다. 매퍼의 출력을 리듀서로 전달함으로써 규모를 확장하기 전에 개별 애플리케이션의 정상성 점검을 진행할 수 있다.

단일 맵리듀스 변환

프로그래밍 책에서는 "hello world"를 보여주는 방법을 시연하며 새로운 언어를 소개할 때가 많다. 이건 기껏해야 보통 몇 줄의 코드로 표현되기 때문에 전체 데이터 변환 및 처리를 설명하는 데는 무의미한 경우가 많다.

맵리듀스에서의 "hello world"는 당연히 단어의 수를 세는 예제인데, 입력 문서를 받아 사전에 등재된 각 단어의 출현 빈도를 구한다.

단어 수를 세는 대신 매우 유사하지만 좀 더 흥미로운 것을 해보자. 일반에 공개된 미국의 출생 통계 데이터를 이용해 연도별 출생자 수를 구할 것이다. 미국에서는 출생과 관련된 모든 정보를 기록해야 한다. 이 작업은 미국립필수통계시스템(U.S. National Vital Statistics System, NVSS)에서 주관하는데, NVSS에서는 미국 내 모든 출생 기록에 관한 기본 정보를 이용 가능하게 만드는 일을 한다. 여기서는 NVSS에서 제공하는 미가공 데이터를 이용해 어떤 연도의 월별 총 출생 수를 세는 간단한 맵리듀스 잡을 실행할 것이다.

NVSS의 미가공 데이터는 정제돼 있지 않아 전처리 과정이 조금 필요하다. 질병관리센터(The Center for Disease Control)는 매년 귀중한 NVSS 데이터를 한 줄에 하나의 출생 정보가 담긴 거대한 텍스트 파일로 제공한다. 2010년에 태어난 아기에 대한 정보가 담긴 비압축 데이터 파일은 거의 3GB에 이르고 4백만 건 이상의 출생 정보가 포함돼 있다.

2010년도 데이터만 확인해보자. 2010년도 NVSS 데이터의 사용자 가이드에 따르면[29] 각 출생에 대해 알아보기 힘든 755개의 문자가 한 줄에 기록된다(NVSS 출생 기록 하나에 대한 예제는 예제 8.4를 참고한다). 각 기록에는 생일, 몸무게, 쌍둥이 여부 같은 출생에 대한 모든 종류의 부호화된 정보가 포함된다. 또한 어머니의 흡연 여부 같은 임신 중의 위험요인도 기록한다. 몇몇 정보를 판독하려면 사용자 가이드가 필요하지만 미가공 파일에서 출생 연월은 추출하기 쉽다. 각 출생 기록에서 이 값을 추출하는 것으로 맵리듀스 잡을 시작해보자.

예제 8.4 NVSS의 출생 기록 일부

```
# 출생 연월만 참고한다. 다른 정보는 혼란스럽다.
# 처리하기는 쉽지만 끔찍하다.
       S       201001      7         2            2
30105                                    2  011    06   1
3405    1   06  01       00  2   2
1006   314                              2   222
2 2               2     2 2           22  1    3   094    1         M  04  200940
39072        3941     083                  22     2
2  2 2                                1100110000000000000
0000000 00000000000 000000   00000000000000000000000000 1    00
0  100000000     1   111         1 0     1    1  1            11
11       1    1 1 1
```

미가공 NVSS 데이터에서 관련 정보 추출하기: 맵 단계

맵리듀스 잡을 만드는 첫 단계는 미가공 데이터를 나중에 차례로 처리할 수 있는 작은 덩어리로 나누는 것이다(맵 단계). 매퍼 함수는 모든 개별 출생 기록에 병렬로 적용될 것이다. 즉, 여러 출생 기록들이 컴퓨터 클러스터의 규모에 맞게 동시에 처리되는 것을 의미한다.

맵 함수의 결과는 처리된 데이터 조각인 키-값 쌍이 될 것이다. 이 경우 단순히 각 레코드(한 줄당 하나)를 읽어 출생의 월과 연도를 파악한 뒤 레코드에 "1"이라는 수를 할당할 것이다. 즉, 키는 월과 연도를 표현하는 문자열이 되고 값이 1이 될 것이다. 결국 맵 단계에서는 같은 연도와 날짜 키를 포함하는 수천 개의 조각을 만들어낸다.

----

29 ftp://ftp.cdc.gov/pub/Health_Statistics/NCHS/Dataset_Documentation/DVS/natality/UserGuide2010.pdf

맵 단계는 예제 8.5에서처럼 mapper.py 스크립트로 제공된다. 결과 키-값 쌍은 키와 값이 탭 문자로 분리된 문자열로 나온다. 기본적으로 하둡 스트리밍 API는 표준 입력의 각 줄에 대해 첫 번째 탭 문자까지를 "키"로, 나머지를 값으로 처리한다.

예제 8.5 mapper.py: 각 출생 기록에 대해 월과 "1"을 출력하는 매퍼

```python
#!/usr/bin/python
import sys

def read_stdin_generator(file):
  for record in file:
    yield record

def main():
  data = read_stdin_generator(sys.stdin)
  for record in data:
    # 각 줄에서 연월 문자를 추출한다.
    year = record[14:18]
    month = record[18:20]
    # 키인 연-월을 분리해 stdout에 출력한다.
    print '%s-%s\t%d' % (year, month, 1)

if __name__ == "__main__":
  main()
```

월별 출생 수 세기: 리듀서 단계

맵리듀스 잡에서 리듀서 단계는 매퍼 단계로부터 키를 모은다. 리듀서 단계에 앞서 만들어진 많은 키-값 쌍이 리듀서 함수에 전달되기 전에 취합되어 정렬된다. 수백만 또는 수십억 개에 달하는 조각으로 구성된 대용량 데이터를 섞는 데는 꽤 많은 자원이 필요할 수 있다. 맵리듀스 프레임워크의 "특제 양념"은 이 정렬 단계에서 많이 발생한다.

이번 예제에서 리듀서 단계는 mapper.py 스크립트의 출력을 받고 결과를 모으는 reducer.py 스크립트에 정의돼 있다. reducer.py 스크립트는 이전 단계에서 만들어진 각 키-값 쌍을 가져와 키로 그룹화한다. 그다음 월별로 모든 출생 수를 합산한다. 모든 유일한 출생년월 키에 대한 값이 1이었음을 떠올려보자. 그래서 이 리듀서 단계는 단순히 각 키의 합을 계산하는 것이다. 리듀서 코드는 예제 8.6과 같다.

예제 8.6 합산을 위해 파이썬 이터레이터를 사용한 reducer.py 스크립트

```python
#!/usr/bin/python

import sys
from itertools import groupby
from operator import itemgetter

def read_stdin_generator(data):
  for record in data:
    yield record.rstrip().split('\t')

def main():
  birth_data = read_stdin_generator(sys.stdin)
    for month, group in groupby(birth_data, itemgetter(0)):
      births = sum(int(count) for month, count in group)
      print "%s:%d" % (month, births)

if __name__ == "__main__":
  main()
```

로컬에서 맵리듀스 파이프라인 테스트하기

하둡 스트리밍 API는 stdin으로 입력받는 모든 스크립트를 지원하므로 맵리듀스 스크립트를 하둡 클러스터에 배포하기 전에 단일 장비에서 손쉽게 테스트할 수 있다. 이런 환경에서는 워크플로우의 정상성을 검사하기 위해 미가공 데이터의 일부 샘플만으로 맵리듀스 잡을 실행해 보면 좋다. 다음 예제에서는 간단히 유닉스 head 명령어를 이용해 미가공 데이터의 첫 10만 개의 레코드만 추출해 더 작은 새로운 birth_data_sample.txt라는 파일에 저장했다.

하둡 스트리밍을 통해 매퍼와 리듀서 스크립트를 사용하려면 이러한 스크립트가 실행 가능한 파일인지 확인해야 한다. chmod 명령어를 이용해 시스템에서 실행 가능한 스크립트로 만든다(예제 8.7 참조).

이제 파이프라인을 테스트할 준비가 끝났다. 매퍼 스크립트의 출력은 리듀서 스크립트의 입력으로 연결될 것이다. 매퍼와 리듀서 단계 사이에서 키에 따라 값들을 정렬할 것이다. 이번 예제에서는 하둡 클러스터에서 처리되는 셔플 정렬을 시뮬레이션한다.

예제 8.7 로컬에서 테스트 데이터를 대상으로 mapper.py와 reducer.py 스크립트 테스트하기

```
# 2012년 출생 데이터에서 75MB의 작은 샘플을 만든다.
> head -n 100000 VS2010NATL.DETAILUS.PUB > birth_data_sample.txt

# mapper.py와 reducer.py가 실행 가능한 상태로 만든다.
> chmod +x mapper.py
> chmod +x reducer.py

# 먼저 매퍼를 단독으로 테스트한다.
> cat birth_data_sample.txt | mapper.py

2010-09 1
2010-10 1
2010-08 1
2010-07 1
2010-10 1
# 계속...

# 이제 매퍼의 정렬된 결과를 리듀스 단계로 파이프한다.
> cat birth_data_sample.txt | ./mapper.py | sort | ./reducer.py

2010-01:8701
2010-02:8155
2010-03:8976
2010-04:8521
2010-05:8546
2010-06:8917
2010-07:9384
2010-08:9452
2010-09:9734
2010-10:7792
2010-11:5885
2010-12:5937
```

하둡 클러스터에서 맵리듀스 잡 실행하기

위의 예제에서 매퍼와 리듀서 스크립트가 타당한 결과를 제공하는 듯하다. 이제 이 코드를 클러스터에서 실행할 수 있다. 이렇게 하는 첫 단계는 대량의 미가공 데이터 파일을 로컬 디스크에서 하둡 클러스터 상의 모든 노드가 접근할 수 있는 파일시스템으로 옮기는 것이다.

하둡이란 이름은 창시자인 더그 커팅(Doug Cutting)의 아들이 가지고 놀던 코끼리 장난감에서 왔다. 하둡 생태계에 있는 많은 도구가 이와 비슷하게 동물 이름으로 불리고 있다(주키퍼, 머하웃, 피그처럼). 이러한 작명 규칙에 대한 눈에 띄는 예외는 놀랍게도 HDFS(Hadoop Distributed File System)로 알려진 하둡의 분산 파일시스템이다. 네이밍이 시시할지 몰라도 HDFS는 하둡의 중요 구성요소다. HDFS는 데이터를 여러 덩어리로 나누어 클러스터 상의 노드에 분산시킴으로써 네트워크에 있는 모든 장비에서 데이터를 저장하고 데이터에 접근할 수 있게 만들어준다.

왜 분산 파일시스템이 데이터 처리 업무에서 중요할까? 2장에서 언급했듯이 느린 네트워크는 데이터 이동에 병목으로 작용할 수 있다. 중앙에 있는 커다란 데이터 덩어리를 처리 노드로 보내기보다는 HDFS 같은 분산 파일 시스템은 데이터가 존재하는 노드에서 데이터를 처리할 수 있게 해준다. 데이터의 어떤 조각들은 하나의 노드에 존재할 것이다. 하둡은 이러한 데이터 분산을 용이하게 함으로써 분석가들이 분산 기술보다는 데이터 문제를 고민할 수 있게 해준다.

copyFromLocal 파일시스템 셸 명령어를 이용해 하둡에 데이터를 복사한다. HDFS에 미가공 데이터를 복사한 후 하둡 스트리밍 API를 호출하기 위해 hadoop jar 명령어를 사용할 수 있다. 이 경우 하둡이 설치된 위치의 contrib 디렉터리에 있는 하둡의 streaming*.jar 파일을 사용해야 한다. 예제 8.8에서는 mapper와 reducer 플래그를 사용해 스크립트의 이름을 지정한다. file 플래그는 매퍼와 리듀서 스크립트가 HDFS가 아닌 로컬 디스크에 있다는 것을 하둡이 알게끔 한다. 소스 데이터(단일 파일이거나 HDFS 디렉터리일 수 있는)와 결과가 저장될 출력 위치도 지정할 수 있다. 이 명령을 실행하면 앞서 테스트한 매퍼와 리듀서 스크립트를 사용하는 정상적인 맵리듀스 잡이 클러스터에서 시작될 것이다.

예제 8.8 데이터를 HDFS로 옮기고 스트리밍 맵리듀스 잡 호출하기

```
# 소스 데이터를 HDFS로 복사
> hadoop dfs -mkdir /user/hduser/data
> hadoop dfs -copyFromLocal \
  VS2010NATL.DETAILUS.PUB /user/hduser/data/VS2010NATL.DETAILUS.PUB

# 로컬 매퍼와 리듀스 스크립트를 이용해 맵리듀스 잡을 실행한다.
# 참고: 파일 경로는 구현에 따라 다를 수 있다.
>hadoop jar $HADOOP_PATH/contrib/streaming/hadoop-*streaming*.jar \
  -file $HOME/mapper.py -mapper $HOME/mapper.py \
  -file $HOME/reducer.py -reducer $HOME/reducer.py \
  -input /user/hduser/VS2010NATL.DETAILUS.PUB \
  -output /user/hduser/output
```

복잡성 관리: 하둡용 파이썬 맵리듀스 프레임워크

하둡 스트리밍 API는 특히 단단계 작업(single-step task)에 대해 맞춤형 맵리듀스 잡을 작성하는 훌륭한 수단이 될 수 있다. 많은 하둡 스트리밍 스크립트를 작성해 보면 몇 가지 간단한 맵 및 리듀스 단계로는 충분하지 않은 시나리오가 많다는 사실을 곧바로 깨닫게 된다. 복잡한 데이터 변환은 다른 변환의 입력으로 전달돼야 하는 추가 단계를 필요로 한다.

앞에서 살펴본 연월별 출생 수 예제는 아주 간단하다. 단단계 처리만으로 해결된다. 한 번에 두 개의 매퍼를 실행하고 출력을 합치기 위해 단 하나의 리듀서 단계를 사용하고 싶다면 어떻게 될까? 이러한 유형의 처리 파이프라인을 구축하는 것도 분명 가능하지만 코드는 다루기 불편할 정도로 빨라질 수 있다.

다행히 이러한 도전과제를 해결하는 데 유용한 하둡 스트리밍 유틸리티 상에 구축된 오픈소스 프레임워크가 많다. 이러한 프레임워크는 유용한 기능으로 맵리듀스 잡의 복잡성을 관리할뿐더러 처리 파이프라인을 만드는 데 필요한 코드의 양을 줄여줄 수도 있다.

이러한 프레임워크 중 하나는 하둡 클러스터 위에서 맵리듀스 작업을 구축하고 실행하는 것을 빠르게 할 수 있게 옐프(Yelp)에서 만든 mrjob이라는 오픈소스 파이썬 모듈이다. mrjob을 사용하는 것은 하둡 스트리밍 API 잡을 Bash 셸이나 파이썬에서 직접 작성하던 방식에 비해 진보된 방법이다. 평범한 하둡 스트리밍 스크립트처럼 mrjob은 테스트를 위해 로컬 및 하둡 클러스터에도 사용할 수 있다. 옐프는 아마존의 EC2 환경에서 꽤나 많은 일을 하기 때문에 mrjob은 아마존의 엘라스틱 맵리듀스(Elastic MapReduce) 서비스 상의 잡을 실행하는 데 특히 적합하다.

mrjob을 이용해 하둡 스트리밍 예제 재작성하기

mrjob은 다른 파이썬 모듈처럼 빌드하고 설치할 수 있다. mrjob을 사용하려면 MRJob 클래스를 확장해 연속된 처리 단계를 정의한다. 단단계 맵리듀스 잡의 경우에는 예제 8.9에서처럼 클래스 내에 매퍼와 리듀서 함수를 간단히 정의하고 MRJob.run 메서드를 호출하기만 하면 된다. 앞의 하둡 스트리밍 스크립트와 같이 mrjob 스트립트는 데이터를 stdin에서 읽고 stdout으로 출력한다.

예제 8.9 mrjob을 이용한 간단한 단단계 맵리듀스 카운터

```
from mrjob.job import MRJob

class MRBirthCounter(MRJob):
  # 매퍼는 stdin에서 레코드를 읽는다
  def mapper(self, key, record):
    yield record[14:20], 1

  def reducer(self, month, births):
    # 리듀서 함수는 각 달의 출생자 수를 합산한다
    yield month, sum(births)

if __name__ == '__main__':
  MRBirthCounter.run()
```

자세히 보면 mrjob_simple_example.py 스크립트는 앞에서 사용한 하둡 스트리밍 API를 그대로 사용한다. 이는 데이터를 stdin으로부터 데이터를 받아 코드를 테스트하는 것이 여전히 가능하다는 것을 의미한다.

로컬 컴퓨터에서 mrjob 스크립트를 테스트한 후 하둡 클러스터에서 실행해보자(예제 8.10). 스크립트가 들어 있는 장비에 HADOOP_HOME 환경변수가 설정돼 있다면 이 단계는 일반 파이썬 스크립트를 실행하는 것만큼 쉽다. 여기서는 로컬에서 실행하는 것이 아닌 하둡 클러스터에서 스크립트를 실행한다는 것을 명시하기 위해 -r 플래그를 사용해야 한다.

예제 8.10 mrjob_simple_exmaple.py 테스트 및 실행하기

```
# mrjob을 작은 샘플 데이터로 실행한다
> python mrjob_simple_example.py < birth_data_sample.txt

"201001" 8701
"201002" 8155
"201003" 8976
# 계속...

# mrjob을 기존 하둡 클러스터에서 실행한다
# HADOOP_HOME 환경변수가 설정됐는지 확인한다
# 설치 환경에 따라 변경될 수 있음
> export HADOOP_HOME=/usr/local/hadoop-0.20.2/

# 명령줄에서 mrjob이 하둡을 사용하는 것을 명시한다
> python mrjob_simple_example.py \
  -r hadoop hdfs:///user/hduser/data/VS2010NATL.DETAILUS.PUB
```

여러 단계 파이프라인 구축하기

일부 대용량 데이터 처리 작업은 단일 맵리듀스 단계를 통해 수행할 수 있겠지만 여러 단계의 잡을 실행하는 것이 일반적이다. 다른 경우에는 두 개의 개별 소스가 같은 키를 포함하는 데이터를 솎아 내기 위해 두 개의 매퍼 함수를 사용할 것이다. 그런 다음 단일 리듀서 단계에서는 매칭 키를 기반으로 데이터를 하나의 출력으로 조합할 것이다.

이러한 유형의 파이프라인을 설명하기 위해 출생 수 세기 예제에 또 다른 단계를 추가해서 확장해 보자. 2010년의 월별로 여자의 출생 수만 세어보자. 월별 출생 수를 파악하기 전에 성별로 각 레코드를 필터링하자. 이를 위해 filter_births_by_gender라는 새로운 매퍼 함수를 추가하자. 이 매퍼는 출생 레코드가 여성인 경우에만 값을 솎아낼 것이다. 추려진 키는 간단하게 F가 될 것이고, 값은 출생 연월이 될 것이다. 이 매퍼의 출력은 (단일 단계 예제에서 했던 것처럼) 월-년도 키에 1을 할당하는 counter_mapper라는 다른 매퍼 함수에 전달될 것이다. 마지막으로 이 매퍼 함수의 결과는 월별 여성 출생의 합계를 출력하는 원래의 리듀서 sum_births에 전달될 것이다.

매퍼가 실행되는 순서를 명시하기 위해 순서대로 각 맵과 리듀서 단계가 담긴 배열을 반환하도록
MrJob.steps 메서드를 다중 정의(overload)할 것이다. 각 단계에 대한 코드는 예제 8.11을 참조
한다.

예제 8.11 두 단계에 걸친 맵리듀스 mrjob 스크립트

```
mrjob_multistep_example.py

from mrjob.job import MRJob

class MRFemaleBirthCounter(MRJob):

    def filter_births_by_gender(self, key, record):
        if record[435] == 'F':
            year = record[14:18]
            month = record[18:20]
            birth_month = '%s-%s' % (month, year)
            yield 'Female', birth_month

    def counter_mapper(self, gender, month):
        yield '%s %s' % (gender,month), 1

    def sum_births(self, month, births):
        yield month, sum(births)

    def steps(self):
        return [self.mr(mapper=self.filter_births_by_gender),
                self.mr(mapper=self.counter_mapper,
                        reducer=self.sum_births)]

    if __name__ == '__main__':
        MRFemaleBirthCounter.run()
```

이제 앞에서 만든 테스트 데이터를 사용해 스크립트를 테스트할 차례다. 다단계 맵리듀스 잡은 단
단계 잡보다 더 복잡해서 잘못될 가능성이 높다. 다행히 mrjob은 명령줄에서 step-num 플래그
를 사용해 실행하고자 하는 특정 단계를 명시하는 멋진 기능이 있다. 이렇게 하면 파이프라인 부

분에서 빠르게 정상성을 검사할 수 있다. 예제 8.12에서처럼 첫 번째 매퍼 단계(0기준)의 출력을 stdout으로 스크립트가 보내도록 명시할 수 있다. 이전과 같이 테스트 데이터에 대해 전체 파이프 라인을 실행할 수 있다.

예제 8.12 로컬에서 mrjob_multistep_example.py 스크립트 테스트하기

```
# 첫 단계의 매퍼 결과 확인
> python mrjob_multistep_example.py --mapper \
    --step-num=0 < birth_data_big.txt

"F"          "10-2010"
"F"          "11-2010"
"F"          "09-2010"
"F"          "10-2010"
# 계속...

# 전체 파이프라인의 결과 확인
> python mrjob_multistep_example.py < birth_data_sample.txt

"Female 01-2010"      4285
"Female 02-2010"      4002
"Female 03-2010"      4365
"Female 04-2010"      4144
```

엘라스틱 맵리듀스에서 mrjob 스크립트 실행하기

이 책의 핵심 원칙 중 하나는 데이터 처리 솔루션이 현실적이고 비용이 적당하다면 하드웨어와 인 프라 관리 문제를 피할 수 있어야 한다는 것이다. mrjob의 훌륭한 특징은 아마존의 엘라스틱 맵리 듀스(EMR; Elastic MapReduce) 서비스를 이용해 맵리듀스 잡을 쉽게 실행할 수 있다는 점이다.

EMR 통합을 이용하기 위해 우선 아마존 웹 서비스(AWS; Amazon Web Services) 계정을 만 들고 엘라스틱 맵리듀스 서비스에 가입해야 한다. 그런 다음 Access Key ID와 그에 상응하는 Secret Access Key(AWS 계정 페이지의 Security Credentials 영역에 있는)를 적어둔다(하지 만 공유해서는 안 된다).

이 Access-Key 값과 Secret-Key 값을 가지고 mrjob 스크립트가 있는 장비에서 AWS_ACCESS_KEY_ID와 AWS_SECRET_ACCESS_KEY 환경변수를 설정한다. 또한 이러한 값은 대부분 사용자 홈 디렉터리에 저장된 mrjobs.conf 설정 파일에 추가할 수 있다. 그러고 나서 emr에 설정된 -r 플래그로 mrjob 스크립트를 실행해 맵리듀스 잡을 시작한다. 또한 맵리듀스 잡에 사용할 EC2 인스턴스의 수와 종류를 명시할 수도 있다. 예제 8.13의 예를 보자.

예제 8.13 엘라스틱 맵리듀스에서 mrjob 사용하기

```
# Access Key ID와 Secret Acess Key 환경변수를 설정한다
> export AWS_ACCESS_KEY_ID=XXXACCESSKEYHEREXXX
> export AWS_SECRET_ACCESS_KEY=XXXSECRETKEYHEREXXX

# 4개의 작은 인스턴스로 EMR을 시작한다
> python your_mr_job_sub_class.py -r emr \
    --ec2_instance_type c1.small --num-ec2-instances 4
```

파이썬 기반의 대안 맵리듀스 프레임워크

mrjob 말고도 하둡 스트리밍을 위한 파이썬 기반 맵리듀스 프레임워크는 많다. 또 다른 인기 있는 프레임워크는 덤보(Dumbo)다. 덤보는 여러 면에서 mrjob과 유사하며, 간단한 맵리듀스 작업의 경우 덤보 스크립트의 구조는 mrjob을 사용하는 것과 아주 비슷하다. 개인적인 의견으로, 가장 큰 차이점 중 하나는 mrjob의 EMR 통합 능력에 있다. 옐프는 수많은 데이터 처리 작업을 아마존 클라우드에서 실행하기 때문에 mrjob을 이용해 EMR 잡을 시작하는 것이 덤보를 사용하는 방법보다 조금 더 쉽다. 덤보의 가장 큰 장점은 일부 맞춤형 데이터 입력 포맷에서 작업할 때 조금 더 쉽게 사용할 수 있다는 점이다.

mrjob과 덤보는 둘 다 하둡 스트리밍 API를 위한 래퍼(wrapper)지만 저수준 하둡 자바 API에 있는 모든 클래스와 메서드에 직접적으로 접근할 수 있게 해주지 않는다. 이러한 함수에 세세하게 접근하려면 파이둡(Pydoop)을 확인해보는 것이 좋다. 파이둡의 목적은 하둡과 HDFS 자체에 대한 파이썬 인터페이스가 되는 것이다. 하둡 스트리밍 API를 사용하지 않음으로써 mrjob 또는 덤보 같은 프레임워크보다 파이둡이 더 나은 성능을 제공한다. 테라바이트 규모의 데이터 집합을 분석할 경우 성능을 2배 증가시키면 전체 처리 시간을 크게 절약할 수 있다.

정리

대용량 데이터를 수집, 처리, 분석하려면 각 단계에 특화된 도구가 필요하다. 이러한 문제를 해결하기 위해 한 상태에서 다른 상태로 데이터를 변환하는 데이터 처리 파이프라인을 구축할 필요가 있다. 하둡은 접근 가능한 수많은 장비에 파이프라인 작업을 분산시키는 데 도움이 되지만 표준 하둡 API를 사용한 맞춤 맵리듀스 잡을 작성하는 것은 큰 도전과제다. 여러 공통적인 대용량 데이터 처리 작업은 하둡 스트리밍 API를 이용해 해결할 수 있다. 하둡 스트리밍 스크립트는 단단계 잡이나 기존의 파이썬 처리 스크립트를 단일 장비에서 분산 환경으로 확장하는 데 훌륭한 해결책이다.

하둡 스트리밍을 위한 파이썬 기반 맵리듀스 프레임워크는 코드를 간단하고 관리하기 쉽게 유지하면서 더 복잡한 다단계 파이프라인을 구축하는 데 굉장히 유용하다. mrjob과 덤보 같은 프레임워크는 로컬 및 접속 가능한 하둡 클러스터에서 사용할 수 있을뿐더러 데이터 처리 환경으로 엘라스틱 맵리듀스 같은 클라우드 기반 서비스를 사용할 수도 있다. 이러한 프레임워크에서 얻을 수 있는 전반적인 이점과 유용한 기능 덕분에 간단한 단단계 스트리밍 파이프라인보다 복잡한 파이프라인을 구축할 때는 이 같은 도구를 사용하는 편이 거의 대부분 합당하다.

하둡 스트리밍 스크립트와 프레임워크는 여러 작업에서 아주 유용할 수 있다. 하지만 데이터 워크플로우가 좀 더 복잡해지면 스트리밍 스크립트 또한 관리하기 어려워질 수 있다. 또 다른 고려사항은 성능이다. 하둡 스트리밍 API를 호출하는 스크립트 언어로 도구를 구축하는 것은 쉬울지는 몰라도 결국 네이티브 하둡 API를 직접 사용하는 도구보다는 전반적으로 더 느리다. 9장에서는 데이터 워크플로우를 관리하기 위해 고안된 하둡 기반 도구를 살펴본다.

9

피그와 캐스케이딩을 이용한
데이터 변환 워크플로우 구축하기

대량의 데이터를 모으고 처리하는 것은 복잡한 작업이 될 수 있다. 다행히도 여러 일반적인 데이터 처리 도전과제는 좀 더 작은 문제로 쪼갤 수 있다. 오픈소스 소프트웨어 도구는 맵리듀스와 같은 전략을 활용해 데이터 변환 잡을 조각내어 여러 장비에 분산하게끔 한다.

하둡 같은 프레임워크가 대규모의 맵리듀스 처리 작업을 가져와 클러스터의 개별 장비에 맡기는 복잡한 일을 잘 관리한다 하더라도 여전히 데이터를 어떻게 처리하는가에 대해서는 정확하게 정의할 필요가 있다. 데이터를 어떤 식으로 바꾸고 싶은가? 데이터를 분할해야 하는가, 아니면 또 다른 출처의 데이터와 병합해야 하는가?

다양한 출처에서 유입되는 대량의 데이터를 처리할 경우 여러 데이터 처리 작업을 맵리듀스 함수나 스트리밍 API 스크립트를 이용해 바로 복잡한 파이프라인으로 합쳐 엮기가 매우 어려울 수 있다. 때로는 단 하나의 데이터 개념이 여러 맵리듀스 단계를 필요로 함으로써 결과적으로 다루기 어려운 코드가 양산될지도 모른다. 심지어 맵리듀스 연산을 차례로 지시하는 워크플로우를 정의해 문제를 추상화하는 편이 훨씬 더 실용적이다.

일반인에게 맵리듀스 잡의 작동 방식을 설명하는 것이 얼마나 어려운 일일지 상상해보자. 매퍼, 리듀서, 병합 단계가 동작하는 방법을 정의하는 대신 단지 "글쎄, 난 대량의 데이터 모음을 가져와서 각 레코드를 어딘가에 있는 다른 데이터와 합치고, 그 결과를 새로운 파일로 저장했어"라고 말할 것이다.

9장에서는 인간에게 친숙한 추상화 수준에서 우리의 작업을 돕는 도구를 다룬다. 두 가지 아주 인기 있는(하지만 아주 다른) 복잡한 다단계 데이터 변환 파이프라인을 관리하기 위한 오픈소스 도구를 한 번 살펴볼 텐데, 바로 피그(Pig)와 캐스케이딩(Cascading)이다.

실전에서의 대규모 데이터 워크플로우

정보화 시대가 도래한 이후로 무능한 관리자가 소프트웨어 엔지니어를 찾아와서 불가능한 데이터 처리 작업을 맡으라고 궁지에 몰고 있다. 언제나 이러한 요청에는 서로 호환되지 않는 시스템 간의 데이터 상호운용성이 포함돼 있다. 윗선의 누군가가 "왜 시스템 X가 시스템 Y와 바로 연동되지 못하는 거죠? 웹사이트에서 매일 수집하는 기가바이트 규모의 데이터를 가져와서 데이터 웨어하우스에 저장돼 있는 기가바이트 규모의 데이터와 병합해서 그 결과를 시각화 도구에 보내기만 하면 되잖아요. 내일 아침 8시까지 해놓으세요."라고 말할지도 모른다.

여기에 엔지니어들은 비호환 포맷, 일관성 없는 데이터, 그러한 모든 레코드를 처리하는 데 걸리는 시간, 그리고 왜 이것이 엔지니어의 업무가 아닌지 등의 문제를 제기한다. 그리고 마지막으로 회사에서 특정 데이터베이스를 구매하지 않았다면 이러한 문제가 아무것도 발생하지 않았을 것이라고 관리자에게 상기시킨다.

지독히 무지한 관리자와 억압받는 일벌들이 모두 동의할지도 모르는 한 가지가 있다면 그것은 바로 유용한 방법으로 거대한 데이터를 병합하는 것이 굉장히 가치 있는 일이 될 수 있다는 것이다. "Unlock"이라는 용어는 전에 몰랐던 사실이나 관계를 발견하기 위해 데이터를 처리하고, 합치고, 변환하는 과정을 기술하는 데 자주 사용된다. 이 메타포는 데이터 처리라는 무지개의 끝에는 항상 어떤 보물이 묻혀있다고 가정하기 때문에 오해의 소지가 있다고 본다. 아마도 데이터를 바라보는 더 나은 방법은 데이터는 질문에 답하고 스토리를 들려주기 위해 존재하는 것이라고 상상하는 것이다. 데이터는 스토리가 좀 더 완벽하게 전해질 수 있는 상태로 변환될 필요가 있고, 이따금 적절한 언어로 질문할 필요가 있다.

복잡하다: 다단계 맵리듀스 변환

8장에서는 하둡 스트리밍 API와 mrjob 같은 파이썬 맵리듀스 프레임워크를 이용해 맵리듀스 기반 데이터 파이프라인을 구축하는 것이 얼마나 쉬운지 살펴봤다. 텍스트 문서를 읽어 글자 수를 세는 것과 같은 예제처럼 약간의 맵리듀스 단계만으로 처리할 수 있는 비교적 간단한 작업에는 파이썬 같은 스크립트 언어를 이용해 수작업으로 매퍼와 리듀서 단계를 정의하기가 쉽다.

하지만 실제 문제에서는 데이터 파이프라인이 아주 복잡해질 수 있다. 예를 들면, 대기업이 직면하고 있는 일반적인 파이프라인 도전과제는 다양한 이질적인 데이터베이스에 있는 데이터를 적절한 방법으로 주어진 시간 안에 병합하는 것이다. 어떤 경우에는 개별 데이터 소스의 레코드가 특별한 키(예: 날짜나 이메일 주소)로 연결될 수도 있다. 레코드는 특정 값으로 걸러지거나 특정 레코드에 있는 특정 값은 "정규화"하고 공통 값으로 설정해야 할지도 모른다. 원하는 결과에 도달하려면 수많은 개별 맵리듀스 단계가 필요할지도 모른다.

이러한 경우 맵리듀스 기반 데이터 변환 코드를 유지하는 일은 복잡할 수 있다. 스트리밍 스크립트를 이용해 키-값 쌍을 전달하는 것은 특정 작업에 대해서는 관리하기가 어렵지 않지만 이러한 스크립트는 입력 또는 출력 파라미터가 바뀌면 깨지기 십상이다. 키-값 매핑 요구사항을 업데이트해야 한다면 어떻게 될까? 얼마나 많은 코드를 변경해야 할까? 특정 라이브러리나 모듈이 설치돼 있어야 하는 것과 같이 코드가 장비의 일부 특성에 의존한다면 이 클러스터에서 또 다른 클러스터로 옮길 때 워크플로우가 깨질까?

이러한 방법으로 데이터 애플리케이션을 구축할 경우 사람보다 컴퓨터가 쉽게 이해할 수 있는 방법으로 목표를 표현한다. 이 책의 핵심 교훈 중 하나는 기술보다는 데이터 문제에 대해 우선적으로 생각하는 것이다. 맵리듀스 패러다임은 기계에 적합한 추상화다. 컴퓨터는 수많은 개별 데이터 덩어리를 전달하고 추적하는 일에 뛰어나다. 그러나 사람들은 맵리듀스 잡의 모든 개별 단계들을 생각하는 데는 별로 능하지 못하다. 사람들은 각 단계에 대해 걱정하고 싶어하지 않는 듯하다. 단지 장비가 스스로 작동해서 서로 협력하기를 바란다. 오히려 사람들은 "여기 이 데이터 컬렉션을 받고 관심없는 값들을 제거하고 다른 데이터와 결합해서 결과를 여기에 둬"라고 말할 것이다. 이러한 이유로 워크플로우 소프트웨어가 필요한 것이다. 즉, 고차원 언어로 데이터 처리 흐름을 기술하면 그것을 하둡 같은 프레임워크 위에서 실행되는 분산 맵리듀스 단계로 번역해주는 도구 말이다.

아파치 피그: 복잡함을 제거하다

아파치 피그 프레임워크는 하둡에서 데이터 워크플로우를 정의할 때 자주 선택하는 도구다. 아파치 피그 웹 사이트에서는 야후!에서 실행되는 모든 하둡 잡의 40%가 피그로 실행된다고 주장한다. 피그는 두 가지 구성요소, 즉 워크플로우를 표현하는 고차원의 배우기 쉬운 언어와 워크플로우를 맵

리듀스 잡으로 바꾸는 플랫폼을 제공한다. 피그는 원래 야후!에서 개발했지만 2007년에 아파치 재
단으로 이전됐다.

피그의 문법은 피그 라틴(Pig Latin)으로 알려져 있다. 피그 라틴이 명작 바보 삼총사(Three
Stooges)에서 그려진 것과는 달리[30] 아파치의 피그 라틴은 메시지를 읽기 어렵게 만드는 것이 아
니다. 사실 피그의 문법은 믿을 수 없을 정도로 명확하다. 데이터 워크플로우에서 단계를 정의하는
데 LOAD, FILTER, JOIN, GROUP 같은 일반 동사를 사용한다.

어떤 면에서 피그의 워크플로우 문법은 관계형 데이터베이스를 관리하고 질의하기 위해 SQL을 사
용하는 것과 다소 유사하다. 그리고 SQL 질의로 만들어질 수 있는 결과의 유형과 피그 구문을 통해
만들어지는 결과는 겹치는 부분이 약간 있다. 하지만 피그 라틴의 문법과 SQL의 문법을 비교하는
것은 공평하지 않다. 두 도구는 아주 다른 문제 영역을 다룬다. SQL은 질의 작성자가 보통 어떤 유
형의 기능(SELECT 또는 JOIN과 같은 기능)이 발생해야 하는지를 선언할 수 있게 할 뿐, 이러한
액션을 상세하게 구현하지는 않는다. 피그는 워크플로우 작성자가 각 워크플로우 단계의 특정 액션
이 구현되는 것을 선택할 수 있게 해준다. SQL은 보통 질의당 하나의 결과를 제공한다. 여러 개의
테이블을 질의할 때도 결과를 합쳐서 단 하나의 결과 집합으로 제공한다. 피그는 데이터 스트림을
다양한 조각으로 나누고 필터링하며, 여러 곳에 결과를 저장하기 때문에 데이터를 추출하고 변환하
는 데 뛰어나다.

하둡 같은 분산 프레임워크는 본질적으로 대규모 데이터 문제를 가져와 더 작은 작업으로 분할하
고, 동시에(병렬적으로) 여러 작업을 해결하려 한다. 피그는 하둡 사용자가 병렬적인 맵리듀스 작
업을 연속된 고수준의 단계적인 작업으로 표현할 수 있는 추상화를 제공한다. 피그는 사람들이 데
이터 워크플로우에 대해 생각하는 방식에 잘 맞는 절차적 모델(procedural model)로 볼 수 있
다. 말하자면 소시지가 어떻게 만들어지는지 걱정할 필요 없이 사용자가 세부 내용을 표현할 수 있
게 만들어준다.

일반적인 맵리듀스 잡이 연속된 키-값 쌍으로 데이터를 전달하더라도 피그는 개별 레코드에 튜플
(tuples)이나 정렬된 필드 리스트로 접근함으로써 데이터 워크플로우를 추상화한다. 피그의 튜플
모음을 백(bag)이라고 한다. 소스 데이터가 튜플의 모음으로 분리되고 백에 적재되면 그것은 "관
계(relation)"로 인식된다. 이 같은 추상화를 통해 순차적인 명령을 작성하기가 수월해진다. 다시

---

30 (옮긴이) 피그 라틴은 바보 삼총사의 등장 인물 중 하나인 컬리(Curly)가 사용하는 외계어인데, 간단한 단어를 어렵게 표현한다는 특징이 있다.

말해, 피그는 "이 데이터 백을 가져와서 가공하고 그 결과를 다른 백에 둬라"와 같이 정말 사람처럼 데이터 변환을 생각할 수 있게 만들어준다.

하둡은 분산된 장비 네트워크에서 사용하도록 만들어졌다. 데이터 워크플로우 스크립트를 테스트할 때 클러스터에서 실행하는 것은 복잡도를 더할 수 있다. 다른 하둡 기반 도구와 마찬가지로 단일 서버에서 또는 로컬 모드로 피그를 실행하는 것이 가능하다. 피그는 로컬이나 클러스터에서 똑같은 방식으로 작동할 것이므로 데이터 변환 스크립트를 배포하기에 앞서 로컬에서 테스트해보는 것이 좋다.

궁극적으로 피그는 많은 프레임워크에서 지원받는 것을 목표로 한다. 하지만 지금 당장은 피그를 설치하려면 최신 버전의 자바와 하둡이 작동하는 한 대 이상의 장비가 필요하다. 워크스테이션에서 피그 스크립트를 작성하고 테스트하기 위해서는 "로컬" 모드로 하둡을 실행하는 것이 가능하다.

대화식 그룬트 셸을 이용해 피그 실행하기

피그 명령은 그룬트(Grunt)라는 기본 탑재된 대화식 셸로 실행할 수 있다. 그룬트는 피그 워크플로우의 개별 단계를 테스트하고 처리 과정의 여러 지점에서 각 단계의 결과를 표시하는 데 유용하다. 그룬트 셸은 명령줄에서 pig라고 쳐서 작동시킬 수 있으나, 기본적으로 셸은 하둡 클러스터에서 잡이 실행되고 입력 데이터가 HDFS에 있다고 가정한다. 로컬 파일시스템에 있는 입력 파일을 이용해 로컬 서버에서 그룬트를 실행하려면 −x 플래그를 사용해야 한다(예제 9.1 참고).

기초적인 피그 사용법을 보여주기 위해 우선 두 CSV 파일에 담긴 데이터를 특정 키를 기준으로 병합하는 워크플로우를 만들어보자. 이 예제에서는 일정한 간격으로 워크플로우 결과를 보여주기 위해 진단 명령인 DUMP를 사용한다. 이 명령은 디버깅용으로는 유용하지만 속도를 느리게 만들고 특정 유형의 최적화를 방해하기 때문에 서비스용 스크립트에서는 사용하지 않는 편이 좋다. 또한 로컬에서 워크플로우 스크립트를 테스트할 때 전체 대용량 데이터 집합보다는 작은 샘플 데이터로 시작하는 것을 잊지 말자.

피그는 PigStorage 모듈을 이용해 데이터를 불러온다. 기본적으로 PigStorage는 레코드의 각 필드가 탭 구분자로 구분돼 있다고 간주한다. 콤마(,) 같은 다른 구분자로 데이터를 불러오려면 불러오기 과정에서 원하는 구분자를 PigStorage에 지정해야 한다.

예제 9.1 그룬트 셀을 이용해 피그 명령을 로드하고 실행하기

```
# users.csv
# 개별 사용자에 대한 정보: user_id, user_name, date_joined, state
1,Michael Manoochehri,2010-03-12,California
7,Paul Pigstun,2010-03-12,Washington
19,Haddie Doop,2010-03-12,Maine
41,Bar FooData,2010-03-12,New York
# 계속...


# webpurchases.csv
# 사용자ID별 온라인 구매 리스트: user_id, item_name, date, price
1,Item 2,2012-01-14,2.99
7,Item 3,2012-01-01,1.99
19,Item 2,2012-01-03,2.99
19,Item 3,2012-02-20,1.99
41,Item 2,2012-01-14,2.99
# 계속...


# 로컬 모드에서 피그 대화식 셀 시작하기
> pig -x local

grunt> USERS = LOAD 'users.csv' USING PigStorage(',') AS
        (user_id:chararray, user_name:chararray, date_joined:chararray,
        state:chararray);
grunt> WEBPURCHASES = LOAD 'webpurchases.csv' USING PigStorage(',') AS
        (user_id:chararray, item:chararray, date:chararray, price:double);
grunt> WEB_BUYERS = JOIN USERS BY user_id, WEBPURCHASES BY user_id;
grunt> DUMP WEB_BUYERS;

(1,Michael Manoochehri,2010-03-12,California,1,Item 2,2012-01-14,2.99)
(7,Paul Pigstun,2010-03-12,Washington,7,Item 3,2012-01-01,1.99)
(19,Haddie Doop,2010-03-12,Maine,19,Item 2,2012-01-03,2.99)
(19,Haddie Doop,2010-03-12,Maine,19,Item 1,2012-01-14,4.99)
(19,Haddie Doop,2010-03-12,Maine,19,Item 2,2012-01-09,2.99)
(19,Haddie Doop,2010-03-12,Maine,19,Item 3,2012-02-20,1.99)
(41,Bar FooData,2010-03-12,New York,41,Item 2,2012-01-14,2.99)
# 계속...
```

데이터 워크플로우를 필터링하고 최적화하기

대용량 데이터로 작업할 경우 특정 매개변수를 기반으로 더 작은 레코드 집합으로 나누는 것이 일반적이다. 피그는 레코드를 선택하거나 제거하는 데 FILTER 문을 사용한다. 예제 9.2에서는 피그를 이용해 특정 날짜 문자열과 일치하는 레코드를 반환하는 방법을 볼 수 있다.

예제 9.2 피그 워크플로우에서 필터링과 변환 단계 사용하기

```
# 필드값으로 필터링하기
grunt> WEBPURCHASES = LOAD 'webpurchases.csv' USING PigStorage(',') AS
        (user_id:chararray, item:chararray, date:chararray, price:double);
grunt> DUMP WEBPURCHASES;

(1,Item 2,2012-01-14,2.99)
(7,Item 3,2012-01-01,1.99)
(19,Item 2,2012-01-03,2.99)
(19,Item 1,2012-01-14,4.99)
(19,Item 2,2012-01-09,2.99)
# 계속...

grunt> JAN_03_2012_PURCHASES = FILTER WEBPURCHASES BY date == '2012-01-03';
grunt> DUMP JAN_03_2012_PURCHASES;

(19,Item 2,2012-01-03,2.99)
```

배치 모드로 피그 스크립트 실행하기

그룬트 도구를 이용해 기초적인 워크플로우를 테스트했으므로 이제 피그 라틴 구문을 명령줄에서 실행하는 스크립트로 바꿔보자. 스크립트의 실행 속도를 늦추기 때문에 서비스 스크립트에서는 DUMP 같은 진단 기능을 제거해야 한다는 사실을 잊지 말자. 명령문을 텍스트 파일로 저장하고 pig 명령을 이용해 스크립트를 실행해보자(예제 9.3 참고).

예제 9.3 하둡 클러스터와 HDFS 내의 데이터를 이용해 피그 스크립트 실행하기

```
# my_workflow.pig 파일 내의 피그 명령어들

# 로컬 파일을 HDFS로 옮김
> hadoop dfs -put users.csv
> hadoop dfs -put webpurchases.csv

> pig my_workflow.pig
```

캐스케이딩: 견고한 데이터 워크플로우 애플리케이션 만들기

피그를 이용해 워크플로우 스크립트를 작성하는 것은 복잡한 데이터 워크플로우를 구축하는 한 가지 방법이다. 하지만 견고한 소프트웨어 제품을 실제로 만들고, 테스트하고, 출시하는 것은 완전히 다른 이야기다. 피그에 기존 애플리케이션이나 단위 테스트를 통과한 애플리케이션에 피그를 통합할 수 있는 다양한 특성을 제공한다고 하더라도 자바와 같이 더욱 견고한 개발 환경을 활용하는 언어를 이용해 워크플로우를 표현하는 것이 훨씬 더 합리적이다.

하둡은 원래 자바로 작성됐다. 표준 하둡 자바 API는 맵리듀스 환경에서 세세한 부분에 대해 클래스와 인터페이스를 정의하는 기능을 제공한다. 이것은 어떤 애플리케이션에는 좋겠지만, 이미 살펴봤듯이 맵리듀스 단계를 관리하는 애플리케이션을 개발하는 데는 거추장스러울 수 있다. 다시 말해, 하둡 API는 피그 같은 도구가 제공하는 추상화에는 적합하지 않다.

많은 데이터 API 프레임워크가 하둡 맵리듀스 애플리케이션을 개발하는 효율을 개선하기 위해 만들어졌지만 가장 강력하고 인기 있는 오픈소스 프레임워크는 바로 캐스케이딩이다. 크리스 웬셀 (Chris Wensel)이 처음 개발한 캐스케이딩은 섬세하게 고안된 프로그래밍 인터페이스를 제공하고 스트림 측면에서 데이터를 생각하게 해준다. 캐스케이딩은 하둡의 표준 맵리듀스 인터페이스를 보완하고, 결과적으로 캐스케이딩을 기반으로 구축된 도구의 거대한 생태계를 만들어냈다. 사실 캐스케이딩 없이 자바 기반 하둡 워크플로우를(그것이 간단하건 복잡하건 간에) 개발하는 것은 상상할 수조차 없다.

소스과 싱크 개념으로 생각하기

물에 대한 인류의 갈망 덕분에 모두가 친숙한 메타포는 흐름(flow)이다. 물은 한곳에서 흘러나와 여러 곳으로 나눠져 흘러갈 수 있다. 이러한 물줄기는 결국 커피 스팀으로 바뀌거나 욕조에서 사용될지도 모른다. 개별 물 분자가 어떻게 흐르는지에 대한 세부사항은 관심 밖이다. 개별 파이프가 연결되기만 한다면 실제로 물이 흐르는 과정이 어떻게 되는지는 크게 개의치 않는다. 물은 파이프의 한쪽 끝으로 들어가서 다른 쪽 끝으로 나온다.

유닉스 명령줄 도구를 사용해본 적이 있다면 이미 "파이프" 패러다임에 익숙할 것이다. 유닉스 파이프에서는 프로세스의 출력이 또 다른 프로세스의 입력이 된다. 이러한 작업은 차례로 연결된다. 더욱이 파이프라인의 각 구성요소가 특정 작업을 예상한 대로 마치기만 하면 사용자는 개별 명령에 대해 그다지 걱정할 필요가 없다.

8장에서는 분산 맵리듀스 알고리즘을 정의하는 것에 대한 추상화로 소프트웨어 파이프라인의 개념을 확장하는 하둡 스트리밍 API를 소개했다. 매퍼 함수의 출력 데이터는 리듀서 함수의 입력 데이터가 된다.

캐스케이딩은 맵리듀스 이면에 또 하나의 추상화 레이어를 제공함으로써 데이터를 개별 맵리듀스 단계가 아닌 물줄기처럼 생각하도록 돕는다. 하둡이 서버 클러스터 위의 분산 애플리케이션을 손쉽게 관리하기 위한 추상화 레이어를 제공한다면 캐스케이딩은 하둡 프레임워크 상에서의 데이터 처리에 대한 추상화 모델을 제공한다.

캐스케이딩 모델에서 데이터 입력(소스(source))과 출력(싱크(sink))은 탭(tap)을 통해 애플리케이션에 공급된다. 이러한 탭은 파이프를 통해 서로 연결되는데, 파이프는 병합되거나 나눌 수 있고, 심지어 필터를 통해 실행될 수도 있다. 마지막으로, 여러 흐름들이 함께 모일 수 있다. 흐름들이 함께 연결되어 캐스케이드(cascade)를 만들어낸다.

캐스케이딩의 또 다른 특징은 파이프라인과 데이터를 정의하는 것을 구분해준다는 점이다. 개발자는 코드를 약간만 수정해서 변화를 줄 수 있다. 하나의 데이터 소스를 다른 것으로 바꿔야 한다면 단순히 해당 소스에 연결된 탭을 바꾸기만 하면 된다.

주의: 물과 마찬가지로 데이터도 오염될 수 있다. 레코드에 이상한 포맷, 예상하지 못한 문자, 종결되지 않은 문자열이 포함돼 있을지도 모른다. 데이터를 사용하기 전에 필터를 통과시킬 필요가 있다. 캐스케이딩은 필터링을 통해 파이프라인 개념을 확장한다.

캐스케이딩 애플리케이션 만들기

하둡이 설치된 로컬 워크스테이션에서 캐스케이딩 애플리케이션을 개발하고 테스트할 수 있다. 애플리케이션 빌드 경로에 수동으로 캐스케이딩 라이브러리를 추가할 수도 있지만 최신 캐스케이딩 JAR 파일과 필수 의존성은 Conjars 웹 사이트[31]에서 모두 내려받을 수 있다. Conjars에서도 메이븐(Maven)이나 아이비(Ivy) 같은 도구에서 관리되는 기존 프로젝트에 캐스케이딩을 추가하기 위해 복사해서 붙여넣을 수 있는 지시자(directive)를 제공한다. SLF4J 로깅 라이브러리와 아파치의 최신 Hadoop-core 자바 라이브러리와 같이 캐스케이딩이 의존하는 라이브러리에 대해서도 의존성을 추가해야 한다.

캐스케이딩을 가장 간단하게 사용하는 방법은 필터링이나 데이터 변환 없이 소스에서 싱크로 데이터를 이동시키는 것이다. 캐스케이딩의 우수한 추상화 모델을 사용하는 방법을 보여주는 것 말고 이러한 유형의 데이터 흐름에 캐스케이딩을 사용하는 것은 쓸데없는 짓이다(예제 9.4 참고).

먼저 로컬 파일의 입력 및 최종 출력을 위해 두 개의 탭을 만든다. 그런 다음 소스 탭을 싱크 탭에 연결하기 위해 Pipe 객체를 만든다. 플로우 객체에서는 이러한 모든 부분들을 함께 결합할 것이다. 로컬 파일시스템과 HDFS 파일시스템에 모두 사용할 수 있도록 특별히 설계된 것들을 비롯해 선택 가능한 탭 클래스는 많다. 이 예제에서는 로컬 모드로 단일 노드 하둡 환경에서 실행할 때 로컬 파일을 찾게 되는 tap.hadoop.Hfs 클래스를 사용하겠다. 하둡 클러스터에 배포하고 나면 Hfs 탭은 데이터가 HDFS 파일 시스템에 있다고 생각할 것이다.

앞에서 살펴본 하둡 스트리밍과 피그 스크립트에서처럼 결과 JAR 파일을 하둡 클러스터로 옮기기 전에 캐스케이딩 워크플로우를 로컬에서 소량의 데이터로 테스트해보는 것이 좋다.

예제 9.4 아주 간단한 캐스케이딩 애플리케이션: 소스에서 싱크로 복사하기

```
import java.util.Properties;

import cascading.flow.FlowDef;
import cascading.flow.hadoop.HadoopFlowConnector;
import cascading.pipe.Pipe;
import cascading.property.AppProps;
import cascading.scheme.hadoop.TextDelimited;
```

----

31 http://conjars.org/

```
import cascading.tap.Tap;
import cascading.tap.hadoop.Hfs;

public class CascadingCopyPipe {
  public static void main(String[] args) {
    String input = args[0];
    String output = args[1];

    Properties properties = new Properties();
    AppProps.setApplicationJarClass(properties, CascadingCopyPipe.class);
    HadoopFlowConnector flowConnector =
      new HadoopFlowConnector(properties);

    Tap inTap = new Hfs(new TextDelimited(true, ","), input);

    Tap outTap = new Hfs(new TextDelimited(true, ","), output);

    Pipe copyPipe = new Pipe("Copy Pipeline");

    FlowDef flowDef = FlowDef.flowDef()
      .addSource(copyPipe, inTap)
      .addTailSink(copyPipe, outTap);

    flowConnector.connect(flowDef).complete();
  }
}
```

캐스케이드 만들기: 간단한 JOIN 예제

더 많은 워크플로우를 만들려면 다양한 데이터 파이프를 함께 연결할 수 있어야 한다. 캐스케이딩의 추상 모델은 데이터 스트림을 필터링하고 그룹화하고 합치는 데 사용할 수 있는 다양한 유형의 파이프 조립(pipe assembly)을 제공한다.

물줄기 파이프와 마찬가지로 캐스케이딩에서 데이터 스트림을 두 개의 파이프로 나누거나, 여러 데이터 파이프를 하나로 합치는 것이 가능하다. 두 개의 데이터 스트림을 하나로 연결하기 위해서는 캐스케이딩 CoGroup 프로세스를 이용해 파이프를 함께 묶을 수 있다.

CoGroup을 이용하면 공통의 키 또는 튜플 값 집합을 사용하는 두 개의 스트림을 병합할 수 있다. 이 작업은 간단한 JOIN과 아주 유사하므로 SQL 사용자에게는 익숙할 것이다. 캐스케이딩 CoGroup 흐름에서 함께 그룹으로 묶이는 값들은 같은 유형이어야 한다. 예제 9.5는 CoGroup 예제를 보여준다.

예제 9.5 값에 대해 두 개의 스트림을 연결하기 위해 CoGroup() 사용하기

```java
import java.util.Properties;

import cascading.flow.FlowDef;
import cascading.flow.hadoop.HadoopFlowConnector;
import cascading.pipe.CoGroup;
import cascading.pipe.Pipe;
import cascading.pipe.joiner.InnerJoin;
import cascading.property.AppProps;
import cascading.scheme.hadoop.TextDelimited;
import cascading.tap.Tap;
import cascading.tap.hadoop.Hfs;
import cascading.tuple.Fields;

public class CascadingSimpleJoinPipe {
  public static void main(String[] args) {
    // 매개변수로부터 입력 필드 수집
    String websales = args[0]; // 웹 판매 입력
    String users = args[1]; // 사용자 정보
    String output_dir = args[2]; // 출력 디렉터리

    // 클래스를 위한 플로우 연결자 생성
    Properties properties = new Properties();
    AppProps.setApplicationJarClass(properties,
                                    CascadingSimpleJoinPipe.class);
    HadoopFlowConnector flowConnector = new HadoopFlowConnector(properties);

    // 웹 판매 정보를 위한 입력 탭
    Fields websalesFields = new Fields("user_id", "item",
                                       "date_purchase", "price");
    Tap websalesTap = new Hfs(new TextDelimited(websalesFields,","),websales);
```

```
        Pipe salesPipe = new Pipe("Websales Pipe");

        // 사용자 정보를 위한 입력 탭
        Fields userFields = new Fields("user_id", "name", "date_joined", "state");
        Tap usersTap = new Hfs(new TextDelimited(userFields,","), users);
        Pipe usersPipe = new Pipe("Users Pipe");

        // user_id 필드 위에 두 스트림 합치기
        Fields joinOn = new Fields("user_id");
        Fields outputFields = new Fields("user_id", "item",
                                   "date_purchase","price",
                                   "user_id1", "name",
                                   "date_joined", "state");

        // 위의 스트림에 대한 정보를 취합해 CoGroup 클래스를 통해 스트림 합치기
        Pipe joinPipe = new CoGroup(salesPipe, joinOn,
                              usersPipe, joinOn,
                              outputFields,new InnerJoin());

        // 콤마로 분리된 CSV 파일 출력 탭과 이것을 공급할 파이프
        Tap outputTap = new Hfs(new TextDelimited(true,","), output_dir);
        Pipe outputPipe = new Pipe("output pipe", joinPipe);

        // 모든 것을 하나로 합칠 플로우 정의
        FlowDef flowDef = FlowDef.flowDef()
            .addSource(salesPipe, websalesTap)
            .addSource(usersPipe, usersTap)
            .addTailSink(outputPipe, outputTap);

        flowConnector.connect(flowDef).complete();
    }
}
```

하둡 클러스터에 캐스케이딩 애플리케이션 배포하기

애플리케이션이 소량의 로컬 테스트 데이터를 대상으로 예상한 대로 작동하면 코드를 수정할 필요 없이 하둡 클러스터에 동일한 JAR 패키지 파일을 배포할 수 있다. 캐스케이딩 JAR 파일을 애플리케이션의 lib 디렉터리에 추가해야 하고 소스 데이터가 HDFS 상에 있다는 사실을 기억해야 한다. 그런 다음 애플리케이션을 하둡 클러스터의 노드로 옮기고 hadoop jar 명령을 사용해 실행한다. 예제 9.6에서는 하둡 클러스터에서 캐스케이딩 애플리케이션을 실행하는 예제를 볼 수 있다.

예제 9.6 하둡 클러스터에서 캐스케이딩 애플리케이션 실행하기

```
# 소스 데이터를 HFDS로 업로드하기
$> hadoop dfs -put websales.csv /user/hduser/websales.csv
$> hadoop dfs -put user_info.csv /user/hduser/ user_info.csv

# 하둡 jar 명령 실행하기
$> hadoop jar mycascading.jar /user/hduser/websales.csv \
          /user/hduser/users_info.csv output_directory

INFO util.HadoopUtil: resolving application jar from found
main method on: CascadingSimpleJoinPipe
INFO planner.HadoopPlanner: using application jar:
/home/hduser/ mycascading.jar
INFO property.AppProps: using app.id: 35FEB5D0590D62AFA6D496F3F17C14B9
INFO mapred.FileInputFormat: Total input paths to process : 1
# 계속...
```

하둡을 사용한 지 얼마 되지 않았고 캐스케이딩을 통해 처음으로 하둡 프레임워크용 JAR 파일을 사용해봤다면 hadoop jar 명령이 내부적으로 무슨 일을 하는지 잠시 시간을 내서 이해해보자. 하둡 클러스터는 특화된 역할을 하는 서비스 모음으로 구성된다. 잡트래커(JobTracker)라는 서비스는 개별 작업을 추적해서 다른 서버의 서비스에 전달하는 것을 담당한다. 태스크트래커(TaskTracker)는 클러스터의 일꾼으로서, 잡트래커에서 배분되는 잡을 받아 맵리듀스 프레임워크에서 여러 단계를 실행한다. 이러한 서비스의 여러 인스턴스들은 물리적이든 가상이든 클러스터의 노드 상에서 동시에 실행된다.

애플리케이션을 병렬로 실행하기 위해 하둡 클러스터의 모든 관련 노드는 애플리케이션에 접근할 수 있어야 한다. 코드를 배포하는 한 가지 방법은 코드를 실행하는 데 필요한 애플리케이션의 복사본과 필수 의존성의 복사본을 함께 제공하는 것이다. 상상할 수 있듯이 이것은 오류가 자주 발생하고 시간이 많이 소모되며, 무엇보다도 짜증 나는 작업이다.

hadoop jar 명령이 호출되면 JAR 파일은 클러스터의 모든 관련 노드에 자동으로 복사된다 (-libjars 플래그를 통해 명시된 다른 필수 의존성에 따라). 여기서 배울 수 있는 교훈은 하둡, 피그, 캐스케이딩 같은 도구는 모두 분산 시스템에 관해 절차적인 방식으로 생각하도록 돕는 서로 다른 추상 레이어라는 점이다.

피그와 캐스케이딩 중에서 선택해야 할 때

대규모 데이터 분석 세계에서 사용되는 여러 오픈소스 기술과 마찬가지로 캐스케이딩 또는 하둡 스트리밍 API 스크립트를 작성하는 것과 같은 다른 방법 대신 언제 피그를 선택해야 할지 늘 명확한 것은 아니다. 도구는 서로 독립적으로 진화한다. 그래서 피그와 캐스케이딩의 최적 활용 사례가 서로 겹쳐서 어느 것을 사용할지 결정하기가 매우 어렵다. 보통 피그는 워크플로우 도구라고 생각하면 된다. 반면 캐스케이딩은 워크플로우 애플리케이션을 만들기 위한 토대로 보는 것이 더 적합하다. 피그는 변환 작업을 실행하는 가장 빠른 방법일 때가 많다.

파이썬 또는 자바 코드를 한 줄도 작성해본 적이 없는 분석가들도 피그 스크립트를 작성하는 법을 배우는 데 별로 문제가 없을 것이다. 한 번만 실행하는 복잡한 변환 작업에는 가급적 피그를 사용하는 것이 좋다. 단 몇 줄의 코드로도 작업을 완수할 수 있기 때문이다.

캐스케이딩의 커다란 강점 중 하나는 모듈화를 잘 지원하는 추상 모델을 제공한다는 것이다. 캐스케이딩을 사용할 때의 또 한 가지 이점은 자바 가상 머신(JVM) 기반 API와 마찬가지로 자바 생태계에 있는 풍부한 도구와 프레임워크를 모두 사용할 수 있다는 것이다.

정리

피그와 캐스케이딩은 하둡 위에서 실행되는 복잡한 데이터 워크플로우를 만들 수 있는 두 개의 아주 다른 오픈소스 도구다. 피그는 절차적인 워크플로우 단계를 정의할 때 사용하기 쉬운 문법을 제공하는 데이터 처리 플랫폼이다. 캐스케이딩은 견고한 워크플로우 애플리케이션을 만들기 위한 잘 설계된 인기 있는 데이터 처리 API다. 캐스케이딩은 데이터를 물과 동일시하는 메타포(소스, 싱크, 탭, 파이프)를 사용해 데이터를 단순화한다. 데이터 스트림은 단계적으로 흐를 수 있다. 그래서 캐스케이딩은 견고한 데이터 애플리케이션을 만들고 테스트하고 배포하는 데 유용하다. 또한 캐스케이딩은 JVM을 사용하기 때문에 JVM에서 실행되는 다른 언어로 작성된 데이터 애플리케이션 API를 위한 토대가 된다.

5부

대용량 데이터를 위한 기계 학습

10

머하웃을 이용한
대용량 분류기 구축하기

실제 문제는 컴퓨터가 생각하느냐가 아니라 사람이 생각하느냐다.

- B. F. 스키너(B. F. Skinner)

컴퓨터는 기본적으로 매우 간단한 작업들을 반복 수행한다. 컴퓨터에 데이터가 입력되면 알고리즘을 적용해서 결과를 내놓는다. 컴퓨터가 어떤 일을 수행하는지는 사람들에 의해 명시적으로 프로그래밍된다. 디지털 컴퓨팅 시대가 도래한 후로 과학자들은 마치 사람들이 환경의 변화를 스스로 학습해서 적응하듯이 컴퓨터도 새로운 프로그램 조작없이 데이터의 변화에 반응하게 하는 연구를 해왔다. 입력이 바뀜에 따라 컴퓨터가 스스로 프로그래밍 모델을 변경할 수 있다면 미래의 의사결정에 도움을 줄 수 있을 것이다. 사람들이 수작업으로 처리할 수 있는 것 이상으로 데이터의 양이 증가해서 컴퓨터를 의사결정 업무에 적용하는 것이 필요해졌다. 데이터가 폭발적으로 증가했을 때 컴퓨터가 사람이 의사결정을 내리는 데 도와주는 방법을 찾을 수 있을까? 이 질문에 대한 답은 '간혹 가능하다'이며, 새로운 정보를 바탕으로 컴퓨터가 정확한 예측 결과를 제공하는 능력을 연구하는 분야를 기계 학습(machine learning)이라 한다.

데이터 세계의 어떤 도구가 특정 데이터에 예측적인 비즈니스 가치를 제공하도록 자동화할 수 있는지는 여전히 논쟁이 진행 중인 혼란스러운 주제다. 이 논쟁에서 기계 학습이 매일 반복되는 행동의 유용성을 증대시킨다는 많은 사례가 있다. 기계 학습은 사용자가 매일 경험하는 다양한 인터넷 서비스에 이미 활용되고 있다. 스팸문서 발견, 상품 추천 시스템, 온라인 보험료 확인 등과 같은 여러 기계 학습 문제가 분산 컴퓨터 시스템을 이용해 해결되고 있다.

기계 학습은 수학, 확률 및 통계 등의 다양한 학문 분야의 오랜 역사 위에서 탄생했다. 기계 학습 문제를 해결하는 다양한 활용 사례와 접근법을 간단히 요약할 수는 없다. 어떤 연구에서는 사람이 생각하는 방식을 컴퓨터 모델로 모방하기도 하고, 어떤 연구에서는 통계 기법을 이용해 어떤 행위가 발생할 가능성을 예측하기도 한다. 기계 학습 기법에 능숙해지려면 수학과 통계에 정통해야 한다. 하지만 분산 데이터 시스템에서 자주 사용되는 실용적인 기계 학습 기법도 있다. 10장에서는 기계 학습 분야에서 사용되는 용어와 개념을 개론적으로 설명하고 대용량 데이터 분석에 자주 사용되는 오픈소스 기계 학습 도구를 소개한다.

컴퓨터는 미래를 예측할 수 있는가?

그렇지 않다! 컴퓨터는 미래를 예측할 수 없다. 애석하게도 최근에 대두되는 데이터 과학을 이용하면 데이터로부터 마법 같은 예측 모델을 구축할 수 있다는 잘못된 믿음이 널리 퍼져있는 듯하다. 단지 많은 양의 데이터를 수집하면 컴퓨터가 알아서 미래에 대한 정확한 비전을 제공해 줄 것이라고 믿는다면 지금 당장 10장은 건너뛰는 것이 낫다.

잠깐, 아직도 읽고 있는가? 좋다. 경고 메시지를 읽고도 여전히 10장을 읽고 있기 때문에 좀 더 긍정적인 것을 보여주겠다. 컴퓨터는 현존하는 수학 모델과 연계해 확률값을 측정해서 알려준다. 이 확률값을 이용해 컴퓨터는 유입되는 알 수 없는 데이터를 분류하고 그룹화하고 심지어 수학 모델을 기반으로 미래 행동도 추천해준다. 마지막으로 새로운 데이터를 모델에 결합해 전체 시스템을 개선한다. 이런 것들이 미래를 예측하는 것만큼 흥미롭지 않다고 생각하는가? 컴퓨터는 이미 우리가 알고 있는 정보를 바탕으로 의사결정을 내리는 데 이바지할 수 있다. 사실 컴퓨터는 사람들보다 그러한 종류의 일을 더 잘 해주고, 때로는 대용량 데이터 문제를 해결하는 유일한 방법이기도 하다.

눈에 보이는 프로그래밍 없이 컴퓨터가 수학 모델을 만드는 방법을 찾아내는 것을 흔히 기계 학습(종종 ML이라고 줄여서 쓰기도 하는데, 이 경우 마크업 언어(Markup Language)와 혼동해서는 안 된다)이라 하고, 계속 번성하는 연구 분야다. 기계 학습 모델은 하둡 같은 분산 데이터 처리 시스템과 함께 성장하는 또 하나의 분야다. 데스크톱 컴퓨터에서 소량의 데이터로 예측 모델을 만들 수도 있고, 웹 애플리케이션, 거대한 전자상거래 사이트, 온라인 출판, 그리고 스팸봇 등이 만들어내는 대용량 데이터를 가지고 모델을 만들 수도 있다. 기계 학습 도구가 예측 분석 및 통계가 어떻게 또는 왜 작동하는지를 이해시켜주지는 못한다. 하지만 올바르게 적용하기만 하면 많은 양의 데이터로부터 실용적인 가치를 얻는 효과적인 도구가 될 수 있다.

기계 학습의 도전과제

10장은 기계 학습의 효과를 신뢰하는 것을 경고하면서 시작했다. 이 책에서 다루는 다른 여러 기술과 마찬가지로 복잡한 기계 학습 도구가 일상 분석에서 점점 더 많이 사용되고 있다. 기계 학습이 어떻게 데이터 솔루션에 영향을 주는가에 관한 논쟁이 많다. 일부에서는 접근성의 증가가 잘못 적용된 기계 학습 기법만 늘린다고 걱정한다. 기계 학습 알고리즘의 복잡성 때문에 특정 문제에 대한 기술을 잠재적으로 오용할 가능성이 크다. 더욱이 개별 기계 학습 솔루션도 다양한 알고리즘으로 구현된 것이 다반사다. 기계 학습 분야는 다양한 위험과 미신이 존재한다. 엔지니어들이 더 많은 도구를 사용할수록 잘못된 결과를 얻을 가능성도 높아진다. 선택한 기계 학습 알고리즘이 특정 데이터 문제에 적합한 모델인지 확인하는 것은 매우 중요하다. 예를 들어, 클러스터링 알고리즘은 비슷한 데이터 포인트를 그룹화하기 위한 매우 다양한 모델을 제공한다. k-means 클러스터링 알고리즘은 데이터 포인트를 오직 한 그룹에만 할당하지만 사촌격인 퍼지 k-means(fuzzy k-means, 또는 c-means) 알고리즘은 하나 이상의 그룹에 할당하기도 한다. 알고리즘 선택은 전적으로 어떤 알고리즘이 해결할 문제에 가장 적합한지에 달렸다. 알고리즘에 대한 자세한 설명은 후반부에 다룬다.

예측을 위한 목적으로 통계 모델을 구축할 경우 유의미한 샘플 수를 정하는 것도 중요하다. 많은 경우 예측 모델을 학습시키기 위해서는 소량의 데이터만으로도 충분하다. 예를 들어, 베이지안(Bayesian) 분류 기법은 적절한 예측 모델을 만들기 위해 다량의 데이터를 필요로 하지 않는다. 어떤 경우에는 더 많은 데이터로 기계 학습 시스템을 학습시키는 것은 궁극적으로 시간과 자원 낭비에 불과하다. 어쩔 수 없는 경우가 아니라면 분산 처리 방법은 절대 사용해서는 안 된다.

기계 학습 접근법을 사용할 때 바이어스와 배리언스(bias-variance, 통계량 편중과 분산) 사이의 트레이드오프는 또 하나의 중요한 잠재 위험이다. 서로 독립적인 두 변수가 2차원 상에 존재하고, 이들의 관계를 설명하는 선형 회귀 모델을 구축했다고 가정하자. 회귀선을 구축할 때 선형 모델은 데이터 포인트에 가장 맞는 선을 찾는다. 모든 데이터 포인트가 이 선상에 위치하는 것은 아니며, 현실적으로 새로운 데이터를 이 모델에 적용하면 대부분 매우 적은 데이터만 회귀선에 접하거나 아예 회귀선에 접하지 않을 것이다. 대부분의 데이터 포인트가 회귀선과 접하지 않기 때문에 이 모델은 바이어스 문제의 특정한 경우다. 이 모델에 적용되는 새로운 데이터도 선상에 나타나지 않을 것이다. 어쨌든 예측값의 배리언스는 매우 낮을 것이다. 회귀선과 새로운 샘플 포인트 사이의 거리는 매우 좁을 것이다. 다시 말해 모든 예측값이 정확히 일치하지는 않지만 각자는 미세하게 다를 뿐이다.

더 복잡한 모델로 모든 포인트가 명시적으로 접하는 선을 만들 수 있다. 하지만 배리언스를 낮춘다는 것은 해당 모델이 데이터와 밀접하게 연결됐다는 것을 의미한다. 이때 모델의 바이어스는 매우 낮다. 즉, 관측된 데이터를 믿을 수 없을 만큼 잘 예측하지만 새로운 샘플 포인트는 이 모델과 잘 맞지 않을 것이다. 현재 직면한 활용 사례에 맞는 예측 모델의 효과를 고려해야 한다. 어떤 경우에는 매우 편중된 모델을 사용함으로써 배리언스를 최소화할 수도 있다.

베이지안 분류

이메일 주소를 가지고 있다면 사이버 공간에서 벌어지는 전 세계적인 규모의 전쟁에 이미 참여하고 있을 가능성이 높다. 전쟁터는 이메일의 받은편지함이고 나쁜 녀석들인 스팸 메일과 싸우고 있다. 적절한 스팸 필터링이 없었다면 이메일 시스템은 원하지 않는 광고로 가득 찬 불필요한 엉망진창이 됐을 것이다. 스팸 발견과 같은 활용 사례는 기계 학습 접근법 없이는 해결하기가 불가능하다. 데이터 크기가 매우 크고 문제가 워낙 중대해서 다른 방법으로는 불가능하다. 그러면 이러한 시스템은 어떻게 작동하는가?

분류의 가장 일반적인 접근법은 나이브 베이지안 분류기(naive bayesian classifier)라고 하는 알고리즘을 이용하는 것이다. 짧게 설명하면 베이지안 모델은 유입되는 데이터를 서로 독립적인 변수의 집합으로 간주한다. 스팸 메일의 경우에는 이메일의 개별 단어가 변수가 된다. 스팸 메일은 모든 단어가 대문자로 표시되는 광고와 관련된 단어로 구성되는 경향이 있다. 베이지안 분류기는 각 변수에 확률점수를 적용함으로써 이메일에 의미를 부여한다. 특정 이메일이 여러 변수에 대해 높은 점수를 받는다면 이 이메일은 스팸으로 분류될 가능성이 높다. 이 모델은 기계 학습의 풍부한 역사 또한 보여준다. 토마스 베이스(Thomas Bayes)는 1700년대에 영국 태생의 장로교 목사이자 수학자였다. 베이스의 혁명적인 확률 모델은 이후에 컴퓨터 과학뿐 아니라 현대 통계의 발전을 앞당겼다.

다른 여러 기계 학습 애플리케이션과 같이 간단한 베이지안 분류기도 약점이 있다. 엄격한 가정을 만족할 때만 알고리즘이 효과적이다. 학습 데이터 사이에 차별화가 없거나 학습 모델에서 특정 유형의 샘플 수가 적을 때는 베이지안 접근법은 신통치 않은 결과를 준다. 결과적으로 간단한 베이지안 접근법 및 다른 여러 분류 알고리즘은 많이 수정돼 왔다. 이러한 사실을 염두에 두면 여러 실용적인 애플리케이션에 대해서는 베이지안 접근법이 효과적이고 개념이 매우 간단하지만, 텍스트를 분류하기에 가장 정확한 방법은 아니다. 그럼에도 베이지안 접근법은 처음에 많은 데이터가 필요하지 않으며, 많은 애플리케이션에서 적당한 결과를 제공한다.

클러스터링

마이클 루이스(Michael Lewis)는 2003년도 출판된 책인 '머니볼: 불공정 게임에서 이기는 기술'에서 MLB의 총괄 매니저인 빌리 빈(Billy Beane)이 연봉 총액이 더 많은 팀과 경쟁할 수 있는 선수단을 구성하는 이야기를 들려준다. 빈은 선수단의 재능 차이를 극복하기 위해 통계적인 방법을 사용한다. 머니볼은 빈이 고액 연봉을 받는 스타 선수들과 비슷한 능력의 통계치를 가졌지만 그동안 과소평가됐던 선수들을 찾았던 것처럼 스포츠에도 정량 접근법을 대중화시켰다.

이처럼 비용을 들이지 않는 접근법은 야구 이외의 분야에서도 사용돼 왔다. NBA에서는 프로농구 선수들을 통계적 행동 패턴보다는 신체 속성을 기반으로 포지션을 정한다. 농구에서 전통적인 다섯 개의 포지션은 선수의 키와 관련돼 있을 때가 많다. 가드는 작지만 빠르고 공을 자유자재로 다루는 데 능하고, 센터는 키가 크고 바스켓 주변을 담당한다. 2012년도에 스탠퍼드대 학생인 무투 알라가판(Muthu Alagappan)은 농구 포지션을 정할 때 키를 고려하지 않는다면 어떻게 될지 고민했다. 아라가판의 관점에서 경기는 훨씬 더 역동적이고, 전통적인 포지션은 실제 선수의 통계치를 기반으로 하지 않았다. 자신이 개발한 알고리즘을 이용해 알라가판은 경기력 통계를 기반으로 선수들을 13개의 그룹으로 분류했다. 가드는 '수비적인 볼 핸들러'와 '공격적인 볼 핸들러'라는 새로운 카테고리에 넣었다. 일반적으로 경기장에서 제일 큰 선수가 맡는 센터는 키 이상이 필요하다는 사실을 발견하고, 이들을 '가로막는 보호자'와 '점수를 내는 리바운더'라는 포지션으로 분류했다. 이런 식의 이해는 NBA 팀들도 머니볼에서처럼 농구에도 적용할 수 있게 돕는다. 일반적으로 키가 큰 센터를 가장 구하기 어렵기 때문에 높은 연봉을 받는다. 하지만 더 비싼 센터를 선택하는 대신 팀은 새로운 카테고리에 따라 키가 더 작지만 저평가된 선수를 통해 같은 결과를 얻을 수 있다.

알라가판의 분석은 클러스터링 분석의 한 예다. 클러스터링 문제는 개별 데이터 포인트가 다른 것보다 더 가까운 중심 데이터 포인트의 그룹에 속하게 하는 것이다. 클러스터링 분석은 데이터를 그룹으로 분류한다. 앞서 언급한 k-means가 가장 잘 알려진 간단한 클러스터링 알고리즘 중 하나다. 재미있는 이름에 더해서 k-means 클러스터링은 데이터 포인트를 미리 정해진 수(k)의 클러스터로 그룹화하는 빠른 방법이다. 예를 들어, 두 개의 변수로 설명되는 포인트를 생각해보자. k-means는 임의의 데이터 포인트를 클러스터의 중심으로 선택하고, 이 포인트에서부터 시스템 내의 다른 모든 포인트까지의 평균 거리를 계산한다. 이 데이터를 바탕으로 새로운 중심을 결정하고, 위의 과정을 반복한다. 이 과정은 거리의 제곱합(sum-of-squares)이 가능한 최소가 될 때까지 반복 수행한다. 결과적으로 모든 데이터 포인트가 오직 하나의 그룹에만 속하는 클러스터링된 집합체를 만들어낸다. 여기에는 다양한 변형된 방법이 있는데, 퍼지 k-means 클러스터링은 데이터 포인트가 여러 그룹에 동시에 속하는 것을 허용한다. k-means 클러스터링의 취약점은 알고리즘을 적용하기 전에 클러스터의 개수를 미리 알고 있어야 한다는 것이다. 즉, 앞서 보여준 NBA 예제에서는 별로 도움이 되지 않을 수 있다는 것이다. 하지만 다행히도 복잡하긴 하지만 다른 여러 알고리즘이 존재한다.

클러스터링 알고리즘의 복잡도에도 불구하고, 데이터를 정확히 이해하지 않고도 수집된 데이터에 적용할 수 있게끔 클러스터링 알고리즘이 더 쉬워지고 있다. 베이지안 접근법 같은 분류 알고리즘을 사용하는 것과 같이 당면한 클러스터링 문제와 데이터 도전과제가 무엇인지 정확히 이해하는 것이 중요하다. 새로운 유형의 고객을 찾고 싶은가? 또는 특정 데이터 포인트가 다른 포인트와 얼마나 유사한지 알고 싶은가? 각 문제는 다른 클러스터링 알고리즘뿐 아니라 다른 접근법을 필요로 한다.

추천 엔진

기계 학습 전문가들의 관심을 사로잡은 특정 분야가 있는데, 그들은 이 문제에 전 세계 모든 컴퓨팅 파워를 쏟아부을 수도 있다. 이 중대한 사회적 문제는 바로 영화 평점에 관한 문제다. 더 구체적으로 말하면 특정 사용자의 이전 관람 기록을 바탕으로 영화를 추천해주는 문제다.

2006년, 온라인 영화 서비스인 넷플릭스(Netflix)에서는 현재의 추천 엔진보다 우수한 알고리즘을 찾는 공개 대회를 선언했다. 넷플릭스에서는 이 대회에 상당한 상금을 제안했다. 현재 추천 엔진보다 정확도를 10% 이상 개선한 방법을 찾는 팀에게는 100만 달러를 제공하기로 한 것이다. 넷플릭스 컨테스트는 다양한 논란도 불러일으켰다. 경쟁을 위해 데이터를 익명으로 만들었지만 연구자들은 공개 영화 평점 사이트의 정보를 이용해 개인을 식별할 수 있었기 때문이다.

기계 학습 도구를 이용해 풀 수 있는 여러 유용한 문제 가운데 추천 알고리즘은 가장 인간적이다. 우리는 매일 무엇을 사고, 무엇을 보고, 누구에게 투표할 것인지를 정하기 위해 친구들의 조언에 의존한다. 온라인 상점은 어디에나 존재하기 때문에 추천 문제는 갈수록 가치를 지닌다.

추천 엔진을 구축하는 방법은 다양하다. 고객들이 현재 선택한 내용을 이용해 미래에 어떤 선택을 할지 예측하는 방법이 있다. 다른 방법은 콘텐츠 자체를 검토하는 것이다. 어떤 영화가 서로 비슷한가? 액션 영화는 비슷한 속성을 공유한다. 시끄럽고 빠르게 움직이고 형형색색이다. 컴퓨터는 특정 미디어 유형에 속하는 특성을 식별한 후 분류 시스템을 구축한다.

아파치 머하웃: 확장 가능한 기계 학습

이 책에서 소개한 많은 기술들이 하둡의 맵리듀스 프레임워크와 관련이 있다. 맵리듀스는 한 대의 컴퓨터로 쉽게 해결할 수 없는 대용량 데이터 문제를 여러 개의 작은 데이터로 쪼개고 다수의 컴퓨터에 분산시켜 해결하는 알고리즘적 접근법이다.

많은 기계 학습 작업에서 사용하는 알고리즘을 구현하는 것은 간단하지 않고, 다수의 다른 컴퓨터에 분산해서 병렬 처리하는 것은 더 어려운 문제다. 2006년에 코세라(Coursera)의 창업자인 앤드류 응(Andrew Ng)을 포함한 스탠퍼드의 컴퓨터 과학자들은 "멀티코어에서 기계 학습을 위한 맵리듀스(Map-Reduce for Machine Learning on Multiplecore)"라는 논문을 발표했다. 이 논문에서는 어떻게 맵리듀스 프레임워크가 클러스터링, 베이지안 분류, 그리고 회귀 분석 등의 다양한 기계 학습 문제에 적용되는지 설명했다.

동시에 아파치 루씬의 검색 색인 프로젝트(하둡의 창시자인 더그 커팅이 시작함)를 진행하는 오픈소스 개발자들이 기계 학습 기능을 소프트웨어로 구현하기 시작했다. 이 작업은 나중에 별도의 프로젝트로 성장했고, 아파치 머하웃(Apache Mahout)이 됐다. 머하웃이 별도의 프로젝트가 되면서 앤드류 응 등이 제안했던 것과 비슷한 맵리듀스 관련 기능들을 추가했다.

아파치 머하웃이 매우 실용적인 기계 학습 문제를 해결하도록 설계됐다는 점 때문에 머하웃은 매우 유명한 프로젝트가 됐다. 기본적으로 머하웃은 기계 학습 애플리케이션을 쉽게 구현하도록 설계된 자바 라이브러리다. 머하웃 프로젝트는 특정 플랫폼에 종속되지 않는 것을 목표로 하면서 가장 흔히 사용되는 오픈소스 맵리듀스 프레임워크인 아파치 하둡과 잘 통합된다. 머하웃은 공통적인 활용 사례를 이용해 새로운 사용자가 빠르게 시작할 수 있게 해준다. SQL과 비슷한 형태로 하둡의 분산 파일시스템을 질의하는 인터페이스를 제공하는 아파치 하이브(Apache Hive)와 같이 머하웃은 자바로 표현된 기계 학습 업무를 맵리듀스 잡으로 변환한다.

텍스트 분류에서 머하웃 사용하기

머하웃은 하둡 플랫폼에서 사용되는 자바 라이브러리 형태로 분산돼 있다. 머하웃은 자바 라이브러리뿐 아니라 명령줄에서 사용할 수 있게 컴파일된 컴포넌트도 제공한다. 머하웃이 어떻게 하둡과 통합해 기계 학습 문제를 푸는지를 설명하기 위해 그와 같은 유용한 도구의 장점부터 알아보겠다.

라이프치히 말뭉치 모음(Leipzig Corpora Collection)[32]은 여러 언어를 위한 공통 포맷으로 임의로 수집된 문장을 제공한다. 제공되는 문장은 임의의 공개 웹사이트나 뉴스에서 수집된다. 말뭉치(corpora)는 MySQL 데이터베이스나 텍스트 파일 형태로 이용할 수 있다. 설명을 위해 프랑스어와 영어로 된 위키피디아의 라이프치히 샘플을 이용하겠다. 카테고리로 분류된 문장을 이용해 학습 데이터로 학습된 모델을 구축하는데, 이 모델은 새로운 문장의 언어를 판별한다. 예제에서는 두 개의 사전을 만드는데, 각각 영어와 프랑스어 샘플 문서가 담겨 있다. 예제 10.1은 샘플 학습 데이터의 예제를 보여준다.

다른 분산 처리 도구와 같이 테스트를 위해 하둡이 없는 로컬 환경에서 머하웃을 실행할 수도 있다. 예제를 로컬에서 실행하려면 MAHOOT_LOCAL 환경변수를 TRUE로 설정해야 한다.

예제 10.1 베이지안 분류를 위한 머하웃 이용하기: 입력 파일

```
# 테스트를 위해 하둡 없이 머하웃을 로컬에서 사용하기
> export MAHOUT_LOCAL=TRUE

# 영어 샘플 문장
It is large, and somewhat like the mid-boss of a video game.
Not all democratic elections involve political campaigning.
...

# 프랑스어 샘플 문장
Le prince la rassura et il paya son du.
Sa superficie est de 3 310 hectares.
...
```

이제 미가공 학습 데이터를 설정했으니, 이 정보를 분류기 모델을 학습하는 데 사용한다. 학습 모델이 만들어지면 테스트 데이터를 분류할 수 있다. 분류기를 구축하기 위해 샘플 데이터에 대한 몇 가지 정보를 머하웃에게 알려줄 필요가 있다.

먼저 샘플 데이터의 위치를 명시해야 한다. 다음으로 원본 텍스트 문서를 머하웃이 처리할 수 있는 형태로 변환해야 한다. 유용한 seqdirectory 도구는 디렉터리 내의 파일을 취합해 분류 과정의 다음 단계에서 필요한 하둡 시퀀스포맷 파일을 만든다(예제 10.2 참조).

----

32 http://corpora.uni-leipzig.de/download.html

예제 10.2 시퀀스와 벡터 파일 만들기

```
# 시퀀스 파일 생성하기
> ./bin/mahout seqdirectory -i language_samples -o language_seq

# 시퀀스 파일에서 벡터 생성하기
> ./bin/mahout seq2sparse -i language_seq -o language_vectors
-lnorm -nv -wt tfidf

# 벡터를 두 개의 배치로 분할해 학습 결과물과 테스트 결과물 만들기
> ./bin/mahout split -i language_vectors/tfidf-vectors \
--trainingOutput training-vectors --testOutput test-vectors \
--randomSelectionPct 30 --overwrite --sequenceFiles -xm sequential
```

벡터 파일 형태의 학습 및 테스트 데이터가 준비됐다. 이제 머하웃이 어떻게 테스트 데이터를 특정 언어로 분류하는지 설명할 차례다. 먼저 이전 단계에서 만든 학습 벡터를 기반으로 학습 모델을 만든다. 다음으로 분류기가 예상한 대로 작동하는지 테스트 데이터 벡터로 확인한다. 예제 10.3은 학습 모델을 미분류 데이터 디렉터리에 적용하는 데 필요한 명령어를 보여준다.

예제 10.3 학습 모델 기반의 베이지안 분류

```
# 이전 단계에서 만든 학습 벡터를 이용해 학습 모델 실행하기
> ./bin/mahout trainnb -i training-vectors -el -li labelindex -o model -ow

# 이 예제에서 테스트 입력은 영어 문서 25개와 프랑스 문서 20개로
# 총 45개의 문서로 구성돼 있다.

# 방금 생성한 모델을 이용해 벡터 상에서 testnb 명령을 실행
> ./bin/mahout testnb -i test-vectors -l labelindex -m model \
-ow -o language-testing -c

=======================================================
Summary
-------------------------------------------------------
Correctly Classified Instances          : 45      100%
Incorrectly Classified Instances        : 0       0%
Total Classified Instances              : 45
```

```
=================================================================
Confusion Matrix
-----------------------------------------------------------------
a       b          <--Classified as
25      0          ¦  25       a       = english
0       20         ¦  20       b       = french


=================================================================
Statistics
-----------------------------------------------------------------
Kappa                              0.9206
Accuracy                           100%
Reliability                        66.6667%
Reliability (standard deviation)   0.5774
```

아파치 머하웃 배포판에 포함된 바이너리를 이용해 간단한 베이지안 분류기를 실행하는 것은 머하웃으로 만들 수 있는 여러 애플리케이션 유형의 극히 일부에 불과하다. 사실 자바 인터페이스를 이용해 더 복잡한 기계 학습 프로젝트도 구축할 수 있다. 활발한 개발자 및 사용자 커뮤니티 덕분에 새로운 기능들이 매일 머하웃의 코어 라이브러리에 추가되고 있다.

MLbase: 분산 기계 학습 프레임워크

머하웃 말고도 분산 기계 학습 시스템은 많지만 하둡과 연계된다는 점이 머하웃을 기반으로 애플리케이션을 구축하는 강력한 이유다. 하지만 데이터 분석에서 맵리듀스 기반 접근법은 성능이 최적화되지 않았다는 비판을 받는다. 가용 메모리보다 더 큰 데이터에 대한 배치처리 작업을 위해 맵리듀스는 여전히 가장 최고의 방법이다. 그럼에도 맵리듀스는 디스크 접근에 과도하게 의존한다.

UC 버클리의 연구 그룹인 AMPLab에서는 처음부터 속도를 최우선시하는 오픈소스 소프트웨어 애플리케이션을 구축하는 것으로 데이터 도전과제에 접근해왔다. 핵심 프로젝트 중 하나인 스파크(Spark)는 클러스터링 계산을 위해 인메모리 방식으로 구현했다. 스파크는 디스크 접근을 가능한 한 피하는 방식으로 분산 시스템을 재고했다. 또한 스파크는 디스크에서 새롭게 데이터를 읽지 않고 처리할 수 있도록 재사용 가능한 메모리 기반의 데이터 묶음이라는 아이디어를 기반으로 만들어졌다. 데이터가 새롭게 추가될 때만 예측 모델이나 클러스터링이 변경되기 때문에 메모리 재사용은 기계 학습 작업에서 매우 유용하다. 분산 환경에서 스파크의 장점을 활용하기 위해 AMPLab에서는 MLbase라는 프로젝트를 지원하고 있다. MLbase는 여러 부분으로 구성돼 있다. 첫 번째 구성 요소는 머하웃과 여러모로 비슷한 MLlib이라는 범용 기계 학습 라이브러리다. 이를 통해 기계 학습 알고리즘에 대해 스파크와 호환 가능한 저수준 인터페이스를 제공한다. MLI는 MLlib 위에 놓인 API 레이어인데, 서비스 시스템과의 고수준 인터페이스를 제공한다. 가장 흥미로운 도구는 ML 옵티마이저(MLOptimizer)인데, 이를 통해 데이터와 업무를 기반으로 정확한 알고리즘을 선택한다. 머하웃보다 나중에 시작한 프로젝트지만 MLbase 플랫폼은 대용량 기계 학습 업무를 위한 사용 가능한 대안이다.

정리

기계는 여전히 사람의 학습 능력을 따라잡지 못했지만 새로운 데이터를 기반으로 결과를 변경할 수 있는 시스템을 만드는 것은 가능하다. 이러한 시스템은 기계 학습이라는 방대하고 성장하고 있는 분야의 일부다. 기계 학습은 컴퓨터 비전, 텍스트 분류 및 바이오 정보 모델링 등의 다양한 활용 사례를 다룬다. 기계 학습 기법들은 웹 규모의 대용량 데이터를 수집하는 프로젝트에 대해 고객의 행동을 예측해서 미래의 가치를 제공할 수 있는 사용 가능한 유일한 방법이다. 기계 학습 접근법이 성공적으로 적용된 공통적인 활용 사례로는 추천 시스템, 인구통계학적 그룹화, 받은편지함의 스팸 메일 분류 등이 있다.

기계 학습 기법을 대용량 데이터 분석 문제에 적용하는 데는 잠재적인 위험이 있다. 샘플 데이터만으로 만든 모델이나 분석만으로 효과를 발휘할 수 있기 때문에 전체 데이터를 사용할 필요가 없을 때도 있다. 학습 데이터에 오버피팅(과학습, over-fitting)된 예측 모델은 잘못된 결과를 양산한다. 샘플 바이어스와 샘플 배리언스 사이의 트레이드오프를 무시하는 것도 비슷한 고민거리다. 예측 모델을 만들 때 더 일반적이고 바이어스된 모델을 사용하면 높은 배리언스를 대가로 더 좋은 예측이 가능하다. 현재 데이터와 긴밀하게 연계된 모델을 만들면 새로운 데이터에 유연하게 대처하기가 불가능하다. 요약하면 당면한 문제를 면밀히 이해하고 기계 학습 문제를 푸는 여러 방법의 잠재적인 트레이드오프를 고려하는 것이 중요하다.

기계 학습 접근법은 인터넷 규모의 데이터 문제를 해결하는 데 효과적이다. 분류 시스템은 학습 데이터로 구축된 모델을 이용해 새로운 데이터를 분류할 수 있다. 웹 메일 시스템에서 많이 사용하는 스팸 발견 시스템은 가장 친숙한 분류 시스템이다. 클러스터링 분석은 특정 매개변수를 이용해 미분류된 데이터를 여러 개의 그룹으로 묶는다. 클러스터링 분석은 통계 척도를 기반으로 고객의 인구통계학적 정보와 같이 개별 데이터를 논리 그룹으로 묶는다. 추천 시스템 또한 매우 자주 사용되는 기계 학습 알고리즘 중 하나다. 언론에서부터 쇼핑, 온라인 데이팅 사이트에 이르기까지 많은 웹 서비스에서 고객에게 가치를 제공하기 위해 추천 시스템을 활용한다.

기계 학습 알고리즘은 다양한 시스템을 대상으로 개발됐지만 데이터 규모가 커짐에 따라 시간적인 측면에서 대규모 처리의 필요성은 단일 장비의 성능을 압도한다. 아파치 머하웃은 아파치 하둡과 같은 분산 프레임워크를 이용해 컴퓨터 클러스터 상에서 확장 가능한 기계 학습을 구현하기 위한 오픈소스 라이브러리다. 머하웃은 클러스터링, 분류, 추천을 비롯한 잘 알려진 활용 사례에 집중한다. 머하웃은 주로 다른 소프트웨어 패키지를 구축하기 위한 라이브러리 형태로 제공되지만 명령줄에서 분산 기계 학습 업무를 수행할 수 있는 유용한 바이너리 도구도 제공한다. 머하웃 라이브러리를 이용해 구축한 애플리케이션은 다른 하둡 생태계와 쉽게 연계할 수 있다.

머하웃은 분산 기계 학습에 사용되는 여러 도구 중 하나일 뿐이다. 하둡 생태계와의 손쉬운 연계는 머하웃을 사용하는 주된 이유다. 그렇지만 맵리듀스 기반 프레임워크는 잦은 디스크 접근으로 인해 성능 문제가 발생한다. 인메모리 기반의 스파크 분산 컴퓨팅 프레임워크를 만든 UC 버클리의 AMPlab에서는 MLbase라는 프로젝트를 제공한다. MLbase 프로젝트의 여러 구성요소는 분산 기계 학습에 더욱 접근하기 쉽게 만들고 여러 활용 사례에 대해 머하웃을 대체할 만큼 뛰어난 성능을 보장한다.

6부

대용량 데이터에 대한
통계 분석

11

대용량 데이터에
R 활용하기

향후 10년 동안 가장 멋진 직업은 통계학자가 될 것이다.

- 할 배리안(Hal Varian)

시스템 관리자의 전통적인 역할이 변하고 있다. 클라우드 컴퓨팅 플랫폼과 분산 데이터 프레임워크가 성장하기 전까지 시스템 관리자는 서버 하드웨어를 유지하는 것이 주된 업무였다. 이러한 일은 여전히 필요하지만 하드웨어 가상화 덕분에 기업들은 이제 클라우드에서 관리되고 서비스되는 제품을 구축하기 시작했다. 기업들은 가상의 컴퓨터 클러스터에서 컴퓨팅 시간을 구매한다. 클러스터를 지원하는 하드웨어는 고객으로부터 분리되어 추상화됐다. 대용량 데이터 분석을 위한 도구가 더욱 성숙해지면서 대용량 데이터를 처리하는 애플리케이션은 하드웨어 관리 기술보다는 분산 소프트웨어 전문가에게 더욱 의존하게 됐다. 이러한 추세는 데브옵스(DevOps)로 알려진 새로운 관리자의 역할에 주목한다. 달리 표현하면 시스템 관리자는 하드웨어보다는 복잡한 분산 소프트웨어 시스템에 집중한다.

클라우드와 데이터 기술은 다른 전통적인 IT 업무 또한 파괴하고 있다. 당분간 위협을 받지 않을 직업은 통계학자의 역할이다. 사실 데이터 분석과 관련된 여러 직능 가운데 통계 기술에 대한 지식의 필요성이 커지고 있다. 컴퓨터 과학자들이 날로 증가하는 데이터를 처리하는 새로운 방법을 찾고 있기 때문에 이러한 데이터에서 의미를 찾아내는 필요성이 전에 비해 늘고 있다.

통계 분석에 대한 도전과제를 해결하기 위해 수치적 워크플로우를 정의하는 표현 언어가 필요할 수 있다. 통계학자들이 가장 흔히 사용하는 오픈소스 소프트웨어는 R이다. 데이터 분석에 입문했다면

R이 이미 다양한 계산 분석에서 사실상의 표준 도구가 됐기 때문에 R에 대해 익히 들어봤을 것이다. 파이썬이나 줄리아(Julia) 같은 프로그래밍 언어도 수치 계산에서 인기를 얻고 있지만 여전히 R이 오픈소스 통계 세계에서는 챔피언이다. 거대한 R 사용자 커뮤니티가 형성됐고, 다양한 수치 및 시각화 업무를 지원하는 각종 패키지가 제공된다. R이 이미 많은 사용자층을 보유하고 있다는 것만으로 많은 기업에서 R을 선택하는 강력한 이유가 된다. 단언컨대 R을 이용한다고 해서 해고된 통계학자는 아직 없다.

반면 R은 원래 메모리 제약이 있는 단일 컴퓨터와 단일 스레드에서 작동하도록 설계됐다. 이러한 특징은 R로 적당히 큰 데이터를 분석할 때조차 문제를 일으킬 수 있는데, 데이터는 날로 커지고 있다. 11장에서는 R을 이용해 큰 데이터를 처리하는 몇 가지 유형과 각 경우에 따른 적당한 해결책을 간략히 살펴본다.

통계는 왜 섹시한가?

최근 오픈소스 소프트웨어 혁신 덕분에 많은 양의 데이터를 수집하고 저장하고 가공하기가 더 쉬워졌다. 이러한 용이성은 오히려 어떤 데이터가 의미 있는지를 이해하는 데 문제가 된다. 단순히 많은 양의 데이터를 다룰 수 있다는 것이 추정한 상관관계나 관측치가 통계적으로 유의미하다는 것을 보장하지는 않는다. 통계학이 제 역할을 할 때가 왔다. 통계는 풍부하고 잘 연구된 오랜 역사를 가진 폭넓은 정량적 분야다. 통계학자들은 과학 발견의 유효성이나 데이터와 방법론의 신뢰성, 수학 모델의 정확성 등의 추론에 관심을 둔다. 인터넷에 연결된 소프트웨어에서 만들어내는 데이터의 양이 증가하고 있기 때문에 통계학자들의 필요성도 함께 증가하고 있다. 구글의 수석 경제학자인 할 배리안은 향후 10년 동안 가장 섹시한 직업은 통계학자가 될 것이다, 라고 말한 적이 있다. 데이터의 범람을 탐색하고 조직을 의미 있고 유효하게 이끌어가는 사람들이 미래에는 컴퓨터 계의 가치 있는 록스타가 될 것이다.

문제가 광대하기 때문에 통계학자에게는 데이터에 관해 질문하기 위한 워크플로우를 구축하는 유연한 계산 도구가 필요하다. 최근 설문에서 통계학자들이 가장 좋아하는 소프트웨어로 R을 꼽았다[33]. R은 통계와 데이터 분석 문제를 다루는 데 특화된 오픈소스 프로그래밍 언어다. R은 배우기 쉽

---

33 http://www.kdnuggets.com/2012/05/top-analytics-data-mining-big-data-software.html

다. 많이 사용하는 오픈소스 언어이기 때문에 다양한 GUI 라이브러리도 가지고 있다. 더욱이 R은 학계에서 많이 사용하고 있기 때문에 취업을 준비하는 졸업생은 이미 R에 능숙한 경우가 많다.

이 책에서 다루는 여러 도구는 대용량 데이터를 수집하고 저장하는 문제를 다룬다. 이러한 업무는 분산된 컴퓨팅 환경을 필요로 하고 많은 장비가 어려운 데이터 문제를 해결하기 위해 유기적으로 동작한다. 아쉽게도 R은 애초에 단일 스레드, 단일 컴퓨터 시스템에서 구동되도록 설계됐다. 이 때문에 날로 증가하는 데이터를 수집하고 가공하는 분산 시스템을 사용하는 경향과 대치된다.

사람들은 자신들이 가장 잘 아는 도구를 사용하길 좋아한다. 기업들은 기술이 뛰어난 사람들을 고용하고 싶어한다. 그러므로 R과 같은 도구를 기업 전사의 데이터 가공 파이프라인과 결합하는 방법을 찾는 것은 실용적인 측면에서 큰 의미가 있다. 대개 10장에서 소개한 아파치 머하웃처럼 데이터 문제에서도 항상 대안이 존재하고, 파이썬 기반 데이터 도구 생태계도 같은 문제를 해결하는 데 활용할 수 있다. 하지만 큰 규모의 사용자 커뮤니티 덕분에 R을 기존의 솔루션과 결합하는 방법을 찾는 편이 기업의 데이터 탐색을 효율적으로 만든다.

대용량 데이터에서 R이 지닌 한계

최신 워크스테이션과 노트북은 믿을 수 없을 만큼 강력하다. 멀티코어 설계와 인상적인 CPU를 탑재한 일반 노트북은 불과 몇 년 전 모델도 부끄럽게 만든다. 물론 모든 사람들은 프로세서의 트랜지스터의 전체 밀도는 2년마다 두 배로 증가하는 경향이 있다는 무어의 법칙(Moore's law)이라는 신화에 친숙할 것이다. 인터넷은 원시 컴퓨팅 시스템과 현대의 워크스테이션 중에서 어느 것이 더 나은가에 대한 비교할 수 없는 논쟁으로 꽉 차 있다. IC 칩을 처음으로 사용한 컴퓨터인 아폴로 가이던스 컴퓨터(Apollo Guidance Computer)는 사람들을 달에 보내고 귀환시키는 책임을 졌다. 그러나 지금은 심지어 일반 스마트폰조차도 아폴로 컴퓨터보다 몇 차원 빠른 속도와 많은 메모리를 자랑하고 있다(왜 스마트폰이 사양만큼 성능을 보여주지 못하는지는 늘 놀라운 일이다).

메모리 용량도 비슷하게 증가하고 있고 인메모리 데이터 시스템이 데이터 문제를 매우 빠르게 해결하는 데 사용되는 것이 더욱 일반화되고 있다. 데이터를 하드디스크가 아닌 메모리에 담아두는 것은 처리 업무에서 속도를 향상시키는 유용한 방법이다. R 또한 전적으로 메모리에서 작동하도록 설계됐다. 이것은 적당히 큰 데이터에는 희소식이다. 최근에 출시되는 노트북은 표준 설정에서도 수 기가바이트의 메모리를 탑재하고 있다. 하지만 이러한 고성능 장비를 바로 사용할 수 있는데도 매일 수 기가바이트의 데이터를 만들어내는 데이터 소스를 접하는 것이 일반적이다. 이 같은 양의 데이터에 바로 접근하기 위해 R을 사용한다는 것은 단일 워크스테이션에서는 거의 불가능하다.

R은 인터프리터가 메모리 초과 상태에서 실행될 때 비직관적인 메시지를 보냄으로써 초보 사용자를 혼란시키기로 악명 높다. 32비트 아키텍처 기반 시스템의 경우 R에 쓸 수 있는 전체 가용 메모리는 4GB이고, 실제 사용 용량은 거의 2GB에 가깝다. 모든 연산, 복사 또는 추가된 데이터는 가용 메모리의 양에 영향을 받는다. 사용자별로 애플리케이션이 얼마나 많은 양의 메모리를 쓸 수 있는가와 같은 다른 제약 또한 R이 쓸 수 있는 메모리의 양을 낮춘다. 거대한 데이터에는 매우 큰 정수값이 포함돼 있고, 32비트 R은 수십억 이상의 값을 표현할 수 없다. 이러한 제약으로 인해 미국의 국가 채무 같은 값을 표현하는 정수합은 만들 수 없을 것이다.

이 같은 제약사항을 염두에 두고 메모리 문제를 해결하는 첫 번째 단계는 가능하면 64비트 컴퓨터를 사용하는 것이다. 다른 여러 인터프리터 언어처럼 R에도 객체가 한계를 초과하면 메모리를 비우는 가비지 컬렉터가 있다. 이러한 문제를 예방하는 또 다른 방법은 데이터가 더 이상 필요하지 않으면 임의로 가비지 컬렉터를 실행하는 것이다. R 함수인 gc는 주로 R 시스템에서 쓸 수 있는 메모리에 관한 정보를 출력하는 데 사용되지만 그 또한 가비지 컬렉터가 객체를 삭제하게 만들 수 있다. 예제 11.1은 R에서 메모리와 객체의 상태를 확인하는 유용한 함수 목록이다.

예제 11.1 R의 메모리 사용량을 이해하는 데 유용한 함수

```
# 사용 중인 R의 빌드 번호와 어떤 패키지를 사용하는지 확인하기 위해
# sessionInfo 함수를 사용한다

> sessionInfo()
R version 2.15.1 (2012-06-22)
Platform: i386-apple-darwin9.8.0/i386 (32-bit)
...

# .Machine 변수를 이용해 지원하는 최대 정수값을 확인함
> .Machine$integer.max
 [1] 2147483647

# gc 함수는 R 인터프리터의 가비지 컬렉터를 실행하고 보고한다.
# 상세한 결과를 얻기 위해 추가적으로 verbose 매개변수를 T로 설정한다.
> gc(verbose=T)

Garbage collection 12 = 6+0+6 (level 2) ...
```

```
8.1 Mbytes of cons cells used (57%)
2.8 Mbytes of vectors used (40%)
          used (Mb) gc trigger (Mb) max used (Mb)
Ncells 300765 8.1      531268 14.2    407500 10.9
Vcells 360843 2.8      905753  7.0    786425  6.0


# object.size 함수는 R 데이터 객체에서 사용하는 바이트 수를 보고한다.
> object.size(mtcars)
5336 bytes


# R 함수를 system.tim에 전달해 이 함수를 실행하는 데 소요되는 시간을 보고한다.
> system.time(airline_dataframe ← read.csv.ffdf(
              file="huge_file.csv",header=TRUE))
user     system   elapsed
136.370  7.586    149.617
```

R 데이터 프레임과 행렬

대용량 데이터를 다루려면 R에서 지원하는 데이터 구조에 대한 지식이 필요하다. R의 강점 중 하나는 다양한 작업을 위한 다양한 데이터 구조를 제공한다는 점이다. 먼저 R에서 데이터를 다루는 공통적인 방법을 보여주겠다. R을 이용할 때 데이터는 어떤 모습을 보일까?

R은 친숙한 정수, 실수, 문자열 같은 기본(atomic) 데이터 구조를 지원한다. 가장 기본적인 R 데이터 구조는 벡터(vector)인데, 벡터는 한 종류의 연속된 값의 그룹이다. 다른 말로 온도계의 값이나 스포츠 리그의 점수 모음과 같은 비슷한 값의 리스트와 닮았다.

행렬(matrix)은 2차원 벡터다. 벡터와 같이 행렬도 같은 종류의 기본 데이터 타입을 가진다. 행렬은 좌표계 같은 애플리케이션에서 생성되는 데이터나 2차원 디지털 이미지의 색상과 채도 값을 표현하거나 선형대수와 같은 복잡한 연산을 지원할 때 사용한다.

어떤 데이터는 비슷한 타입의 수로 쉽게 표현할 수 없다. 쉽게 표현할 수 있는 형태로 다양한 데이터를 가지는 것은 매우 유용하다. 표 형식(tabular)의 데이터 구조는 흔히 볼 수 있으며, R은 데이터 프레임이라는 데이터 구조를 제공한다. 엄밀히 말해서 데이터 프레임(data frame)은 같은 길이의 벡터 리스트다. 행렬과는 달리 데이터 프레임을 구성하는 개별 벡터는 다른 데이터 구조를 가질 수 있다. 예제 11.2는 R의 행렬과 데이터 프레임 예제를 보여준다.

예제 11.2 R의 행렬과 데이터 프레임 데이터 구조의 예

```
# 3x6 R 행렬을 생성한다
> example_matrix <- matrix(1:18, nrow=3, ncol=6)
> example_matrix


     [,1] [,2] [,3] [,4]  [,5]  [,6]
[1,]    1    4    7   10    13    16
[2,]    2    5    8   11    14    17
[3,]    3    6    9   12    15    18


# 특정 행렬 좌표의 값
> example_matrix[2,5]
 [1] 14


# mtcars 샘플 데이터 프레임의 처음 3개의 열 목록
> head(mtcars, 3)
               mpg cyl disp  hp drat    wt  qsec vs am gear carb
Mazda RX4     21.0   6  160 110 3.90 2.620 16.46  0  1    4    4
Mazda RX4 Wag 21.0   6  160 110 3.90 2.875 17.02  0  1    4    4
Datsun 710    22.8   4  108  93 3.85 2.320 18.61  1  1    4    1
```

대용량 데이터를 다루는 전략

이 책에서 다루는 계산 도구는 종종 대용량 데이터를 처리하는 업무와 관련이 있다. 하지만 이 같은 도구들이 더욱더 경제적으로나 기술적으로 사용할 수 있게 됐지만 전체 데이터를 모두 사용하는 것이 항상 필요하거나 이득이 되거나 바람직한 것은 아니다.

"빅데이터에 관한 중대한 질문들(Critical Questions for Big Data)"[34]이라는 논문에서 저자인 다나 보이드(Danah Boyd)와 케이트 크로포드(Kate Crawford)는 데이터 과학자들이 대용량 데이터를 다룰 때 인용하는 미신들을 소개한다. 그 중 하나는 "더 많은 데이터가 항상 더 좋은 데이터는 아니다"인데, 이는 많은 데이터를 수집하는 것이 고품질 데이터를 위한 만병통치약이 아니라

----

[34] 다나 보이드, 케이트 크로포드, "빅데이터에 관한 중대한 질문들: 문화적, 기술적, 학제적 현상에 대한 도발(Critical questions for big data: Provocations for a cultural, technological, and scholarly phenomenon)", 정보, 커뮤니케이션 그리고 사회 15(Information, Communication & Society 15), 5호(2013), 662–679쪽

는 것을 의미한다. 예를 들어, 설문 결과를 생각해보자. 설문 데이터는 다루기가 아주 까다롭다. 일부 설문자는 거짓말을 하고 일부는 질문을 건너뛰고 또 일부는 전문가들이 설계한 질문 목록의 허점을 파헤치기 위해 온갖 수단을 동원한다.

통계 분석에서 주로 하는 일들은 어떤 관측치가 임의의 값과 유의미하게 다른지를 확률적으로 판별하는 것이다. 하지만 대용량 데이터 분석 문제의 공통적인 오류는 의사결정이나 결론을 내리기 위해서는 전체 데이터가 필요하다고 생각하는 것이다. 사실 통계 분석의 초석 중 하나는 무작위 추출(random sampling)을 통해 적절히 부분 데이터를 추출했다면 전체 데이터에서 찾고자 하는, 납득할 수 있고 유효하며 유의미한 확률 기반의 결론을 부분 데이터만으로도 확인할 수 있다는 정량적 증거를 제공한다는 것이다.

물론 이 주장은 전체 데이터에 접근할 수 있다면 왜 전체 데이터를 사용하면 안 되는가?라는 질문으로 이어진다. 프로세싱 파워는 비싸고 처리 시간을 많이 소비한다. 샘플이 같은 결과를 제공한다면 통계 분석을 위해 전체 데이터를 활용할 필요가 없다. 데이터 집합이 커질수록 실제 관계가 존재하지 않을 때 통계적으로 유의미한 관계의 수 또한 증가한다.

큰 행렬 연산: bigmemory와 biganalytics

숫자는 어디든 존재한다. 많은 양의 수치 데이터를 수집해왔고, 그 데이터가 의미하는 바를 이해하기 위해 요약하고 상관관계를 그려보고 싶을 것이다. 컴퓨터의 가용 메모리가 데이터 집합보다 작은 경우가 있다. R이 시스템의 모든 가용 메모리를 사용하는 것을 방지하는 문제는 처리하기가 까다로울 수 있다. bigmemory는 대용량 데이터에 별도의 메모리 관리 기법을 적용하는 R 라이브러리다. 사실 bigmemory는 데이터를 관리하기 위해 빠른 속도의 C++ 프레임워크와 연동하는 지능적인 인터페이스다.

R의 행렬은 모두 같은 데이터 타입이어야 한다. 잠정적으로 시스템 메모리 한계 내에 속하는 수치형 데이터로 작업한다면 bigmemory 패키지는 좋은 선택이다. bigmemory에서는 R의 행렬과 매우 비슷하게 동작하는 big.matrix라는 데이터 타입을 제공한다. big.matrix 객체에는 수치 데이터만 담을 수 있다. bigmemory 패키지는 여러 R 인스턴스가 C++로 관리되는 데이터에 동시에 접근할 수 있게 설계됐다. 하지만 그것만으로는 R의 서로 다른 인스턴스가 서로의 데이터 객체에 접근할 수는 없다. bigmemory를 이용하면 데이터를 공유할 뿐만 아니라 R의 새로운 세션이 시작될 때 빠르게 불러올 수 있는 온디스크 바이너리 파일을 정의할 수 있다.

bigmemory 패키지를 설명하기 위해 자주 사용하는 흥미로운 데이터 집합은 연구 및 혁신 기술 관리소(RITA, Research and Innovative Technology Administration)에서 수집, 운영하는 미국 교통국의 실시간 항공 통계 데이터베이스다. 이 데이터는 자유롭게 사용할 수 있는 대용량 데 이터일 뿐만 아니라 요동치는 미국의 항공 산업에 대한 상세한 통계자료를 제공한다. 2000년에 수 집된 압축하지 않은 CSV 통계 파일만 해도 500MB 정도에 달하므로 R에서 바로 사용하기는 어렵 다. 32비트 컴퓨터에서는 추가적인 데이터 분석을 위해 R 행렬로 불러오고 나면 메모리도 금방 고 갈된다.

이때가 바로 bigmemory 패키지가 필요한 시점이다. bigmemory의 read.big.matrix 함수는 R 사용자로 하여금 큰 데이터를 온디스크 소스에서 big.matrix 객체로 읽어들이게 한다. read.big. matrix 함수를 사용할 경우 비수치 데이터는 "NA"로 대체된다. 예제 11.3은 CSV 파일에서 특정 연도의 항공기의 이착륙 시간 데이터를 불러오는 데 big.matrix 객체를 사용한 경우와 R의 표준 행렬을 사용한 경우를 비교한 것이다.

예제 11.3 대용량 데이터를 읽기 위한 bigmemory 활용

```
# 2000년도의 항공기 정시 도착 데이터 CSV 파일을 읽는다
> airline_data = read.csv("2000_airline.csv", sep=",")
*** error: can't allocate region

# bigmemory의 big.matrix 객체를 사용한다
> airlinematrix <- read.big.matrix("2000_airline.csv",
                          type="integer", header=TRUE,
                          backingfile="2000_airline.bin",
                          descriptor="2000_airline.desc")
> summary(airlinematrix)
      Length      Class      Mode
   164808363   big.matrix      S4
```

bigmemory 패키지의 다른 유용한 기능은 데이터 객체를 공유 메모리에 올릴 수 있다는 점이다. 여러 R 인스턴스가 같은 bigmemory 객체를 사용할 수 있고, 필요 시 전체 시스템 메모리를 절약 할 수 있다.

ff: 메모리보다 큰 데이터 프레임 다루기

데이터 프레임은 R 언어의 기본 데이터 구조이며, 이름을 가진 행과 열이 담긴 표 형식의 데이터를 생산적으로 활용하는 수단이다. R 데이터 프레임은 위치를 지정할 수 있는 셀의 집합체 이상이다. R은 객체 메타데이터를 이용해 수많은 프로퍼티를 내부에서 추적할 수 있다. 이러한 이유로 R 인터프리터에서는 계산이나 슬라이싱 또는 다른 연산을 위한 데이터 집합의 크기보다 많은 메모리를 필요로 한다. 수 기가바이트에 달하는 메모리가 탑재돼 있더라도 시스템 RAM이 대용량 데이터를 저장할 수 없다는 것을 쉽게 확인할 수 있다. 데이터가 가용 시스템 메모리보다 크면 어떤 일이 벌어질까?

ff 패키지는 데이터를 R 인터프리터로부터 분리시켜 R의 메모리 한계를 극복한다. ff는 시스템 디스크에 큰 데이터 객체를 저장한다. R 연산이 온디스크 데이터를 사용할 경우 데이터 조각들이 연산을 위해 메모리에 올라간다. 근본적으로 ff는 동일한 R 인터페이스와 메모리 크기에 맞는 작은 데이터 타입을 유지하려 한다. bigmemory와 같이 ff도 데이터 객체를 온디스크 이미지로 저장해서 다른 R 세션에서 사용할 수 있다.

ff 라이브러리는 integer나 double 같은 표준 R 기본 데이터 타입을 지원한다. 단일 비트, 바이트, 님블(nibble, 4비트의 정보)과 같은 패키지에 특화된 데이터 타입도 제공한다. 이처럼 효율적인 기본 데이터 구조는 위치 정보와 같은 데이터를 처리할 때 공간과 성능 면에서 장점이 있다. 예제 11.4는 ff를 이용해 2000년도의 전체 미국 항공기록에서 최대 및 평균 지연 시간을 계산하는 예다.

예제 11.4 ff를 이용해 대용량 데이터에서 데이터 프레임 만들기

```
# ff 데이터 프레임 만들기
> library(ff)
> airline_dataframe <- read.csv.ffdf(file="2000_airline.csv",
                                     header=TRUE)


# 데이터의 레코드 개수 나열하기
> dim(airline_dataframe)
  [1] 5683047      29


# [2000년도 미국 내의 비행기 도착 지연의 최댓값과 평균값을 구한다
# (단, NA 값은 무시함)]
> max(airline_dataframe$ArrDelay, na.rm=TRUE)
```

```
[1] 1441
> mean(airline_dataframe$ArrDelay, na.rm=TRUE)
[1] 10.28266
```

biglm: 대용량 데이터를 위한 선형 회귀 분석

어떤 변수가 어떻게 다른 변수와 연관 관계를 맺고 있는지 이해하는 것은 흔히 접할 수 있는 데이터 도전과제다. 때때로 이 같은 분석은 특정 조건에서 종속 변수의 값을 예측하는 데 유용한 모델을 만들어낼 때 사용된다. 제품의 판매량이 날씨, 계절, 그리고 다른 요인과 연관성을 가질까? 영화 평점이 비슷한 영화를 본 사람들이 좋아할 만한 것을 예측하는 데 도움이 될까?

회귀 분석(regression analysis)은 변수가 다른 변수와 어떻게 관련을 맺는지 파악하는 데 흔히 사용되는 기법이다. 회귀(regression)라는 용어는 상관관계라는 현대 과학 개념을 창안한 프란시스 갈턴(Francis Galton) 경과 관련이 있다. "유전 구조의 평균으로의 회귀"[35]라는 제목의 논문에서 갈턴은 비정상적으로 큰 부모로부터 태어난 자식들도 평균 키에 수렴하는 경향이 있음을 보였다. 갈턴이 발견한, '평균으로의 수렴'이라 알려진 이 같은 경향성은 이후 통계 분석의 초석으로 자리 잡았다.

두 독립 변수의 값을 비교할 때(키와 몸무게의 관계가 자주 인용되는 예제다) 선형 회귀라고 하는 기법을 사용한다. 회귀선을 찾는 데 흔히 사용되는 방법을 최소자승법(least-squares method)이라 한다. x와 y라는 두 개의 변수값을 비교한다고 해보자. x 값은 수평축에, y 값은 수직축에 놓은 2차원 그래프를 그릴 수 있다. 최소자승법은 각 데이터 포인트에서 회귀선까지의 거리의 제곱합이 최소가 되는 선을 구한다. 이러한 회귀선은 간단히 구할 수 있다. R은 이 같은 선형 회귀 및 다른 회귀 계산을 수행하는 함수를 제공한다.

한 가지 주의할 점은 선형 회귀는 이해하기 쉬운 개념이고, 적절하지 않은 경우에도 회귀 분석을 제공하는 소프트웨어 패키지가 많다는 것이다. 이러한 이유로 이 기법을 잘못 사용하거나 결과를 잘못 해석할 여지가 크다. 특히 변수 간의 관계를 결정할 때 선형 회귀가 적합하지 않은 경우가 많은데, 우선 선형 회귀는 두 변수의 값으로 구성된 산포도가 거의 선형을 이루고, 개별 분포는 모두 이상점(outlier)[36]이 거의 없는 정상 분포를 따른다고 가정한다. 다른 가정은 선형 회귀 기법에서는

---

35 프란시스 갈턴, "유전구조의 평균으로의 회귀(Regression towards mediocrity in hereditary stature)", 대영제국 및 아일랜드의 인류학 회지(The Journal of the Anthropological Institute of Great Britain and Ireland), 15 (1886), 246-263쪽
36 (옮긴이) 변수의 분포에서 비정상적으로 분포를 벗어난 값

관련된 변수가 일정한 분산을 가지고 비교적 측정 오류 등에서 오는 임의값이 적다는 것이다. 이러한 가정이 충족되지 않으면 선형 회귀는 문제를 해결하는 유효한 방법이 아니다.

주의는 이쯤에서 그만두고, 적법한 회귀 문제가 있는데 시스템의 가용 메모리에 맞지 않으면 어떤 일이 발생할까? 이때가 바로 biglm 패키지가 필요할 때다. biglm 패키지는 대용량 데이터에서 선형 회귀 분석을 가능하게 한다. bigmemory의 사촌격인 biganalytics 패키지는 big.matrix 데이터에서 선형 회귀선을 구하는 유용한 함수를 제공한다. 예제 11.5는 bigmemory 예제에서 사용한 정시 비행 데이터를 이용하는 예제다.

예제 11.5 big.matrix 객체에 biglm 적용하기

```
library(bigmemory)
library(biganalytics)
library(biglm)

# 항공기 정시 데이터를 불러온다
airlinematrix <- read.big.matrix("2000_airline.csv",
                                 type="integer", header=TRUE,
                                 backingfile="2000_airline.bin",
                                 descriptor="2000_airline.desc")

# biglm.big.matrix 래퍼 함수를 이용해
# 도착 지연과 출발 지연 변수 간의 회귀선을 만든다]
delay_lm <- biglm.big.matrix(ArrDelay~DepDelay,data=airlinematrix)
summary(delay_lm)
Large data regression model: biglm(formula = formula, data = data, ...)
Sample size =  5481303
              Coef    (95%     CI)      SE    p
(Intercept) -0.3857  -0.4000  -0.3714  0.0072  0
DepDelay     0.9690   0.9686   0.9695  0.0002  0
```

RHadoop: R에서 아파치 하둡에 접근하기

대용량 데이터 문제를 해결하기 위해 서로 성격이 다른 기술들을 조합해서 사용할 때가 많다. R은 통계 분석에, 하둡은 분산 데이터 처리에 적합하다. 하둡은 맵리듀스 잡을 정의하는 프레임워크를 제공하는데, 대용량 데이터를 잘게 쪼개서 여러 대의 장비에서 처리할 수 있게 한다. R과 하둡은 모두 잘 정립된 사용자 기반을 가지고 있고, 특정 활용 사례에서 좋은 선택이다. 데이터 처리를 위한 하둡 맵리듀스 프레임워크를 사용하는 것에 관한 자세한 정보는 8장 "하나로 합치기: 맵리듀스 데이터 파이프라인"과 9장 "피그와 캐스케이딩을 이용한 데이터 변환 워크플로우 구축하기"을 참고한다.

하둡과 R 같은 분산 컴퓨팅 시스템 간의 연결을 구축하는 실용적인 방법은 프로그래밍 언어에서 맵리듀스 프레임워크에 대한 인터페이스를 제공하는 것이다. 8장에서 소개한 하둡 스트리밍 API는 하둡의 네이티브 자바가 아닌 다른 프로그래밍 언어를 이용해 맵리듀스 잡을 정의하는 인터페이스의 일종이다. R을 하둡과 연결하는 가장 인기 있는 방법은 적절한 이름을 지닌 RHadoop 프로젝트를 이용하는 것이다. RHadoop은 rmr, rhdfs, rhbase 등의 여러 패키지를 제공하며, 관용구에 가까운 문법을 통해 R 개발자들이 하둡과 연결하게끔 만들어준다.

rmr 패키지는 R과 하둡 맵리듀스를 연결한다. 하둡 스트리밍 API와 바로 연결되는 인터페이스는 아니고, R과 비슷한 문법으로 맵리듀스를 정의하는 방법을 이용한다. rhdsfs와 rhbase 패키지는 HDFS와 Hbase 데이터베이스를 대한 인터페이스를 제공한다. 이 두 패키지는 R을 통해 데이터 읽기, 쓰기, 복사 등의 간단한 기능을 제공한다. 하둡에 접근하는 다른 여러 라이브러리처럼 하둡에 연결하지 않고 로컬 컴퓨터에서 RHadoop을 이용해 하둡 디버깅이 가능하다. 이 경우 rmr. options 함수의 backend 매개변수를 local로 설정하면 된다.

RHadoop을 빌드하고 설치하려면 Rcpp와 RJSONIO 등 여러 R 패키지가 필요하다. 이미 설치된 하둡에서 rmr 패키지를 실행하기 위해서는 각 노드에 rmr이 설치돼 있어야 하고 R의 복사본도 있어야 한다. 마지막으로 HADOOP_CMD와 HADOOP_STREAMING 환경변수는 하둡 바이너리와 하둡 스트리밍 API JAR 파일의 위치를 가리키고 있어야 한다.

rmr과 rhdfs 패키지를 이용해 R과 하둡을 함께 사용하는 예제를 보자. 예제 11.6은 하둡 클러스터에서 rmr을 통해 맵리듀스 잡을 실행하는 방법을 보여준다.

예제 11.6 rmr을 이용해 R의 맵리듀스 만들기

```
library(rmr)

# 기본적으로 rmr은 하둡 백엔드를 이용한다.
# 하둡에 접속하지 않고 디버깅하려면 백엔드를 로컬로 설정한다.
rmr.options(backend = "local")
```

```r
# 매퍼 함수는 strsplit을 이용해 공백을 기준으로 단어를 자르고,
# 각 단어에 출현 횟수로 1을 붙여서 보낸다.
mapper <- function(.,lines) {
  words.list <- strsplit(lines, ' ')
  words <- unlist(words.list)
  return(keyval(words, 1))
}

# 리듀서 함수는 매퍼에서 보내진 모든 단어의
# 출현 횟수의 총합을 구한다.
reducer <- function(word, counts) {
  keyval(word, sum(counts))
}

wordcounter <- function (input, output) {
  apreduce(input=input,
           output=output,
           input.format="text",
           map=mapper,
           reduce=reducer)
}

# from.dfs를 이용해 HDFS로부터 입력 데이터를 불러온다.
functionfrom.dfs(wordcounter('/data/my_file.txt','/output')
```

정리

R은 통계 분석 워크플로우를 표현하는 가장 유명한 오픈소스 언어다. 많은 통계학자와 수학자들은 R을 사용하면서 많은 시간을 보내고, 학계에서도 R을 가르치는 곳이 많다. 분산 컴퓨팅은 데이터의 수집 및 처리를 더욱 가능하게 하고, R 같은 도구는 데이터에 의미를 부여한다. 아쉽게도 R은 원래 단일 장비에서 가용 시스템 메모리보다 작은 데이터 집합을 처리할 목적으로 고안됐다. 이 같은 제약이 있음에도 R의 유연함과 폭넓은 사용으로 데이터 집합이 커졌을 때도 R을 사용할 수 있도록 여러 방법들을 모색하고 있으며, 데이터의 규모가 커졌을 때도 조직 내의 R 사용자가 R을 이용해 효과적으로 일할 수 있음을 확신시키는 것이 현실적인 방안일 수 있다.

매우 강력한 워크스테이션을 사용할 때도 R에 할당된 시스템 메모리의 양에 데이터를 맞추기가 어렵거나 불가능할 때가 많다. 시스템의 가용 메모리보다 더 큰 데이터를 처리하기 위해서는 다른 전략을 사용하거나 이 같은 도전과제를 극복할 수 있는 R 패키지를 이용할 필요가 있다. 32비트 컴퓨터에 설치된 R은 전체 시스템보다 훨씬 적은 메모리만 사용한다는 제약이 있다. 64비트 컴퓨터를 이용해 R이 최대한의 시스템 메모리를 사용하게 하는 것이 메모리 한계를 해결하는 첫걸음이다.

R을 이용해 대용량 데이터를 처리할 때 다양한 종류의 문제가 있다. R에서 쓸 수 있는 메모리의 양이 데이터를 불러오기에 충분하더라도 추가적인 연산이 느리거나 끝까지 수행되지 못할 수도 있다. 시스템의 전체 가용 메모리보다 훨씬 더 큰 데이터 집합을 다루는 것은 또 다른 종류의 도전과제다.

이러한 과제를 해결하기 위해 다른 방법을 모색하기 전에 그렇게 큰 데이터를 사용하지 않는 방법을 고민하는 것이 좋다. 통계적으로 유의미한 결과를 얻기 위해 전체 데이터를 굳이 사용할 필요는 없다. 분석에 필요한 데이터의 크기를 줄이기 위해 무작위 추출을 고려할 수 있다. R 모듈을 이용하면 데이터베이스에서 일부 하위 데이터만 불러올 수 있다. 전체 데이터를 분석하지 않고서 통계적으로 유의미한 통찰을 얻을 수 있는 적절한 샘플링과 테스트 방법을 고려하는 것이 좋다.

데이터가 시스템의 가용 메모리보다 작을 때는 bigmemory 같은 패키지를 이용해 R이 가용 메모리를 이용하는 방법을 개선할 수도 있다. bigmemory 패키지는 가용 메모리의 사용을 증진시키기 위해 C++ 함수를 이용하는 R 인터페이스다. bigmemory는 표준 R 행렬과 유사한 big.matrix라는 새로운 데이터 타입을 제공한다.

데이터가 너무 커서 전체 시스템 메모리를 훨씬 넘어설 때는 ff 패키지를 고려해볼 필요가 있다. ff는 네이티브 메모리 기반의 R과 유사하게 디스크 접근을 허용함으로써 대용량 데이터를 지원한다. bigmemory와 마찬가지로 ff는 ff 데이터 프레임이라는 특별한 데이터 구조를 제공한다. ff 패키지의 데이터 객체는 저장해서 다른 R 세션에서도 이용할 수 있다.

선형 회귀는 수치 변수 간의 관계를 규명할 때 자주 사용되는 전략이다. 대용량 데이터를 대상으로 biglm 패키지를 이용하면 R에서 쓸 수 있는 시스템 메모리보다 더 큰 데이터를 이용해 회귀 분석을 수행하거나 다른 일반화된 회귀 모델을 만들 수 있다.

데이터 애플리케이션을 구축할 경우 다른 솔루션을 통합해야 할 때가 있다. 하둡은 공통적으로 사용되는 데이터 처리를 위한 오픈소스 프레임워크다. RHadoop 패키지를 이용하면 HDFS와 Hbase의 데이터뿐만 아니라 아파치 하둡의 맵리듀스 기능에 접근할 수 있다.

12

파이썬과 판다스를 이용한
분석 워크플로우 구축하기

이 책의 중심 주제는 접근성이다. 새로 등장한 강력한 오픈소스 소프트웨어는 수많은 개발자와 분석가들이 데이터 도전과제를 해결하는 데 필요한 도구를 사용할 수 있게 해줬다. 오픈소스 운동은 소프트웨어 이상의 의미가 있다. 오픈소스 운동의 또 다른 이점은 오픈소스 소프트웨어를 사용하는 많은 개발자 커뮤니티가 있다는 점이다. 예를 들어, 통계와 수학 컴퓨팅의 프로그래밍 환경을 이끄는 프로그래밍 언어인 R은 언어일 뿐만 아니라 코드, 모듈 및 다양한 도구를 제공하는 거대한 커뮤니티도 있다.

R 커뮤니티는 거대하고 활발하지만 단지 통계 및 과학 컴퓨팅에만 초점이 맞춰져 있다. 이 말은 수학 컴퓨팅에 사용하는 대부분의 공통 모듈이 이미 존재한다는 의미다. R은 대화식이고 탐색적인 데이터 요건에 적합하다. 하지만 완전하게 동작하는 애플리케이션을 구축하려면 다양한 내장 기능을 탑재한 소프트웨어의 장점을 취해야 한다. R 같은 특수 목적용 언어가 인기 있음에도 더 많은 과학자와 통계학자, 데이터 애플리케이션 개발자들이 얼핏 보기에는 고성능 데이터 처리에 적합해 보이지 않은 언어, 즉 파이썬에 주목하고 있다.

앞의 여러 장에서 파이썬을 이용해 하둡 스트리밍 API를 이용한 대화식 데이터 처리를 단순화하는 예제를 살펴봤다. 12장에서는 파이썬을 더 응용해 CPU를 많이 사용하는 업무뿐 아니라 대화식 워크플로우에서 어떻게 사용하는지 다루겠다.

데이터 동물원에서 뱀(Python)이 풀려나다

여러 장비를 이용해 대용량 데이터를 처리하는 오픈소스 소프트웨어에 대한 관심이 높다. 앞의 여러 장에서 소개했듯이 하둡은 맵리듀스라는 컴퓨팅 전략을 이용해 다수의 장비에 처리 작업을 분산하는 데 사용된다. 맵리듀스는 큰 문제를 작은 문제로 쪼개고 작은 문제를 단일 장비에서 처리한다. 이러한 시스템에서는 더 작은 문제는 별로 어렵지 않고 일반 서버에서 빠르게 처리할 수 있다. 하지만 전체 시스템의 성능은 작은 문제를 얼마나 빨리 처리하고 또 결과를 통합하느냐에 따라 정해진다. 이러한 시스템을 입출력 의존적(IO-bound)이라고 한다. 이 같은 애플리케이션의 성능은 컴퓨터 CPU의 성능보다는 노드 간의 IO 성능에 좌우된다. 많은 문서에 포함된 단어의 개수를 헤아리는 전통적인 맵리듀스 문제가 대표적인 사례다. 단어 수를 세는 것은 CPU가 많이 필요한 문제가 아니다. 프로세서가 지시를 받고 새로운 데이터가 들어오는 것보다 빠르게 답을 돌려주면 된다.

큰 문제를 작게 쪼개고 작은 문제를 각 장비에서 처리하게 하는 전략이 모든 데이터 문제에 최적의 해결책은 아니다. 수학 및 통계 문제는 CPU가 대부분의 무거운 연산을 처리해야 할 때가 많다. CPU 의존적인(CPU-bound) 문제는 CPU의 속도가 시스템의 제약 요소여서 CPU가 복잡한 알고리즘을 처리하고 있을 때는 다른 프로세스는 기다려야 한다. 이러한 경우에는 빠르고 더 강력한 CPU가 더 좋다. 복잡한 수학 문제에 답할 때 더 빠르게 실행되는 CPU가 더 빠른 해결책이다.

게다가 복잡한 수학 알고리즘을 표현하는 것 또한 도전과제인데, 이러한 이유로 과학 및 통계 컴퓨팅에 특화된 소프트웨어가 많다. SAS, SPSS, 매트랩 등 여러 상용 도구 및 언어가 수학 컴퓨팅을 지원한다. 오픈소스 세계에서는 R과 줄리아가 과학 컴퓨팅에 가장 특화된 언어이고, 고전적인 포트란(Fortran)도 여전히 슈퍼컴퓨팅 애플리케이션에 자주 사용된다.

파이썬은 원래 고성능 수치 컴퓨팅을 위해 설계된 것이 아니다. 파이썬의 핵심 설계 철학으로는 신뢰성, 간결성 및 효율성을 내세우지, 빠른 속도를 내세우지는 않는다. 주로 텍스트 처리를 위해 만들어진 인터프리트 방식의 스크립팅 언어가 어떻게 중대한 과학 및 데이터 분석에 사용될 수 있을까? 이를 규명하자면 기존의 수치 계산 언어의 실질적인 문제점부터 검토해야 한다.

통계 계산을 위한 언어 선택

파이썬을 이용한 데이터 분석을 설명하기 전에 통계 컴퓨팅을 위한 사실상의 표준 언어인 R부터 살펴보자. R은 다양한 이유로 매우 인기 있다. 다양한 플랫폼을 지원하는 오픈소스 프로젝트이며, 무료다. 다른 함수형 언어에 영향을 받아서 만들어졌기 때문에 R에서는 수학 개념을 표현하기 쉽다. 파이썬처럼 R은 인터프리트 방식의 언어인데, 이는 명령어를 실행하기 전에 컴파일 단계를 거칠 필요가 없다는 의미다. 사실 명령줄에서도 R을 실행할 수 있어서 데이터를 빠르게 반복적으로 탐색할 수 있다.

이처럼 유용한 기능과 더불어 R의 가장 큰 장점은 커뮤니티 기반의 많은 공개 소프트웨어 패키지가 존재한다는 점이다. CRAN(Comprehensive R Archive Network)는 모든 종류의 통계 애플리케이션 R 코드를 위한 전 세계 저장소다. 선형 회귀, 클러스터링, 가설 검증 등의 공통적인 통계 애플리케이션을 위한 패키지뿐 아니라 특정 과학 컴퓨팅에 특화된 모듈도 많이 제공된다. 야구, 천문 등의 분야를 다루는 R 코드도 발견할 수 있고, 심지어 동물의 움직임을 통계적으로 분석해 시각화하는 도구도 있다. 요약하면 통계적 필요가 있다면 누군가가 이미 유용한 R 패키지를 만들어서 제공하고 있을 가능성이 높고, 많은 경우에 다양한 패키지가 같은 문제를 다루고 있다.

R은 인기 있고 유용하며, 또 다양한 문제 도메인을 위한 방대한 오픈소스 코드가 존재한다. 그런데 왜 R을 다른 것으로 대체해야 하는가? 첫 번째 이유는 더 널리 이용되는 파이썬이 경험 많은 개발자로 구성된 더 큰 커뮤니티를 형성하고 있다는 점이다. 통계 애플리케이션 분야에서는 R이 데이터에 대한 통계 질의를 하는 가장 인기 있는 언어로 인용된다. 누가 정확히 어떤 프로그래밍 언어를 사용하는지를 추적하기는 쉽지 않지만 파이썬 커뮤니티에 통계 및 과학에 초점을 맞춘 언어인 R이나 줄리아보다 전체적으로 더 많은 개발자들이 있다[37].

TIOBE 프로그래밍 커뮤니티 지표는 프로그래밍 언어의 인기도를 평가하기 위해 유명한 검색엔진을 사용해 순위를 매겼다. TIOBE가 프로그래밍 언어의 인기도를 측정하는 가장 과학적인 방법은 아닐지라도 2013년 4월에 파이썬은 8위이고 R은 26위였다. 유명 프로그래밍 커뮤니티 사이트인 깃허브(GitHub)나 스택오버플로우(StackOverflow)의 데이터를 사용한 레드몽크(RedMonk) 프로그래밍 언어 랭킹도 2013년 2월을 기준으로 파이썬을 4위로, R을 17위로 순위를 매겼다. 레드몽크의 스티븐 오'그래디(Stephen O'Grady)는 "파이썬을 비롯한 가장 많이 사용되는 언어들은 개발자의 시간과 관심을 꾸준히 확보하는 반면, R은 꾸준히 시간과 관심을 모으고 있지만 증가폭은 크지 않다"[38]라고 말했다. 이는 다른 플랫폼과의 경쟁에서 비롯된 것으로 보인다.

----

37 http://redmonk.com/sogrady/2012/09/12/language-rankings-9-12/
38 http://redmonk.com/sogrady/2013/02/28/language-rankings-1-13/

기존 코드 확장하기

R은 특히 수학 및 통계 분야에 특화된 언어다. 반면 파이썬은 더욱 범용적이어서 일반 프로그래밍 업무를 처리한다. 파이썬의 개발 규모 측면에서 보면 파이썬 패키지 지표(PyPI; Python Package Index)는 CRAN보다 10배나 많은 라이브러리를 보유하고 있다.

데이터 분석에 파이썬을 이용할 때의 장점은 개발자들이 이미 파이썬을 사용하고 있을 가능성이 높다는 점이다. 파이썬은 일반적인 텍스트 처리에 탁월하다. 사실 이미 스크립팅 업무를 해본 적이 있다면 텍스트 파싱, 추출 및 정렬하는 데 파이썬을 사용해봤을 것이다. 파이썬의 리스트 데이터 타입은 이 언어의 핵심이고, 다양한 리스트 관련 메서드는 순차 데이터를 자르고 추출하는 작업을 수월하게 만들어준다. 물론 파이썬은 네트워킹을 위한 프레임워크나 웹 애플리케이션을 개발하는 다른 내장 기능도 많다. 다양한 데이터베이스 소프트웨어와의 연동 기능을 비롯해 이 같은 기능을 활용하면 데이터 처리 및 분석 소프트웨어 전체를 파이썬으로 개발할 수 있다.

프로그래밍 언어로서 파이썬은 단순함과 가독성이 높다는 평판을 받고 있다. 파이썬의 문법은 단 몇 줄의 코드로 프로그래밍 개념을 표현할 수 있게 설계돼 있다. 또한 파이썬은 프로그래밍을 즐겁게 만들어주고, 개발자 커뮤니티는 활발하고 잘 조직돼 있다.

도구와 테스팅

파이썬과 같은 인기 있는 범용 언어는 사용자 기반이 작은 언어에 비해 큰 장점이 있다. 범용 언어는 견고한 애플리케이션 개발 및 테스팅을 위한 최고의 도구를 확보하고 있다.

이와 똑같은 이유로 개발자들은 아파치 피그 같은 특수 목적용 언어보다는 자바와 캐스케이딩 프레임워크를 이용해 데이터 워크플로우를 개발하는 것이다(9장 "피그와 캐스케이딩을 이용한 데이터 변환 워크플로우 구축하기" 참조). 파이썬 같은 범용 언어를 사용함으로써 디버깅과 테스팅을 비롯해 그와 같은 인기 있는 도구가 지닌 모든 기능의 장점을 저절로 누릴 수 있는 것이다. 가장 중요한 것은 그러한 언어를 최우선으로 사용하는 수많은 프로그래머의 도움을 받을 수 있다는 점이다.

데이터 처리를 위한 파이썬 라이브러리

파이썬은 적은 코드로 강력한 애플리케이션을 개발하는 것을 돕는 여러 핵심 원칙을 지닌 잘 설계된 언어다. 파이썬은 배우거나 읽기가 쉽고, 한정된 핵심 문법만 지원하기 때문에 문장은 가능하면 기호 대신 일반 영어 단어를 사용한다. 단, 파이썬이 최적화되지 못한 부분은 속도다. 파이썬은 인터프리트 방식의 언어로서 낮은 성능에 비해 손쉬운 사용법이 강조된다. 데이터 처리를 많이 필요로 하는 과학 애플리케이션을 구축하기 위해서는 속도가 필수적이다. 이러한 분야에서 파이썬은 얼마나 효과적일 수 있을까? 한 가지 방법은 계산 속도에 최적화된 새로운 파이썬 모듈을 재작성하는 것이고, 이러한 목적으로 작성된 가장 유명한 라이브러리는 바로 NumPy다.

NumPy

파이썬의 기본 데이터 구조는 바로 리스트(유명한 파이썬 관련 책의 저자인 마크 필그림(Mark Pilgrim)이 파이썬의 다재다능한 데이터 타입이라고 표현한)다[39]. 파이썬 리스트는 연속된 데이터를 대상으로 인덱스 기반 탐색, 자르기, 루프나 리스트의 요소를 순회하는 기능 등을 비롯해 상당히 많은 연산을 제공하는 객체다. 리스트는 많은 활용 사례에 탁월하지만 과학 데이터 분석의 경우 어떤 연산은 모든 필드에서 딱 한 번만 실행하는 것이 더 중요할 때가 많다.

NumPy는 과학 및 통계 컴퓨팅을 위한 기본 파이썬 모듈이다. NumPy는 파이썬의 기본 데이터 타입에 두 가지 중요한 확장 타입을 제공한다. 우선 NumPy는 다차원 배열이라는 새로운 데이터 타입을 제공한다. NumPy 배열은 근접 메모리를 사용하고, 연산의 속도를 높이기 위해 C 언어를 사용했다. 그 결과 매우 큰 데이터에 대한 연산도 꽤 빠른 속도를 낸다.

NumPy는 커다란 다차원 배열의 연산에 필요한 빠른 속도를 얻기 위해 매우 유연한 파이썬 핵심 데이터 타입을 사용하는 사용자에게는 다소 어색한 몇 가지 제약을 가했다. 우선 NumPy 배열을 한번 정의하고 바로 변경할 수 없다. 하지만 자르기와 수학 연산을 위해 새로운 배열을 생성할 수는 있다. 정규 파이썬 리스트와는 달리 NumPy 배열은 동질이다. 즉, 모든 데이터는 오직 하나의 데이터 타입만 가진다. 다시 말해 NumPy 배열은 정수형과 소수형 데이터를 함께 담을 수 없다.

NumPy 배열의 다른 유용한 특징은 연산이 한 번에 배열 내의 모든 요소에 적용된다는 점이다. 모든 필드를 따로 계산하기 위해 임의로 반복문을 실행할 필요 없이 전체 데이터 집합에 대해 계산이

---

39 http://www.diveinto.org/python3/native-datatypes.html

한꺼번에 적용된다. 더욱이 어떤 연산을 해당 연산과 관련된 여러 배열에 전파할 수도 있다. 즉, 단 하나의 명령어로 두 배열에 있는 모든 값을 각각 곱할 수 있다.

예제 12.1의 예제는 NumPy 배열 데이터의 기초적인 사용법을 보여준다. 간단한 2차원 배열이 같은 데이터 타입을 가진 두 개의 리스트로 만들어진다. 다음 예제에서는 배열을 정수값으로 초기화하지만 앞에서는 부동소수점 값을 담는 배열로 정의했다.

예제 12.1 NumPy의 기초

```
# NumPy 모듈을 임포트하는 전형적인 방법
> import numpy as np

# NumPy 배열 초기화하기
sample_array = np.array([[3, 4, 5],
                         [6, 7, 8]], float)

# 0,1 셀의 값 반환하기
> print sample_array[0,1]
4.0

# 임의의 샘플 데이터를 가지는 3x3 배열 생성하기
> np.random.random_sample((3, 3))

array([[ 0.73292341, 0.22336877, 0.71491504],
       [ 0.54102249, 0.47380184, 0.40844874],
       [ 0.8506573 , 0.23022121, 0.19739788]])

# 브로드캐스팅 예제. 모든 셀을 3으로 곱한다
> print sample_array * 3
[[ 9. 12. 15.]
 [ 18. 21. 24.]]

# 각 셀을 관련된 다른 셀의 값으로 곱한다
> print sample_array * sample_array
[[ 9. 16. 25.]
 [ 36. 49. 64.]]
```

이 예제는 NumPy 배열로 할 수 있는 일들(데이터 연결하기, 복사하기, 자르기, 고치기 등) 중 극히 일부분만 보여준다.

SciPy: 파이썬을 위한 과학 컴퓨팅

NumPy의 다차원 배열 데이터 타입이 왜 과학 분석에서 유용한지 이해하기는 쉽다. NumPy는 인메모리 배열을 사용해 파이썬의 계산 및 데이터 가공을 매우 빠르게 만들었다. 운 좋게도 대다수의 공통적인 계산 알고리즘은 SciPy라고 하는 파이썬 모듈로 개발되어 패키지화돼 있다. NumPy가 과학 컴퓨팅을 위한 기초적인 데이터 구조를 다룬다면 SciPy는 수학 및 과학 애플리케이션에서 사용하는 알고리즘, 상수, 그래픽 도구를 위한 기능을 제공한다.

SciPy의 많은 기능은 다양한 패키지에 들어있다. 통계 패키지에서는 수십 가지에 이르는 확률 분포와 통계 테스트를 제공한다. 시각 및 청각 분석을 위해 하나의 패키지 전체가 패스트 퓨리에 변환(FFT) 알고리즘을 위해 개발됐다. 그뿐만 아니라 과학 분야에서 가장 자주 사용되는 아보가드로 상수(Avogadro), 플랑크 상수, 볼츠만 상수, 패러데이 상수 등과 같이 상수로 가득 찬 패키지도 있다.

예제 12.2는 간단한 SciPy 사용법을 보여준다. 비즈니스 세계에서 흔히 볼 수 있는 활용 사례는 많은 고객들을 여러 그룹으로 묶는 클러스터링 알고리즘을 사용하는 것이다. SciPy는 유명한 k-means를 비롯해 갖가지 유용한 클러스터링 알고리즘도 제공한다.

예제 12.2 SciPy 사용하기

```
> import scipy.constants

# PI/원주율 값
> print scipy.constants.pi
3.141592653589793

# NumPy 배열에서 k-means 알고리즘을 실행
import numpy
from scipy.cluster.vq import kmeans2
my_values = numpy.array([[4.0,5.3],
                         [4.1,9.1],
                         [2.4,7.4],
                         [2.1,3.5]])
```

```
clusters = 2
centroids, index_of_closest_centroid = kmeans2(my_values,clusters)
```

■ 이미지 데이터를 위한 SciPy 사용하기

여러분의 노트북 해상도는 어떻게 되는가? 노트북, 스마트폰, 태블릿이 대중화되면서 화면 해상도 사양에 관한 사람들의 관심이 늘었고, 최신 기기의 화면 크기(픽셀 단위)에 관한 대화를 흔히 접할 수 있게 됐다.

평면 스크린 모니터 상에 만들어지는 이미지는 사각형 픽셀의 집합에 불과하다. 그러므로 채도와 밝기 등의 픽셀 속성은 자연스럽게 픽셀의 위치로 색인된 다차원 배열로 표시될 수 있다. SciPy에서는 NumPy의 다차원 배열 데이터 타입을 사용하기 때문에 이미지 데이터를 SciPy ndimage 패키지에 포함된 메서드를 사용할 수 있는 포맷으로 어렵지 않게 변환할 수 있다.

예제 12.3은 웹에서 이미지를 내려받기 위해 파이썬의 rullib와 PIL 클래스를 사용해 원시 정보를 NumPy 배열에 넣고, SciPy ndimage 패키지를 이용해 가우시안 블러(Gaussian blur)를 적용하는 방법을 보여준다.

예제 12.3 이미지 데이터를 위한 SciPy

```
from scipy import ndimage, misc

from urllib import urlopen
from PIL import Image
from StringIO import StringIO

# 웹에서 파이썬 로고를 가져옴
url = 'http://www.python.org/community/logos/python-powered-w-200x80.png'
python_logo = Image.open(StringIO(urlopen(url).read()))

# 이미지를 NumPy 배열로 변환
image_array = misc.fromimage(python_logo)

# 가우시안 블러를 이미지에 적용
blurred = ndimage.gaussian_filter(image_array, sigma=4)
```

```
# 이미지를 로컬 디스크에 저장
misc.imsave('blurred_image.png', blurred)
```

블러 처리된 이미지는 새로운 로컬 파일로 저장된다. SciPy 이미지 관련 메서드는 동영상의 연속된 장면들도 처리할 수 있다. 디지털 이미지 처리와 분석의 경우 수많은 가능성이 있고, 단 몇 줄의 코드로도 각종 데이터 변환이 가능하다. SciPy를 이용해 프로그램 방식으로 이미지를 가공하는 것은 갖가지 디지털 효과가 어떻게 구현되는지 배우는 좋은 방법이다.

판다스 데이터 분석 라이브러리

NumPy와 SciPy는 각자의 목적에 맞는 강력한 도구이고, R로 데이터를 분석하는 것과 동일한 기본적인 기능을 수행한다. 하지만 실용적인 활용 사례는 해결해야 할 별도의 도전과제 때문에 데이터 분석을 목적으로 개발된 애플리케이션과는 격차가 있다. 공통적인 처리 업무에서는 보통 데이터 모델링을 위한 고차원적인 접근법을 필요로 한다. 예를 들어, 데이터 구조를 근본적으로 바꿔야 한다면 어떻게 할 것인가? 다른 모양의 데이터를 어떻게 결합할 것인가? 값이 없는 레코드가 포함된 데이터를 처리하는 가장 좋은 방법은 무엇인가? 이러한 실제 세계의 데이터 도전과제는 시간을 두고 계속 생긴다. 운 좋게도 판다스(Pandas; Python Data Analysis Library를 줄인 말로, 동물 이름이 아니다)는 현실 세계의 데이터 처리 문제를 해결함으로써 NumPy와 SciPy의 효용을 증진시킨다.

참고사항

판다스를 처음 배우고 나서 가장 먼저 한 일은 더 많이 배우기 위해 검색엔진에 'pandas'를 입력한 것이다. 판다스는 유명한 동물 이름과 같기 때문에 당시에는 관련 문서를 찾기 위해 밤을 지새워야 했고, 프로젝트 홈페이지를 찾기 위해 데이터나 통계 등과 같은 다른 키워드를 항상 추가해야 했다. 이제는 그럴 필요가 없다. 최신 검색엔진의 랭킹, 스택오버플로우의 질문들, 그리고 블로그 글의 댓글로 판단하건대, 판다스 라이브러리는 굉장히 인기가 있고 찾기가 매우 쉬워졌다.

■ 판다스 데이터 타입

SciPy와 같이 판다스는 NumPy의 데이터 구조를 기반으로 한다. 판다스는 리스트를 닮은 시리즈(Series)를 비롯해 다양한 유용한 데이터 타입을 제공한다. 판다스의 기본 데이터 타입은 R의 강력한 데이터 타입인 데이터 프레임을 연상케 한다. 판다스의 데이터프레임(DataFrame)은 2차원 데이터 구조로서 각 칼럼은 다른 데이터 타입을 가질 수 있다. 사람 이름, 나이 그리고 키를 포함하는 3개의 칼럼으로 이뤄진 테이블을 생각하면 된다.

판다스 데이터프레임은 NumPy 배열이나 리스트를 포함한 파이썬 사전 등 다양한 출처의 입력값으로 만들 수 있다. 데이터프레임과 NumPy 배열의 차이점은 데이터프레임은 행과 열에 라벨을 둘 수 있다는 점이다.

나는 항상 지금 다루고 있는 데이터의 색인과 스키마를 걱정했었다. 하지만 판다스 라이브러리를 이용했을 때 감탄했던 순간은 데이터프레임 객체에 대한 뛰어난 색인 및 배열 메서드를 발견했을 때였다. 이를 통해 데이터를 빠르게 검사할 수도 있다. 데이터 작업을 할 경우 파일의 처음 몇 줄을 확인하고 애플리케이션이 제대로 작동했는지 정상성을 확인하기 위해 파일의 끝을 출력해볼 때가 많다. 판다스 데이터프레임에서는 head와 tail 메서드를 이용해 파일의 처음과 끝 몇 줄을 출력해 볼 수 있다.

■ 시계열 데이터

판다스는 원래 금융 데이터를 살펴보기 위한 도구로 만들어졌다. 월스트리트의 금융가와 경제학자들은 정규 시간 범위 안에 색인된 데이터 집합인 시계열 데이터(time series data)를 많이 사용한다. 시계열 데이터는 시간에 따른 다른 변수의 연결성을 설명할 목적으로 회귀분석에도 자주 사용된다.

시계열 데이터는 다루기가 어렵다. 자동화된 시스템에서도 시간대는 항상 골칫거리다. 두 개의 다른 시간대에 놓인 데이터 열을 어떻게 비교해야 할까? 또 다른 이슈로 데이터의 샘플링 비율이 있다. 데이터가 한 시간에 한 번씩 읽은 결과라면 이 데이터를 매분마다 수집된 데이터 포인트와 비교할 때 중간값을 보간할 수 있는가? 판다스는 이러한 모든 문제를 추상화하는 데 큰 도움을 준다.

역사가 오래된 IBM의 주가를 이용한 간단한 시계열 처리를 생각해보자. 야후! 금융[40] 웹사이트에서는 과거의 주식 데이터를 CSV 파일로 내려받을 수 있는 웹 인터페이스를 제공한다. 이 예제의 미가공 파일은 간단한 CSV 파일로서 YYYY-MM-DD 형식의 날짜를 문자열로 포함하고 있고, 다양한 주가와 관련된 수치가 포함돼 있다. 이런 행에 대한 라벨은 파일의 첫 번째 행에 명시돼 있다 (예제 12.4 참조).

---

40 http://finance.yahoo.com/q/hp?s=IBM

read_csv 메서드는 CSV 파일을 읽어서 데이터프레임에 넣는 역할을 한다. 직접 판다스에 날짜로 데이터프레임의 색인을 설정하고 Date 칼럼의 문자열을 타임스탬프로 파싱한다.

내 경험상 다중 시간대의 데이터를 다루는 것은 항상 해결하기가 쉽지 않은 문제였고, 특히 컴퓨터 로그의 데이터를 이용할 때는 더욱 그랬다. 다른 두 개의 시간대에 놓인 데이터를 비교하는 문제와 마주칠 경우 UTC(Coordinated Universal Time)로 값을 정규화하는 것이 좋다. 판다스의 시계열 메서드를 이용하면 데이터프레임의 원래 데이터를 특정 시간대로 맞추고 변환하기가 쉽다. IBM의 주가에 대한 데이터는 미국의 주식시장에서 나왔기 때문에 미국 동부시 기준이라고 가정한다. 이 시간대는 tz_localize 메서드를 이용해 설정하고, 필요하다면 tz_convert를 이용해 UTC로 결과를 변환할 수 있다.

마지막으로 데이터를 다시 추출한다. 원래 데이터는 일별로 추출돼서 개별 데이터 포인트는 그날그날의 정보를 다룬다. 사실상 데이터 타임스탬프의 개수를 변경하기 위해서 판다스의 resample 메서드를 이용해 데이터를 더 크거나 작은 샘플로 묶는다. 이 데이터를 매 5분 단위의 주가를 보여주는 데이터로 다시 추출하더라도 5분 단위의 데이터까지는 자동으로 생성하지 못한다. 미가공 데이터로는 IBM의 주가가 10:00부터 10:05까지의 5분 동안 얼마였는지 말하기란 불가능하다. 하지만 가지고 있는 데이터를 기반으로 그러한 값을 보간할 수는 있다. 예를 들어, 판다스로 하여금 해당 일자에 대한 전체 값으로 누락된 값을 모두 채워놓게 할 수 있다. 앞의 예제에서 이번에는 일주일 단위로 다시 추출한다. 판다스는 다양한 메서드를 이용해 값을 변환할 수 있고, 예제 12.4에서는 일간 최고가를 구했다.

예제 12.4 시계열 데이터에 판다스이용하기

```
# 1962년부터 2013년까지 IMB의 주가 기록: IMBstock.csv
Date,Open,High,Low,Close,Volume,Adj Close
2013-02-22,199.23,201.09,198.84,201.09,3107900,201.09
2013-02-21,198.63,199.07,198.11,198.33,3922900,198.33
....
1962-01-03,572.00,577.00,572.00,577.00,288000,2.54
1962-01-02,578.50,578.50,572.00,572.00,387200,2.52

# CSV 파일을 읽어 판다스 데이터프레임을 생성
> import pandas as pd
```

```
> stock_data = pd.read_csv('IBMStock.csv',
                           index_col='Date',
                           parse_dates=True)
> print stock_data.head(3)
           Open    High    Low    Close   Volume  Adj Close
Date
2013-02-22 199.23  201.09  198.84  201.09  3107900  201.09
2013-02-21 198.63  199.07  198.11  198.33  3922900  198.33
2013-02-20 200.62  201.72  198.86  199.31  3715400  199.31
```

```
# 동부표준시 데이터프레임을 만든다
> eastern_stock_data = stock_data.tz_localize('US/Eastern')
> print eastern_stock_data.head(3)
                           Open   High   Low   Close  Volume  Adj Close
Date
2013-02-22 00:00:00-05:00  199.23 201.09 198.84 201.09 3107900 201.09
2013-02-21 00:00:00-05:00  198.63 199.07 198.11 198.33 3922900 198.33
2013-02-20 00:00:00-05:00  200.62 201.72 198.86 199.31 3715400 199.31
```

```
# 데이터를 UTC 시계열로 변환한다
> utc_stock_data = eastern_stock_data.tz_convert('UTC')
> print utc_stock_data.head(3)
                           Open   High   Low    Close  Volume  Adj Close
Date
2013-02-22 05:00:00+00:00  199.23 201.09 198.84 201.09 3107900 201.09
2013-02-21 05:00:00+00:00  198.63 199.07 198.11 198.33 3922900 198.33
2013-02-20 05:00:00+00:00  200.62 201.72 198.86 199.31 3715400 199.31
```

```
# 각 주가의 주간 최곳값을 함께 갖도록 재추출한 데이터프레임
> print utc_stock_data.resample('W',how='max').sort(ascending=False).head(3)
           Open    High    Low    Close   Volume  Adj Close
Date
2013-02-22 199.23  201.09  198.84  201.09  3107900  201.09
2013-02-21 198.63  199.07  198.11  198.33  3922900  198.33
2013-02-20 200.62  201.72  198.86  199.31  3715400  199.31
```

좀 더 복잡한 워크플로우 구축하기

데이터 분석에 파이썬을 이용하는 장점 중 하나는 파이썬의 간결하고 깔끔한 문법과 함께 범용 라이브러리가 많다는 점이다. 데이터 워크플로우에 자주 사용되는 라이브러리를 비롯해 파이썬으로 전체 애플리케이션을 구축할 수 있다는 것은 탐색적인 스크립트를 하나의 완전한 제품 애플리케이션으로 변모시킬 수 있음을 의미한다. 이를 설명하기 위해 R로 하기에는 매우 성가시지만 파이썬으로는 쉽게 해결되는 예제를 보자.

트위터는 공개 트윗과 상호작용하기 위한 API를 제공한다. 트위터 스트리밍 API는 데이터 스트림을 다루는 즐거움을 주는데, JSON 객체로 편리하게 패키징된 임의의 공개 트윗과 메타데이터에 누구나 접근할 수 있기 때문이다. 이 예제에서는 파이썬 트위터 도구(Python Twitter Tools) 모듈 [41]을 이용해 트위터 공개 샘플 스트림 API로부터 트위터에서 발견되는 해시태그를 읽고 추출한다. 예제를 실행하면 트위터 샘플 트윗에서부터 총 공개 트윗이 1000개가 될 때까지 새로운 트윗을 읽는다. 트윗을 수집할 때마다 원하는 관련 정보를 파이썬 사전에 저장한다. 다음으로 이 사전을 파이썬 데이터프레임으로 변환하고 분석을 위해 판다스 메서드를 이용한다.

트위터 API와 트윗 스트림과 더불어 자연어 툴킷(NLTK; Natural Language Toolkit)이라는 파이썬 라이브러리를 이용한다. NLTK는 자연처 처리 분야의 문제를 잘 지원하는 인기 있는 라이브러리다. 자연어 처리 분야 중 하나는 N그램(n-gram) 연구인데, N그램은 N개의 단어로 이뤄진 문구를 일컫는다. 예를 들어, 문구가 3개의 단어로 구성돼 있으면 3-그램이라 하고 5개이면 5-그램이라 한다. NLTK는 트윗과 같은 비정형 텍스트로부터 N그램 집합을 만드는 데 뛰어나다. 또한 정규식을 이용한 텍스트 파싱, 단어 어간 분석 등 다양한 작업에 활용할 수 있는 탁월한 라이브러리다.

예제 12.5 트위터 스트리밍 API를 이용한 통계 예제

```
import json

from pandas import Series
from nltk.tokenize import RegexpTokenizer
from twitter import OAuth, TwitterStream
```

----

[41] http://github.com/sixohsix/twitter

```python
# 트위터 스트리밍 API에 접속하기 위한 OAuth 인증
# dev.twitter.com/apps로 가서 앱을 등록한다
auth = OAuth(
    consumer_key='[your app consumer key]',
    consumer_secret='[your app consumer secret]',
    token='[your app access token]',
    token_secret='[your app access token secret]'
)

# NLTK 토크나이저 생성
tokenizer = RegexpTokenizer('#[a-zA-Z]\w+')

hashtags = {}
tweet_count = 0

# 트위터 스트리밍 API에 접속
twitter_stream = TwitterStream(auth=auth)
iterator = twitter_stream.statuses.sample()

for tweet in iterator:
  text = tweet.get('text')
  if text:
    words = tokenizer.tokenize(text)
    if len(words) > 0:
      for word in words:
        hashtags[word] = hashtags.get(word, 0) + 1
  tweet_count += 1
  if tweet_count % 100 == 0:
    print "Looked at %d tweets..." % tweet_count
  if tweet_count > 1000:
    break

# 판다스를 이용해 트윗 통계 요약을 출력
s = Series(hashtags)
print 'Top Hashtags in this dataset:'
print s.order(ascending=False)[0:15]

print 'Hashtag dataset statistics'
print s.describe()
```

단 몇 줄의 코드로 다른 강력한 파이썬 라이브러리를 결합하고 유용한 데이터 분석 애플리케이션을 구축했다.

잘못됐거나 누락된 레코드 처리하기

실제 데이터를 다룬다는 것은 누락된 값을 필연적으로 만난다는 의미다. 판다스는 누락된 값을 무시하거나 제거하거나 다른 값으로 대체하는 것을 수월하게 만들어준다. 데이터프레임 객체의 isnull 메서드는 특정 셀에 값이 없으면 논리 값을 반환한다. fillna 메서드는 누락된 값을 특정 기본값으로 바꾼다. 심지어 누락된 값을 중간값으로 채워주는 메서드도 있다. 예제 12.6의 예제를 보자.

예제 12.6 판다스: 깨진 데이터를 다루는 예제

```
> from pandas import DataFrame, isnull
> from numpy import random

# 임의의 데이터 생성. 예제에서는 scores
> scores = DataFrame(random.random_integers(1,9,size=(5,2)),
                     columns=['Score 1','Score 2'])
  Score 1  Score 2
0       2        6
1       6        3
2       4        3

# 새로운 칼럼을 추가해 모든 값을 null로 설정
> scores['Score 3'] = None

# 일부 Null 셀을 새로운 값으로 변경
> scores['Score 3'][2] = 17
> scores['Score 3'][2] = 13
  Score 1  Score 2  Score 3
0       2        6     None
1       6        3     None
2       4        3       17
```

```
# 어떤 셀이 Null인가?
> isnull(scores)
   Score 1  Score 2  Score 3
0  False    False    True
1  False    False    True
2  False    False    False

# Null 값이 담긴 칼럼을 포함하거나 제외하고 평균을 구함

> scores.mean(skipna=False)
Score 1    6.2
Score 2    5.8

> scores.mean(skipna=True)

Score 1    6.2
Score 2    5.8
Score 3    15.0

# 누락된 값을 명시적으로 채워넣음
> scores['Score 3'].fillna(0)
0    0
1    0
2    17
3    0
4    13
```

NumPy, SciPy, 판다스를 함께 사용하면 보통 R로 하는 많은 일들을 해결할 수 있다. 데이터 구조는 성능이 매우 뛰어나고 각 도구의 문법은 매우 파이썬스러우며(Pythonic), 만들어진 코드는 가독성이 높다.

일반적인 계산 알고리즘을 다루는 간단한 스크립팅 업무는 R과 파이썬 사이에 큰 차이가 없다. 일반적으로 R은 탐색적인 통계 업무에 매우 유용하고, 다양한 업무, 특히 일반적이지 않은 계산 문제의 경우에는 R로 작성된 바로 쓸 수 있는 모듈이 많다.

과학 컴퓨팅이라는 측면에서 파이썬은 애플리케이션이 간단한 탐색 및 대화식 스크립트의 범위를 벗어날 필요가 있을 때 탁월하다. 대화식 테스트를 넘어 좀 더 견고한 애플리케이션 개발이 필요해지면 파이썬을 사용하는 것이 바람직하다. 많은 통계학자와 수학자들은 R에 대한 많은 지식을 가지고 있지만 프로그래머들은 R과 같이 도메인에 특화된 언어보다는 파이썬에 더 친숙하다.

아이파이썬: 과학 컴퓨팅 도구의 완성

파이썬의 데이터 처리 관련 모듈에 관해 이야기하면서 자주 사용되는 대화식 파이썬 셸인 아이파이썬(iPython)을 빼놓을 수는 없다. 아이파이썬은 시간이 갈수록 과학 컴퓨팅 환경에서 많이 사용되고 있다. 아이파이썬의 창시자인 페르난도 페레즈(Fernando Perez) 박사는 2012년 자유 소프트웨어 재단의 상을 수여한 이후 "이 프로젝트는 대화식 파이썬 콘솔과 유닉스 셸을 융합한 프로젝트로 시작했지만 이제는 대화식 데이터 탐색에서부터 병렬 컴퓨팅, 출판 및 교육에 이르기까지 과학 컴퓨팅을 위한 구성요소로 성장했다"[42]라고 말했다. 사실 아이파이썬은 과학 사용자들을 중심으로 성장했고, 그 결과 아이파이썬 프로젝트는 협업에 유용하고 대화식 시각화 도구의 개발을 촉진하는 데 기여해 슬로안 재단에서 주는 상도 수상했다.

아이파이썬은 자동 완성이나 대화식 도움말 등 다양한 기능을 포함하는 중요한 도구 레이어를 표준 파이썬 셸에 추가했다. 기존의 파이썬 스크립트를 아이파이썬 대화식 워크플로우에 포함시키는 것은 매우 쉽다. 또한 iPython은 대화식 웹 애플리케이션을 통해 아이파이썬 기능을 제공하는 뛰어난 노트북 모드도 제공한다. 아이파이썬에서 notebook 명령어를 실행하면 워크스테이션에서 웹 서버가 바로 실행되고 브라우저 기반 인터페이스를 로컬 URL에서 사용할 수 있게 된다. 파이썬 명령어와 결과를 브라우저 창에서 바로 실행할 수 있고, 무엇보다도 이러한 노트북은 저장하기 및 내보내기를 비롯해 다른 사람들과 공유할 수 있다.

클러스터를 이용한 아이파이썬 병렬화하기

앞서 언급했듯이 하둡 같은 분산 처리 프레임워크의 장점 중 하나는 대용량 데이터 문제를 빠르게 해결하도록 여러 대의 컴퓨터에서 처리할 수 있다는 점이다. 많은 사람들에게 하둡은 그러한 작업을 수행하는 사실상의 업계 표준이지만 항상 이를 위한 최선의 선택은 아니다. 하둡이 점점 자동화되고 있긴 하지만 굳이 워크플로우 코드를 작성하는 것을 언급하지 않더라도(9장 "피그와 캐스케

---

42 http://www.fsf.org/news/2012-free-software-award-winners-announced-2

이딩을 이용한 데이터 변환 워크플로우 구축하기" 참조) 하둡 클러스터를 초기화하고 실행하려면 상당한 양의 관리 업무가 필요할 때가 많다. 하지만 우리가 하고 싶은 것은 간단하게 몇 대의 장비 또는 멀티코어가 탑재된 장비의 다중 프로세서에서 최소한의 노력으로 작업을 분산시키는 것이다.

아이파이썬은 engines이라고 하는 분산 컴퓨터 네트워크에서 파이썬 명령의 실행을 조율함으로써 업무를 병렬적으로 실행하기 쉽게 만들어준다. 아이파이썬에서는 여러 장비 간의 메시징을 조정하는 ØMQ(ZeroMQ로도 알려진)라고 하는 빠른 메시지 패싱 라이브러리를 활용한다. 사용 가능한 장비 클러스터가 없더라도 로컬의 멀티코어 장비에서 병렬 처리의 장점을 확인할 수 있다. 하둡과 같이 다수의 장비에서 실행하기에 앞서 아이파이썬 스크립트를 로컬에서 테스트해볼 수 있다. 게다가 아이파이썬은 대화식으로 스크립트를 실행할 수 있다.

CPU에 부하를 주는 간단한 예제를 보자. 예제 12.7은 NumPy 난수 패키지를 이용해 1,000,000에서 20,000,000 사이의 정수 1000개를 생성하고, 해당 숫자가 소수인지 판별한다. 기본적으로 나머지 연산을 이용해 각 숫자를 2부터 해당 숫자의 제곱근값까지의 값으로 나눈다. 나머지 값이 0이면 소수가 아닌 것으로 결과값을 돌려준다. 이 알고리즘에서는 각 숫자마다 수천 번의 나누기 연산을 수행해야 한다. 여기서는 먼저 분산하지 않은 채로 작업을 수행해 보고, 이어서 아이파이썬 병렬 라이브러리를 이용해 작업을 처리하겠다.

예제 12.7 소수 판별하기

```python
# prime_finder.py: 비병렬화된 소수 찾기
import numpy as np

# 큰 임의의 정수값을 생성
np.random.seed(seed=12345)
possible_primes = np.random.random_integers(1000000, 20000000,
        1000).tolist()

def prime_check(num):
  # 2와 지정된 정수 사이의 모든 정수를 확인
  for test in range(2, num):
    # 테스트 숫자로 나눠질 수 있는가?
    if num % test == 0:
      return False
  return True
```

```
def find_primes(potential_list):
  for number in potential_list:
    print '%d is prime? %r' % (number, prime_check(number))

find_primes(possible_primes)

time ipython prime_finder.py
17645405 is prime? False
19173348 is prime? False
3993577 is prime? False
7164478 is prime? False
4555874 is prime? False
8708189 is prime? False
14679361 is prime? True
16363190 is prime? False
5246897 is prime? False
9002190 is prime? False
# ... 계속 ...
1667625154 is prime? False
time output:
real    0m9.249s
```

예제 12.7의 코드를 실행하면 빠른 워크스테이션에서도 코드를 실행하면 수 초의 시간이 필요하
다. 성능이 괜찮은 최신 노트북에서도 단지 1000개의 큰 숫자를 확인하는 데 9초가 필요했다. 문제
가 CPU에 의존적인 부분도 있지만 이 데이터 문제는 병렬 처리를 활용하면 손쉽게 해결되기 때문
에 멀티코어를 사용하는 것은 의미가 있다.

컴퓨터 클러스터가 없다면 멀티코어가 탑재된 로컬 컴퓨터에서 성능을 확인할 수 있다. 이어지는
예제에서는 아이파이썬의 다이렉트 인터페이스(direct interface)[43]의 장점을 확인하는데, 파이썬
함수를 객체 군에 병렬로 적용하게끔 해준다. DirectView 객체는 표준 파이썬 맵(map)처럼 동작
하는 map 함수를 노출하고, 같은 함수를 각각의 잠재적인 소수에 적용한다. 한 가지 차이점은 아
이파이썬에서는 소수 판별 작업을 각 코어에 순차적으로 할당하는 것이 아니라 가용한 아무 코어에
서 수행한다는 점이다.

----

43 (옮긴이) 아이파이썬에서 엔진과 바로 연결해서 작업하는 작업 방식을 말한다.

새로운 클러스터를 시작하려면 먼저 아이파이썬 프로파일을 만들어 로컬 테스트 클러스터에 필요
한 환경설정을 한다. 간단히 아이파이썬의 profile create 명령어를 실행하고, ipcluster 명령어로
클러스터 엔진을 시작한다(예제 12.8). 클러스터 탭의 제어판을 이용하면 아이파이썬 노트북에서
로컬 병렬 엔진을 손쉽게 활성화할 수 있다.

원본 소수 판별 스크립트를 보강하기 위해 iPython.parallel 패키지의 Client 클래스를 임포트한
다. 이렇게 하면 실행 중인 클러스터의 개별 엔진에 스크립트를 연결할 수 있다. 엔진이 네임스페이
스에 정의된 소수 판별 함수에 접근할 수 없기 때문에 dview.push 명령어를 이용해 그것들을 모
든 엔진에 추가한다. 소수 보고 함수를 잠재적인 소수 목록과 함께 클라이언트의 dataview.map
메서드의 매개변수로 전달한다. 아이파이썬 클러스터 관리 API는 병렬 계산의 복잡도를 자동으로
처리한다. 예제 12.8을 보자.

예제 12.8 계산량이 많은 업무를 병렬화하기

```
# 병렬화 환경설정을 가진 새로운 프로파일을 생성
> ipython profile create --parallel .profile=testprofile
# 테스트 프로파일 설정으로 4대의 엔진으로 클러스터를 구동
> ipcluster start --n=4 --profile=testprofile

# parallel_prime_finder.py: 아이파이썬의 병렬화된 소수 찾기
from IPython.parallel import Client

import numpy as np

# 아이파이썬 병렬화 클라이언트 인스턴스와 데이터뷰를 생성
rc = Client()
dview = rc[:]

# 정수가 소수인지 확인
def prime_check(num):
  # 2와 지정된 정수 사이의 모든 정수를 확인
  for test in range(2, int(num**0.5) + 1):
    # 테스트 숫자로 나눠질 수 있는가?
    if num % test == 0:
      return False
  return True
```

```
# 숫자가 소수인지 여부를 알려주는 메시지 반환
def find_primes(number):
    # potential_list의 각 수에 대해
    print number
    return '%d is prime? %r' % (number, prime_check(number))

# 실행 중인 엔진의 네임스페이스에 함수를 추가
dview.push({'find_primes': find_primes})
dview.push({'prime_check': prime_check})

# 임의의 큰 정수를 생성
np.random.seed(seed=12345)
possible_primes = np.random.random_integers(1000000, 20000000, 10).tolist()

# 클러스터에서 함수를 실행
results = dview.map(find_primes,possible_primes)

# 표준출력에 결과를 출력
for result in results.get():
    print result

# time ipython prime_finder.py
# 결과:
# 17645405 is prime? False
# ...
# 1667625154 is prime? False
# time output
# real 0m1.711s
```

멀티코어 프로세서가 탑재된 노트북에서 6개의 엔진을 사용한 병렬화 버전은 속도를 많이 개선해서 약 1.7초밖에 걸리지 않았다. 멀티코어 장비 클러스터에 접근할 수 있다면 설정만 변경해서 이러한 애플리케이션을 더 빠르게 실행할 수 있다. 어떤 면에서 문제는 IO 속도에 영향을 받을 수 있고, 네트워크의 대기 시간이 성능 이슈의 원인이 될 수도 있다는 점을 잊지 말자.

정리

R의 함수형 프로그래밍 모델과 풍부한 라이브러리는 R을 사실상의 오픈소스 과학 및 통계 언어의 표준으로 만들었다. 동시에 파이썬은 메모리 사용이 많은 데이터 애플리케이션을 위한 생산성 높은 프로그래밍 언어의 시대를 열었다. 방대한 개발자 커뮤니티와 개발의 용이성은 CPU 의존적인 데이터 애플리케이션을 구축할 때 파이썬만이 지닌 독보적인 장점이다. 파이썬은 단기간에 다양한 데이터 문제를 해결하는 가장 쉬운 방법일 때가 많다. 범용 프로그래밍 언어를 사용해 애플리케이션을 개발하면 잘 정의된 네트워킹 라이브러리, 웹 애플리케이션 스택, 테스팅과 개발 지원 도구, 그리고 가장 중요하게도 경험과 지식을 가진 개발자 그룹과 같은 유용한 이점이 있다.

NumPy는 파이썬에 연산을 동시에 적용하는 기능과 함께 빠른 다차원 배열을 제공한다. NumPy는 SciPy와 같은 다른 데이터 분석 모듈이라는 견고한 토대를 제공한다. 판다스 라이브러리에서는 공통 데이터 분석 업무를 위한 도구, 시계열 데이터 처리, 누락값 처리 등의 고급 기능도 제공한다. R의 비슷한 데이터 타입에서 영감을 받은 판다스의 데이터프레임은 매우 유연하고 다수의 유용한 데이터 메서드를 제공한다.

마지막으로 아이파이썬은 과학 컴퓨팅에 유용한 대화식 협업 환경을 제공한다. 전체적으로 봤을 때 NumPy, SciPy, 판다스, 아이파이썬 모듈 및 다른 여러 데이터 라이브러리에서 제공하는 도구는 대화식 데이터 분석 워크플로우와 더 견고한 프로그래밍 모델 사이의 틈새를 메운다. 명령줄에서 대화식으로 데이터 분석이 가능하고, 결과를 공유하고 협력해서 개발할 수 있다. 파이썬 커뮤니티에서 제공되는 도구는 R, 매트랩 등에서 제공되는 기능이나 과학 모델보다 다소 부족한 면은 있지만 활발한 개발자 커뮤니티와 함께 파이썬의 여러 장점들은 파이썬을 여러 데이터 분석 업무에 탁월한 수단으로 만들어준다.

7부

향후 전망

13

언제 구축하고, 언제 구매하고, 언제 아웃소싱할 것인가?

책 전반에서 다양한 활용 사례에 적합한 최고의 기술을 알아봤다. 빠른 속도로 데이터를 수집하고 변화에 맞춰 확장하는 시스템을 살펴봤다. 실시간으로 대용량 데이터를 수집하고 빠르게 데이터에 대해 질의하는 전략도 다뤘다. 심지어 대용량 데이터를 저장하고 공유하는 방법도 알아봤다.

혁신적이고 첨단의 기술로 인해 데이터 도전과제를 다루는 다양한 소프트웨어를 직접 개발하거나 가져와서 이용할 수 있다. 그와 같은 다양성이 데이터 문제를 해결하려는 사람들을 곤경에 빠뜨린다. 그러한 솔루션을 사용하기 위해 하드웨어 관리와 소프트웨어 개발에 투자해야 하는가, 아니면 상용 데이터 솔루션 업체의 서비스를 구입하기만 하면 되는가?

이 질문에 대한 보편적인 정답은 없지만 올바른 선택을 돕는 공통적인 패턴은 살펴볼 수 있다. 13장에서는 언제 솔루션을 구입하고 또 언제 직접 구현할 것인가를 결정할 때 도움되는, 데이터 기술을 알맞게 선택하는 원칙들(활용 사례를 이해하고, 데이터 규모를 미리 계획하고, 가능하다면 인프라 관리는 피한다)을 다룬다.

중복된 솔루션

새로운 기술 혁명과 함께 아주 오래된 IT 문제가 다시 대두된다. 솔루션을 직접 개발해야 하는가 아니면 기존 제품을 구입해야 되는가? 개발 대 구입의 난제는 자주 제기되기 때문에 의사결정자들이 최적의 행동을 하도록 알려주는 컨설턴트나 방법론이 있다. 빅데이터 분야의 신규 기술을 사용하는 이들에게서 이 질문이 더 자주 제기된다. 오픈소스 소프트웨어는 데이터 기술의 혁신 동인이지만 상용 제품들도 점점 더 많이 등장하고 있다. 동시에 클라우드 컴퓨팅의 증가는 기존의 서버 또는 애플리케이션 기반 솔루션 대신 가상의 서버를 사용할 수 있게 만들었다. 다른 기술 주기와 달리 데이터 세계에는 의사결정 과정을 더욱 복잡하게 만드는 요소가 있는데, 바로 하드웨어도 함께 다뤄야 하는 경우가 빈번히 발생한다는 점이다.

데이터 과학자는 데이터로부터 가치를 취하기 위해 여러 다양한 기술에 익숙해야 한다. 오픈소스 소프트웨어는 대용량 데이터 기술을 사용할 수 있게 해줬지만, 이러한 기술의 특성상 개발 정도가 제각각인 다양한 중복되는 프로젝트가 존재한다. 전통적인 관계형 데이터베이스 산업과 같은 더욱 성숙된 시장에서는 바로 사용할 수 있는 상용 제품들이 엄청나게 많다. 하지만 맵리듀스 프레임워크와 비관계형 데이터베이스 세계가 같은 지점에 이르려면 아직 갈 길이 멀다.

더 성숙한 기술 시장의 다른 특징은 다양한 기술을 선택하는 데 위험을 거의 느끼지 않는 사용자가 이미 많이 있다는 것이다. 현재 데이터 공간에서 많은 얼리어댑터들이 다양한 기술을 직접 사용해 보면서 검증하고 있다. 일부 조직에서는 모든 오픈소스 소프트웨어를 사용해 솔루션을 구축하고 있고, 다른 조직들은 구경꾼처럼 옆에서 지켜보기만 한다.

데이터 기술의 현재 상태는 데이터 과학자가 가져야 하는 다양한 기술들을 반영한다. 일부 기술은 하드웨어 모니터링이나 로그 관리와 같은 인프라 기술도 필요하다. 다른 엔지니어링 직업에서는 특정 유형의 소프트웨어에 능숙해지는 것이 더 중요하다. 때로는 유능한 이론적 배경지식이 성공에 이르는 관건이다. 대용량 데이터 분석 세계에서는 세 가지 모두 필요하다.

이 책에서 다룬 일부 기술은 개발자 도구로서 다른 소프트웨어를 구현하는 데 필요하다. 다른 기술은 개발자가 아닌 데이터 분석가에게 특화된 것이다. 또 다른 기술은 이 둘의 조합이 필요한데, 즉 분석가들이 데이터를 처리하는 시스템을 정의하기 위해서는 스크립트도 작성할 수 있어야 한다.

데이터 기술은 현재 매우 유동적인데, 앞의 세 가지 기둥의 성숙도가 제각각이다. 데이터 과학자라면 아직까지는 데이터 과제를 해결하기 위한 분명한 솔루션(상용이든 아니든)이 없다는 점을 이해해야 한다.

데이터 기술의 유기적인 증가에 따른 또 다른 결과는 다양한 소프트웨어 프로젝트가 매우 유사한 활용 사례를 다룬다는 점이다. 가장 적합한 사례로 과학 컴퓨팅을 목적으로 R과 파이썬을 선택할 수 있다(관련 기술은 11장 "데이터에 R 활용하기"와 12장 "파이썬과 판다스를 이용한 분석 워크플로우 구축하기"에서 다룸). R은 통계와 수학 컴퓨팅을 위한 아주 인기 있는 언어이고, 파이썬은 범용 프로그래밍을 위한 인기 있는 언어다. R과 파이썬 모두 과학 및 통계 컴퓨팅에 사용할 수 있지만 현재 R이 더 성숙했고, 특정 업무를 대상으로 더 많은 모듈과 라이브러리가 제공되고 있다. 둘 모두 범용 프로그래밍에 사용될 수도 있지만, 이 용도로 R이 파이썬보다 더 나은 도구라고는 할 수 없다. 하나를 선택해야 한다면 회사 내에서 이러한 언어에 익숙한 사람의 수 등과 같은 다양한 요소에 따라 결정해야 한다. 더불어 통계 분야에서는 SAS나 매트랩 같은 다수의 상용 소프트웨어 패키지가 있어서 어떤 소프트웨어를 선택할 것인가가 더욱 복잡하다.

9장 "피그와 캐스케이딩을 이용한 데이터 변환 워크플로우 구축하기"에서는 어떻게 하둡에서 변환 파이프라인을 구축할 것인가를 설명했다. 여기에도 중복된 기술이 존재한다. 캐스케이딩을 사용해 파이프라인 솔루션 프로그램을 구현할 수도 있고 아파치 피그를 사용해 고수준의 추상화를 유지할 수도 있다. 두 기술 모두 독립적으로 개발됐지만 같은 활용 사례를 다룬다. 하둡 상의 데이터 처리 애플리케이션을 개발하는 소프트웨어 기업에서는 캐스케이딩을 선호하지만 데이터 분석가는 피그 같은 도구를 더 선호한다.

이 같은 유동성의 중간에서 개발자, 분석가, 데이터 과학자에게는 모두 해결해야 할 실질적인 문제가 있고, 그것을 해결하는 데 필요한 무제한의 시간과 자원을 가지고 있지 않다. 어떤 경우에는 이처럼 어려운 일을 하기 위해 다른 사람을 고용하기도 하고, 어떤 경우에는 특정 기술을 깊게 파고들어서 솔루션을 직접 구현해야 할 수도 있다. 이제 꾸준히 진화하는 데이터 지형을 탐색하는 데 필요한 가이드라인을 살펴보자.

데이터 문제 이해하기

이 책의 중심 주제를 떠올려보자. 즉, 솔루션을 만들기 전에 데이터 문제를 이해해야 한다는 점을 떠올려보자. 당연한 말처럼 들리겠지만 어려운 데이터 문제를 다룰 때 발생할 수 있는 많은 함정들은 최종 목표나 고객을 배제시킴으로 방지할 수 있다.

어떤 것을 자체적으로 개발하고 어떤 것을 아웃소싱할 것인가를 결정할 때 비즈니스 전략가들은 조직의 "핵심 역량"이 무엇인지를 이해해야 한다고 말한다. 혁신과 기술의 수용 주기로 잘 알려진 기술 전략가이자 저자인 제프리 무어(Geoffrey Moore)는 이 개념에 대해 자세히 기술했다. 무어의 관점에서는 다른 조직과 차별화할 수 있는 그 조직만의 핵심 기술을 구축하는 데 에너지를 집중해야 한다[44]. 반대로 다른 활동들은 모두 부수적이다. 다른 조직과 비슷한 수준으로 맞춰주지만 그 조직을 특출나게 만들지는 못한다. 이 개념에 대한 일반적인 통념은 조직은 비교우위를 가질 수 있는 유일한 기술을 구축하는 데 전념해야 한다는 것이다. 이렇게 하면서 다른 기술 문제는 외부에 아웃소싱해야 한다. 작은 조직은 시장에서 터전을 마련할 수 있는 일에 집중해야 한다는 것이 핵심이다. 웹 기반의 이메일 서비스를 이용하는 것이 더 저렴하고 쉬운데 왜 이메일 서버 관리자를 둬야 하는가?

이 아이디어는 특수한 비즈니스 경영 사례에서 나왔지만 이 개념이 회사에만 적용되는 것은 아니다. 소규모 연구 기관, 학술 단체, 게임 스타트업, 데이터 언론인 등도 모두 집중해야 할 것이 있다. 각 경우에 사용자들은 기술을 다양한 관점에서 사용하고 싶어한다. 최신의 위대한 것을 다루기를 좋아하는 해커들도 맞춰야 하는 데드라인이 있고 유지해야 할 예산이 있다.

핵심 교훈은 현재 직면한 데이터 도전과제를 직접 해결해야 하는가, 아니면 다른 사람들이 이미 솔루션을 개발해서 흔히 접할 수 있는 문제가 됐는가를 이해하는 것이다. 데이터 기술 분야의 빠른 혁신과 실험 때문에 핵심 역량에 집중한다는 생각은 더는 진부한 것이 아니다. 빅데이터 기술의 경우 완전한 업계의 베스트 프랙티스를 구축할 만큼 시간이 많지도 않았고 얼리어댑터들이 여전히 다양한 성공 사례를 만들어내고 있다. 검토 중인 데이터 기술이 조직을 차별화하는 핵심이라면 솔루션을 자체적으로 개발하는 것이 올바른 선택이다. 반대로 데이터 기술이 별로 중요하지 않은 조직이라면 솔루션을 구축하는 데 시간을 허비하기보다는 상용 솔루션을 구매해서 사용하는 편이 낫다.

일부 상용 소프트웨어 업체에서는 추가 요금으로 인력, 하드웨어 및 교육까지 지원하는 대용량 데이터베이스를 제공하기도 한다. 하지만 연말 보고서를 위해 많은 양의 작년 판매 데이터를 처리하는 정도의 간단한 일이라면 오픈소스 기술을 이용해 솔루션을 구축하는 식으로 유연하게 대처할 필요가 있다. 단지 데이터를 수집해서 빠르게 질의하는 것이라면 하둡과 하이브 또는 스파크와 샤크 같은 오픈소스 기술로 구현된 솔루션을 찾아보는 것이 좋다.

경험에 따르면 솔루션을 직접 개발할지 아니면 구매할지를 결정할 때 중요하게 고려해야 할 세 가지가 있다. 가장 명확한 첫 번째는 문제를 해결하는 데 드는 비용은 얼마인가다. 이 요소는 복잡하다. 소프트웨어를 유지보수하는 데 드는 비용을 산정하는 것은 어렵고 솔루션을 가동하는 것은 조

---

44 제프리 무어, "기업 내의 관성 관리하기(Managing Inertia in Your Enterprise)" 11장, 다윈 다루기: 위대한 기업은 어떻게 모든 진화 단계에서 혁신하는가?(Dealing with Darwin: How Great Companies Innovate at Every Phase of Their Evolution), 뉴욕: 포트폴리오(New York: Portfolio), 2008.

직 내의 기술력에 좌우된다. 다른 요소는 미래의 확장 가능성을 어떻게 다룰 것인가. 데이터의 규모가 증가할수록 개발된 솔루션이 어떻게 변하는가? 데이터의 규모나 결과물이 바뀌면 시스템을 완전히 새로 개발해야 하는가? 마지막으로 고객을 이해하는 것이다. 누구를 위해 솔루션이 개발되는가? 대용량의 내부 데이터를 분석하려는 조직을 가정해보자. 나중에 외부에서도 이 데이터에 접근해야 한다면 웹 기반의 대시보드나 API를 제공해야 한다. 새로운 고객에게 솔루션을 제공하는 데 필요한 기술은 전혀 다른 기술들을 필요로 한다.

구축 대 구매 문제를 위한 각본

분산 데이터 시스템의 일부 개념과 기술은 아직은 초기 단계에 있다. 데이터 기술과 관련된 의사결정을 위한 널리 받아들여지는 모범 사례를 기술한 문헌은 아직 별로 없다. 더욱이 하둡 프로젝트처럼 가장 오래된 혁신적인 기술마저도 스파크처럼 더 최근에 만들어진 프레임워크에서 나오는 파괴적인 경쟁자들과 이미 마주치고 있다.

구축 대 구매 문제에 접근하는 다양한 방법이 있다. 현재 대용량 데이터 도전과제의 어두운 세계에서 구축 대 구매 시나리오를 평가하는 데 도움되는 몇 가지 패턴이 있음을 발견했다. 첫째, 조직 내의 인력구성과 문화에 대한 면밀한 이해와 함께 데이터 기술과 인프라에 현재 투자된 바를 평가한다. 다음으로 POC(proof-of-concept, 개념 증명) 프로젝트를 통해 실제 문제에 대한 통찰을 얻는다. 마지막으로 데이터 처리 업무의 규모가 커졌을 때 잠재적인 함정을 이해하는 프로세스를 진행한다.

이미 투자한 바는 무엇인가?

우선 다른 뭔가를 하기 전에 이미 투자했던 기술을 이해해야 한다. 내부 데이터 센터에 접근할 수 있는가? 회사 내의 물리적 하드웨어를 사용하는 것보다 클라우드의 가상 서버군을 사용하면 장점이 많다. 과금 산정이 유연하고 필요할 때마다 노드의 수를 늘리거나 줄일 수도 있다. 이미 사내에 물리적인 하드웨어를 갖추고 관리 인력을 배치했다면 클라우드를 이용하는 장점은 무의미하다.

조직의 문화도 어떤 데이터 기술을 사용할지 정하는 데 도움이 된다. 이미 특정 데이터베이스나 플랫폼에 익숙한가? 그렇다면 그것이 가장 확장성이 뛰어나거나 비용이 절감되는 솔루션으로 널리 받아들여지지 않더라도 팀에서 가장 잘 아는 기술을 사용하는 방안을 고려해야 한다. 스택익스체

인지(StackExchange)의 엔지니어 팀에서 운영하는 서버폴트(ServerFault)라는 블로그에 이런 사례가 등장한다. "왜 스택익스체인지는 클라우드에 없는가?"라는 글에서 카일 브랜트(Kyle Brandt)는 "우리는 일반적인 프로그래밍이나 웹 애플리케이션을 좋아하지 않는다. 컴퓨터 하드웨어, OS, 역사, 컴퓨터 게임, 새로운 혁신을 배우는 데 흥미가 있다."라고 설명했다[45]. 이 글은 전체 엔지니어링 팀이 하드웨어를 관리하는 기술 및 거기에 관심이 있음을 설명해주고, 그러한 핵심 역량은 그들이 무슨 일을 해야 할지 판단하는 데 이바지했다. 분명히 스택익스체인지 팀은 인프라를 관리하는 업무를 수행하고 비용을 최적화하는 경험과 조직 문화를 가지고 있다. 다른 조직은 하드웨어를 다루는 전문성이나 열정 면에서 이런 수준에 미치지 못했을 수도 있다.

작게 시작하기

활용 사례와 관객을 명확히 정의했고, 가용한 자원을 확인했을 것이다. 그럼 바로 대용량 데이터 집합을 수집해서 분석할 차례인가?

데이터 과학 세계에서 흔히 접할 수 있는 잘못된 관행은 처음부터 크게 시작하는 것이다. 빅데이터 기술이 전통 데이터베이스 도구나 데스크톱 소프트웨어처럼 쉽게 문제를 해결할 수 있다고 이해하면 위험하다. 조직은 대용량 데이터에서 가치를 찾아내라는 압박에 시달린다. 아파치 하둡 프로젝트는 다양한 활용 사례에서 만능이자 최후의 솔루션으로 기술 언론에서 과대포장됐다. 하지만 서버 클러스터에서 맵리듀스 잡을 분산하는 하둡 프레임워크가 이 업무에서 항상 최고의 솔루션은 아니다.

소프트웨어에 관한 결정을 내릴 때 고려해야 할 한 가지 전략은 소량의 데이터 샘플을 이용해 POC 솔루션을 구축해보는 것이다. 이때 시작 단계에서부터 시스템을 구축할 때 문제를 일으킬 소지가 큰 변수를 최대한 많이 줄이는 것을 목표로 잡는다. 소량의 데이터를 처리할 때 터무니없는 요소가 발견됐다면 대용량 데이터 과제를 상용 솔루션으로 해결하는 방안을 고려해야 한다.

POC 프로젝트는 단일 워크스테이션에서도 수행할 수 있다. 로컬 장비에서 파이썬, sed, awk 등의 스크립팅 도구를 이용해 데이터를 처리하는 것만으로 충분할 때도 있다. 아파치 하둡 같은 여러 분산 데이터 도구는 단일 워크스테이션에서 단일 서버 모드로 실행할 수 있다. 배치 프로세스를 정의하기 위해 작성된 POC 코드는 나중에 클러스터 환경에서 재사용할 수도 있다.

---

45 http://blog.serverfault.com/2011/11/17/why-stack-exchange-isn%E2%80%99t-in-the-cloud/

확장 계획하기

POC 검증을 하면서 기존의 오픈소스 기술을 이용해 솔루션을 구축하는 데 필요한 기술에 대한 아이디어를 얻었을 것이다. 가령 지난 달에 수집한 데이터의 가치를 분석할 계획이라고 하자. 만약 과거 5년 동안 수집된 모든 데이터를 분석해야 할 때 어떤 일이 발생할까? 데이터의 규모가 커졌을 때도 지금 평가 중인 기술을 사용하기 쉬울까? 데이터가 추가되면 별도의 하드웨어나 인력, 또는 조직적인 실행 방안이 필요할까?

계속 증가하는 데이터를 다룰 때의 공통적인 패턴은 친숙하고 성숙한 기술을 먼저 사용하고, 데이터의 규모가 커짐에 따라 근본적인 변화가 필요한지 보는 것이다. 단일 서버에서 MySQL 같은 잘 알려진 관계형 데이터베이스로 데이터의 수집과 처리 문제를 시작해보는 것이다. 그런 다음 확장 문제가 발생하면 솔루션을 완전히 새로운 인프라(때로는 비정형 데이터베이스를 사용하는)로 옮겨야 한다. 해결해야 할 문제에 따라 대용량 데이터를 처리하는 일부 상용 솔루션은 지나치게 비싸거나 특정 규모의 데이터에서 기대했던 성능을 발휘하지 못하기도 한다.

어떤 데이터베이스는 다중 컴퓨터에서 잘 분산되도록 설계됐다(3장 참조). 하지만 그것들을 구현하는 데 필요한 노력도 무시할 수 없다. 이러한 경우 증가하는 레디스 장비 클러스터를 관리하는 데 투자하기보다는 아마존의 다이나모 DB 같은 클라우드 기반 비관계형 데이터베이스 솔루션 서비스를 구매하는 편이 바람직하다. 요약하면 증가하는 데이터를 다룰 계획을 세우기 전에 섣불리 행동하지 말아야 한다는 것이다. 상용 솔루션을 사용한다면 업체에서 제시하는 제약사항을 미리 확인하고, 데이터 도전과제가 해당 제약사항을 압도하는 경우를 고려해 추가적인 기술을 사용하는 방안도 마련해야 한다.

나만의 사설 데이터 센터

대용량 데이터 분석에서 최고의 소프트웨어는 많은 서버가 물리적이든 가상이든 하나의 네트워크에 모두 연결된 분산 시스템을 기반으로 한다. 이러한 시스템은 네트워크 통신에서 병목이 발생하기 때문에 서로 인접한 곳에 컴퓨터를 배치함으로써 대기시간을 줄인다. 문제를 해결하기 위해 직접 컴퓨터 하드웨어를 통제해야 할 때도 있다. 또한 저장 공간, 안정적인 전력, 백업 전원 장치, 보안 및 냉각 장치가 필요하다. 다시 말해, 직접 데이터 센터를 구축하고 유지해야 할 필요가 있다.

컴퓨팅은 유틸리티가 되고 있고 미래에는 소비되는 많은 컴퓨터 자원들이 사용량에 따라 과금하는 물이나 전기와 같은 방식으로 제공될 것이다. 많은 소프트웨어 애플리케이션의 경우 대부분의 무거운 연산은 멀리 떨어진 대규모 데이터 센터에 있는 플랫폼이나 가상 컴퓨터에서 이뤄진다. 이 같은 흐름은 이미 웹과 모바일 애플리케이션에서 벌어지고 있다. 옐프(Yelp)나 넷플릭스에서부터 인기 있는 소셜 게임에 이르기까지 스마트폰의 얼마나 많은 앱들이 단지 클라우드 기반 서비스와의 인터페이스일뿐인가?

안타깝게도 클라우드가 사실상의 데이터 처리 장소가 되기 전에 많은 장애물을 극복해야 한다. 대용량 데이터 처리의 공통적인 철학은 프로세싱이 가급적 데이터 근처에 있어야 한다는 것이다. 이 개념이 하둡의 설계를 매력적으로 만들었고, 데이터는 점진적으로 처리되는 서버 노드로 분산된다. 대용량의 인하우스 데이터 처리를 위한 클라우드 시스템을 사용하기 위해 데이터는 비교적 적은 인터넷 대역폭을 통해 전달돼야 한다. 이와 비슷하게 클라우드 제공자가 제공하는 애플리케이션에서 생산되는 데이터는 처리를 위해 다른 클라우드 서비스로 전달돼야 한다. 이 과정에서 시간이 필요하고 한곳에서 처리될 때와 비교해 시스템의 전체 성능이 저하된다. 가장 중요한 것은 데이터를 한곳에서 다른 곳으로 옮길 때 처리해야 할 보안, 준수사항, 법적 문제 등이 있다는 것이다.

공개 클라우드를 이용할 때의 단점은 인프라를 변경할 수 없다는 것이다. 또한 통제권을 상실해서 전체적으로 더 큰 비용이 들 수도 있다. 하드웨어를 직접 관리하면 시스템으로부터 최고의 성능을 얻을 수 있게 마지막 한 방울까지 비틀어 짤 수 있는 유연성이 있다. 어떤 애플리케이션은 이것이 주요 관심사에 해당한다.

현재, 떨어져 있는 데이터 센터에서 관리되는 클라우드 컴퓨팅 자원에 서비스 형태로 접근할 수 있다. 사설 클라우드(private cloud)라는 용어는 때로는 살짝 오해를 불러일으키기도 한다. 다른 고객들이 하드웨어를 공유하지 못하게끔 데이터 센터 내에서 특정인에게 서버를 임대할 수도 있다. 이러한 사설 클라우드는 하드웨어에 대한 더 많은 통제권을 갖기 때문에 데이터 처리에 더 높은 성능을 발휘할 여지가 있다.

불리식 인프라를 직접 다루지 않을 때의 잠재적인 장점은 더 많은 시간을 데이터 분석에 투입할 수 있다는 것이다. 회사에서 웹 애플리케이션을 구축하고 있다면 왜 엔지니어링 자원을 컴퓨터 클러스터를 운영하고 보안과 네트워킹을 관리하는 데 필요한 관리 업무를 처리하는 데로 돌려야 하는가? 구축되는 애플리케이션의 종류에 따라 클라우드 내의 가상 서버 인스턴스의 클러스터를 관리하는 것이 물리적 하드웨어를 관리하는 것만큼 시간을 허비하게 만들 수도 있다. 인프라를 관리하는 부담을 예방하는 가장 좋은 방법은 서비스로서의 데이터 처리 도구를 이용하는 것이다(13장 후반부에서 설명한다).

인프라는 언제나 중요한 투자다. 분산 데이터 애플리케이션에 가상의 공개 클라우드 제공자를 이용할 때의 가장 큰 장점은 고정된 하드웨어 비용을 들이지 않고 최소한의 프로세싱을 사용할 수 있다는 점이다. 데이터 처리와 대기시간을 철저히 관리할 수 없다면 비용과 관리 시간을 줄이는 것이 더 중요하다. 다른 사람들이 그 일을 하도록 맡겨두고, 데이터 도전과제를 해결하는 데 집중하라.

직접 하드웨어를 구축하고 관리해서 얻는 장점도 많다. 내부 데이터를 클라우드 시스템 또는 한 클라우드에서 다른 클라우드로 옮기는 데 많은 시간이 소요된다. 성능 좋은 애플리케이션을 제어할 수 있다는 것도 유용한 고려사항이다. 하드웨어와 관리 인력을 유지하는 비용이 적당하다면 인하우스 하드웨어를 사용해 훨씬 더 좋은 가격 대 성능비를 얻을 수 있다. 적절한 관리 전문가가 있다면 총소유비용도 낮아질 것이다. 다른 대부분의 경우에는 가급적 하드웨어를 관리하는 것을 피하는 것이 좋다.

다수의 데이터 처리 애플리케이션에 대해서는 가능한 한 물리적 인프라를 구매하거나 임대하는 것을 피하는 것이 바람직하다. 물리적 하드웨어에 투자하는 고정비용이 매우 커서 이 방법은 필요할 때만 써야 한다. 분산 데이터 애플리케이션에 대해서는 공용 클라우드의 가상 시스템을 사용하는 방식을 항상 먼저 고려해야 한다. 대용량 데이터 프로젝트를 시작할 때도 클라우드 인프라를 사용해 POC를 하는 것이 하드웨어에 대한 지나친 투자 없이 애플리케이션을 테스트하는 좋은 방법이다.

오픈소스 사용에 따른 비용 이해하기

오픈소스 컴퓨터 커뮤니티에서 자주 회자되듯이 영어에서 자유를 뜻하는 free와 공짜를 뜻하는 free는 분리돼 있지 않다. 오픈소스 소프트웨어는 언론의 자유를 뜻하는 자유(free)이지, 구현하는 데 비용이 들지 않는다는 뜻이 아니다. 가끔 free가 공짜 맥주(free beer)처럼 사용되기도 하지만 오픈소스를 사용하는 것과 연관된 비용은 발생한다.

오픈소스 소프트웨어 프로젝트에 대해 흔히 접할 수 있는 비판 또는 두려움은 나중에 기술 지원이 없다는 미신에 집중된다. 때로는 맞는 말이고, 특히 갓 출현한 기술은 더욱 그렇다. 하지만 성숙한 프로젝트인 경우 유명한 오픈소스 데이터 기술은 개발자와 사용자 커뮤니티가 활발하다. 유명한 기술 Q&A 사이트인 스택오버플로우에서 하둡이라는 태그가 붙은 질문이 6,000개를 넘었는데, 이는 map-reduce, hive, hdfs 등의 관련 태그가 붙은 질문을 제외한 수치다. 유사하게 레드햇 (RedHat) 같은 회사는 오픈소스 솔루션을 지원하고 교육하는 것으로 괜찮은 비즈니스 모델을 만들 수 있음을 보여줬다. 유명한 오픈소스 문서 데이터베이스인 몽고DB는 10gen이라는 회사에서 지원하고 있으며, 기업용은 유료로 지원하고 있다.

오픈소스 소프트웨어를 사용하는 것은 기술적으로도 이득이 있다. 설치에서 사용, 그리고 데이터 문제를 해결하기 위해 오픈소스 코드를 수정해 보는 경험을 통해 엔지니어링 실력도 향상시킬 수 있다.

데이터 도전과제를 해결하기 위해 오픈소스 솔루션을 사용하는 장점에도 불구하고 솔루션을 컴파일해서 구축하는 동안 불명확한 비용이 발생한다. 일례로 조직 내의 사람들이 견고한 솔루션을 찾아 배포하는 데 필요한 시간이 있다.

여러 오픈소스 데이터 소프트웨어 패키지의 유연함과 첨단 기능들은 상용 솔루션 제품이 존재하지 않거나 너무 비싼 경우에 사내 엔지니어링 팀에서 데이터 문제를 빠르게 해결할 수 있다는 것을 의미한다. 개발 시간, 임금, 다른 곳에서 더 잘 사용됐을 자원을 사용한 비용 등을 포함해 오픈소스 기술을 사용해 인하우스 솔루션을 개발하는 데 드는 총 비용을 투명하게 확인할 수 있다는 것이 큰 장점이다.

서비스로서의 모든 것

기업들은 다양한 문제를 해결하기 위해 클라우드 기술을 채택하고 있다. 클라우드 기반의 CRM, 회계 소프트웨어, 그리고 이메일과 워드 프로세싱 같은 업무를 위한 비즈니스 생산성 도구들이 더욱 대중화되고 있다. 많은 기업들이 클라우드 기반의 비즈니스 생산성 도구를 최우선 플랫폼으로 인식하기 시작했고, 전통적인 인터우스 솔루션은 차선책으로 밀려났다.

조직에서 하드웨어 인프라에 직접 투자하지 않아도 되는 장점이 있지만 더 큰 장점은 확장 가능한 소프트웨어 서비스를 관리할 수 있는 전문 인력을 확보할 수 있다는 점이다. 기업들이 데이터 도전 과제를 해결하는 최선의 방법을 찾아내면서 새로운 고객들에게 같은 솔루션을 반복해서 제공하는 회사들이 등장했다. 이러한 현상의 사례는 이미 많이 있다. 아마존의 레드시프트나 구글의 빅쿼리 같은 클라우드 기반 서비스는 최근까지도 값비싼 인하우스 기기를 통해 지원했던 업무를 위한 완벽히 관리되는 서비스를 제공한다. 배치 처리 서비스도 개발됐고, 여러 회사에서는 하둡과 같은 프레임워크의 관리 장벽을 낮추기 위한 방법을 모색 중이다.

미래에는 인터넷 속도가 놀랄만큼 빨라질 것이고, 필수 하드웨어의 가격은 더 내려갈 것이며, 더 많은 기업들이 반복되는 문제를 해결하는 것에서 비즈니스 기회를 찾을 것이다. 이 모든 것은 어디로 이끌고 있는가? 가장 가능성 있는 시나리오는 궁극적으로 공통적인 데이터 처리 업무는 대부분 다양한 서비스로서의 데이터 분석을 제공하는 도구를 통해 해결되리라는 것이다. 유틸리티 컴퓨팅의 성장이 계속되면서 이 같은 트렌드는 대용량 데이터 수집, 처리 및 분석을 더욱 기술적으로나 경제적으로 사용할 수 있게 됐다.

정리

기업들이 데이터로부터 가치를 찾아내는 새로운 방법을 모색하면서 수많은 상용 및 오픈소스 데이터 기술들이 이러한 솔루션을 제공하기 위해 빠르게 성장하고 있다. 데이터 소프트웨어에서 가장 손쉽게 접할 수 있는 혁신은 활발하고 유연한 오픈소스 커뮤니티에서 일어나고 있다. 하지만 오픈소스 데이터 솔루션의 증가는 비슷한 활용 사례를 다루는 다양한 중복되는 도구를 만들어냈다. 어떤 도구는 개발자들이 새로운 소프트웨어를 구축하는 데 특별히 기여하지만 분석가에게는 정확히 맞지 않다. 어떤 도구는 가상이든 실제 컴퓨터든 하드웨어 인프라를 관리해야 한다. 이로써 모든 기술을 일관적으로 다루기 힘든 환경이 만들어졌다. 데이터 솔루션을 찾는 사람들은 현재의 모범 사례가 모호하다는 것이 정상적인 상태라는 점을 받아들여야 한다. 이와 비슷하게 모든 활용 사례를 해결하기 위해 상용 소프트웨어 솔루션을 구매하는 것도 가능하지는 않다. 많은 경우 데이터 파이프라인을 개발할 필요가 있다.

대용량 데이터 도전과제는 저가의 하드웨어 클러스터에서 실행되는 분산 소프트웨어로 가장 잘 해결될 때가 많다. 이러한 예로 오픈소스 아파치 하둡 프레임워크와 각종 분산 데이터베이스가 있다. 물리적 컴퓨터로 구성된 인하우스 클러스터를 구축하는 것은 어떤 애플리케이션에서는 좋은 가성비를 보장하지만 유지보수 및 소프트웨어 관리 등을 포함해서 전체 비용이 터무니없이 많이 들 수도 있다.

많은 솔루션의 경우 외지의 데이터 센터에서 제공되는 가상의 서버 클러스터를 이용하는 편이 좋다. 이러한 솔루션은 개별적으로 양도된 하드웨어를 사용하는 사설 클라우드나 많은 고객들이 공유하는 하드웨어에서 운영되는 가상의 서버 클러스터인 공용 클라우드의 형태로 제공된다. 이 같은 클라우드 모델은 사내의 물리적 하드웨어를 관리하는 것보다 가격 면에서 효과적이다. 공용 클라우드 모델은 새로운 소프트웨어를 평가하거나 용량을 늘리려는 기업에 특히 유용하다. 분산 컴퓨팅 인스턴스는 요구에 따라 늘리거나 줄일 수 있어 비용을 적정 선에서 유지할 수 있다. 가능하면 언제나 물리적 하드웨어에 투자하는 것은 피하는 것이 좋다.

IT 세계에는 현재 제품에 대한 투자 시기를 결정하기 위한 많은 가이드라인과 모범 사례가 있다. 양도된 하드웨어나 소프트웨어 솔루션은 특정 데이터 문제를 해결할 때 필요하지 않을 수도 있다. 인하우스 데이터 솔루션을 구축하고 관리하는 데 필요한 기술을 보유하고 있는지 파악하기 위해 작은 규모의 POC 프로젝트를 먼저 구현한다. 데이터 솔루션의 사용자들이 대부분 조직 내의 분석가들로 구성돼 있다면 사용하기 쉽고 안정적인 솔루션을 구입하는 방안도 고려할 수 있다. 반면 데이터 문제를 해결하는 것이 상당한 경쟁우위를 지닌다면 고객 솔루션을 구축하는 것의 잠재성을 먼저 평가해보는 것도 고려해야 한다.

솔루션 구축과 관련된 요구사항을 이해하는 데 필요한 변수의 수를 줄여야 한다. 기업에서 데이터 문제를 극복할 솔루션을 개발하는 것을 고려 중이라면 소량의 데이터와 단일 컴퓨터로 POC를 수행해서 평가해보는 것이 효과적이다. 다음으로는 규모가 커졌을 때의 잠재적인 도전과제를 고려한다. 어떤 소프트웨어 솔루션은 대단히 큰 규모에서도 잘 동작하지만 구현하는 데 많은 노력이 필요하다.

대용량 데이터를 수집, 처리, 분석하기 위한 소프트웨어 도구들은 현재 매우 유동적이어서 모범 사례나 공통 패턴이 여전히 만들어지는 중이다. 이 분야가 성숙할수록 더 많은 데이터 솔루션들이 서비스로 제공될 것으로 기대된다.

14

데이터 기술의
미래 트렌드

흥미롭고 불가피한 미래가 다가오고 있다. 미래에는 데이터를 연료로 공급받는다는 것이 과장된 표현이 아니다. 정치 경제적인 장애물이 있지만 전 세계의 수십억 인구가 인터넷에 접속한다. 2013년을 기준으로 인터넷에 접속하는 모바일 기기의 수가 전 세계의 데스크톱 수를 능가했다. 모바일 컴퓨팅 기기의 증가만으로도 의미가 있지만 전통적인 PC에서 하던 것과 다르게 스마트폰을 사용하고 있다는 점을 고려해야 한다. 많은 이들이 온종일 스마트폰을 꾸준히 사용한다. 스마트폰을 단지 알람시계로만 사용하는 사람이 몇이나 되겠는가? 아직은 시작 단계에 있지만 웨어러블 컴퓨터 (wearable computer)도 조만간 대세로 자리 잡을 것이다.

모바일 기기는 더욱더 편재할 것이고 개인 식별이 가능하며, 항상 네트워크에 연결돼 있다. 그럼에도 로컬 기기에 있는 개인 자료를 관리하고 보호하는 것은 여전히 어렵나. 하드웨어 고장으로 자료를 잃어본 적이 없는 사람이 있을까? 모바일 기기는 항상 네트워크에 연결돼 있어 클라우드 서비스에 데이터 처리 및 가공을 일임하고, 네트워크와 연결하는 인터페이스 역할을 한다. 데이터와 처리 업무를 네트워크에 일임함으로써 기기의 독립성이 유지되고, 그래서 어떤 기기도 인증된 사용자의 데이터에 접근할 수 있다. 여러 기술 사상가들이 예측했듯이 이 같은 패턴은 우리가 콘센트에서 전기를 소비하는 방식과 다르지 않다. 달리 말해 컴퓨팅은 빠른 속도로 유틸리티가 되고 있다.

이러한 유틸리티 컴퓨팅에 기여하는 기술의 증가와 채택은 빠른 속도로 이뤄지고 있다. 페이스북, 트위터, 텀블러 등의 여러 소셜 네트워크 서비스는 많은 사람들이 온라인 콘텐츠를 생산하고 사회적 관계를 유지하기 위해 많은 시간을 보내고 있음을 보여준다. 또한 모든 전자결제 시스템, 스스로 운전하는 자동차, 네트워크에 항상 연결된 가전기기에서 일어나는 새로운 혁신은 수평적이다. 효과를 발휘하기 위해 그러한 기기는 다른 사용자나 중앙 서버, 그리고 서로서로 통신할 필요가 있다. 그러한 기기에서 생산되는 데이터는 합쳐지고 분석되어, 결국에는 애플리케이션과 의사결정을 향상시킨다.

미래의 창조물들이 스마트폰 기반의 스타트렉 범용 변환기처럼 획기적이든 아니면 인터넷이 가능한 토스터기처럼 의문스럽든 간에 이처럼 피할 수 없는 유비쿼터스 컴퓨팅의 미래를 가능케 하는 것은 데이터다. 더 자세히 말해서 이러한 비전은 거대한 양의 데이터를 수집, 저장, 처리하고, 또 유용한 방법으로 분석할 필요가 있다는 것이다.

그 결과, 현재 데이터 처리 기술과 관련된 모든 사람들은 아주 흥미롭지만 혼란스러운 시대의 한 가운데에 서 있다. 빅데이터를 완전히 이해하는 것은 유틸리티 컴퓨팅 시대에 생산되는 데이터의 잠재력을 인지하고 있다는 의미다. 야후!, 구글, 아마존, 페이스북 등 여러 웹 규모의 기술 기업들은 맵리듀스 프레임워크 같은 분산 데이터 처리의 초기 혁신을 주도했다. 웹 기업들은 성공하기 위해 혁신했다. 하지만 이러한 활용 사례는 다가올 데이터 파도의 전조에 불과하다.

기술의 미래 예측은 항상 시간이 지난 후에 예측이 맞았는지를 검증받는다. IBM의 CEO였던 토마스 왓슨(Thomas J. Watson)이 한때 "아마 전 세계 컴퓨터 시장의 규모는 한 5대 정도 될 것이다"라고 했던 말은 오류로 입증됐다. 데이터 분야의 현재 트렌드는 네트워크의 규모가 점점 커져가고 있는 가운데 여기에 연결된 사람과 기계가 모두 만들어내는 데이터의 규모도 점차 늘어나고 있으며, 이러한 데이터를 처리할 사용하기 쉬운 도구를 제공해야 한다는 불가피한 필요성에 의해 주도되고 있다.

하둡: 파괴자와 피파괴자

"빅데이터는 환멸의 나락으로 떨어지고 있다"는 가트너의 연구책임자인 스벳라나 시쿨라(Svetlana Sicular)의 블로그 글 제목이다[46]. 이 글에서 글쓴이는 2013년 1월에 열린 하둡 컨퍼런스에서 받은 논평들이 빅데이터가 약속하는 장밋빛 미래에 대한 경멸감이 늘어나고 있음을 의미한다고 가정하기 위해 가트너 하이프 사이클 곡선(Gartner Hype Cycle curve)이라는 방법론을 사용할 것을 주장했다.

---

46 http://blogs.gartner.com/svetlana-sicular/big-data-is-falling-into-the-trough-of-disillusionment/

이 블로그 글에서 가장 흥미로운 부분은 선정적인 제목도 아니고 가트너 하이퍼 사이클의 정확도를 숙고한 것에서 오는 즐거움도 아니다. 시쿨라는 하둡 주변에서 일어나는 사례들을 가져왔다. 아파치 하둡 프로젝트는 그럴듯한 이유로 언론에서 빅데이터와 같은 의미로 사용한다. 하둡 생태계는 거대하며 클라우데라(Cloudera), 호튼웍스(Hortonworks), MapR 등과 같이 하둡 관련 도구를 만드는 기업들도 많다. IBM과 오라클 같은 거대 데이터베이스 기업에서도 하둡은 더 진화할 것이라 언급했다. 셀 수 없이 많은 기업들이 하둡을 통해 개선하고 확장하고 수익을 얻고 있다.

과대 광고와 성공에도 불구하고 하둡은 대용량 데이터 처리 기술의 전부가 아니다. 시쿨라의 글에 나타난 심리는 하둡이 데이터를 수집하고 저장하고 처리하는 것만으로 모든 문제를 해결하지는 못한다는 것이다. 하둡은 저장과 처리 업무를 다수의 분리된 장비나 가상 서버로 분산하는 기능을 제공한다. 하둡용으로 개발된 도구 생태계는 활용 사례에 따라 유익한 가치를 제공할 수 있다. 어떤 애플리케이션에는 하둡이 데이터 처리 업무에 좋은 가성비를 보이기도 하고, 어떤 경우에는 하둡이 경제적으로 웨어하우스 및 질의 업무를 지원하는 유일한 수단일 때도 있다. 그리고 하둡을 여전히 기업용으로 사용하기에는 더 많이 투자해야 할 기술 유망주로 간주하는 사람도 있다.

데이터 웨어하우스 솔루션인 오픈소스 하이브 패키지와 함께 하둡을 사용할 것을 고려해보라. 하둡은 유연하지만 특정 애플리케이션에서 제대로 된 성능을 발휘하기 위해서는 비용이 든다. 하이브는 사용자로 하여금 하둡 클러스터에 저장된 데이터를 대상으로 SQL과 비슷한 형태로 질의를 작성하면 이를 맵리듀스 잡으로 바꿔서 질의 결과를 돌려준다. 맵리듀스는 다양한 종류의 데이터 변환 및 처리 업무를 표현하는 데 유연하지만 집계 질의를 실행하기에 언제나 효율적인 아키텍처는 아니다. 더욱이 하둡 생태계는 전통적인 데이터 웨어하우스 솔루션에서 제공하는 신뢰성, 실패 복구, 자동 백업, 파일시스템과의 상호운용성 등의 엔터프라이즈 기능 측면에서 부족한 점이 많다.

다시 말해 하둡 맵리듀스 기반의 처리 모델은 다른 방법으로 더 쉽게 해결됐을 데이터 문제에서 과부하가 걸린다. 그렇다고 해서 하둡 기반의 데이터 도구가 다양한 기능의 융합(후반부에서 논의할)으로부터 혜택을 받을 수 없다는 의미는 아니다. 예를 들어, 페이스북, 호튼웍스 등의 기업에서는 하이브의 질의 속도를 개선하기 위해 여러 프로젝트를 지원하고 있다.

하지만 사용자들은 하둡 프레임워크에 특별히 의존하지 않는 다른 데이터 기술들도 살펴보기 시작했다. 대용량 데이터베이스에서 집계 질의의 결과를 빠르게 제공하도록 설계된 분석형 데이터베이스의 성장을 주목하라. 이러한 분석 도구는 맵리듀스 패러다임에서 완전히 벗어나 분산 인메모리 처리를 하는 칼럼 기반의 데이터 구조를 사용한다. 구글의 드리멜에서 영감을 받은 클라우데라의 임팔라와 MapR의 드릴(Drill) 등의 프로젝트가 진행 중이다.

데이터 도전과제의 해결책으로 하둡 상에 구축된 도구들의 생태계를 활용하면 위대한 가능성이나 잠정적 파국을 동시에 맞을 수 있다. 하지만 어떤 경우든 하둡이 받은 놀라울 정도의 인기 덕분에 대용량 데이터 처리의 접근성에 관한 인식이 바뀌었다는 점은 분명하다. 대용량 데이터를 저장하거나 처리하지 못하는 것이 더는 핑계가 될 수 없고, 주요 데이터베이스 업체들도 커다란 지각변동에 주의를 기울이기 시작했다. 기술 문화의 측면에서 하둡은 사용자에게 과거에는 많은 자원을 가진 소수의 인터넷 대기업이나 거대 조직에서만 사용할 수 있는 기술에 대한 접근성을 부여했다.

모든 것은 클라우드 속에 있다

웹메일 같은 인터넷 애플리케이션을 초기 컴퓨터광들이 강력한 중앙 메인프레임을 시분할해서 사용하던 지난날의 또 다른 환생으로 여기는 사람들을 만나곤 한다. 이 같은 정서는 겉으로 보기에는 정확하다. 데이터에 접근하기 위해 네트워크를 사용하고 다른 곳에서 데이터를 처리하는 개념은 같지만 더 깊게 파고들면 더 심오한 것이 있음을 알 수 있다.

빅데이터와 마찬가지로 클라우드 컴퓨팅이라는 용어는 웹 애플리케이션, 인터넷 서비스 및 가상 서버와 같은 수많은 개념에도 종종 사용되는 전문용어다. 시분할하는 메인프레임의 세계와 클라우드 컴퓨팅 사이의 실질적인 차이점은 네트워크를 통해 단일 컴퓨터에 연결된 것이 아니라 동적인 컴퓨팅 구조에 의해 서비스된다는 것이다. 더 이상 사용자들은 한 대의 강력한 장비에 종속되지 않는다. 데이터는 파편화되어 다수의 데이터 센터에 복제되고 대재앙을 대비해 중복돼 있다.

보안 전문가인 브루스 슈나이어(Bruce Schneier)는 "과거의 시분할 모델이 생긴 이유는 컴퓨터가 비싸고 관리하기 어려웠기 때문이다. 지금은 컴퓨터와 네트워크가 매우 저렴하지만 여전히 관리하기는 어렵다."라고 적었다[47]. 사실 서버 컴퓨터를 관리하는 것은 도전이다. 개별 컴퓨터는 고장나고 하드웨어를 유지보수하는 데는 비용과 시간이 많이 든다. 메인프레임은 그 자체로 비싸기 때문에 단일 메인프레임에 네트워크로 접속하는 것은 강력한 컴퓨팅 자원을 얻는 유일한 방법이었다. 이제 관리자들의 공통적인 도전과제는 추상화되고 대용량 데이터 센터 전문가들은 보안, 연결성 및 데이터 무결성에 집중한다. 규모의 경제와 네트워크 접속이 컴퓨터 사이클을 아주 저렴하게 만들었기 때문에 유틸리티로서의 컴퓨팅이 가능해졌다.

----

47 http://www.schneier.com/blog/archives/2009/06/cloud_computing.html

21세기로 접어들고 나서 10년 만에 기술 현자들은 PC는 죽었다고 주장했다. 현실은 좀 더 복잡하다. 기기 독립적인 시대에는 사용자는 노트북에서든 핸드폰에서든 차에서든 심지어 공항 키오스크 체크인에서든 신원 증명을 통해 같은 데이터에 접근할 수 있다. 일반 사용자도 로컬 하드웨어에 저장된 데이터의 무결성을 걱정하지 않고도 문서를 쉽게 공유하는 등 유틸리티 컴퓨팅에서 많은 편의를 얻는다.

사용자 데이터는 이미 로컬 컴퓨터에서 유틸리티 컴퓨팅 환경으로 이동했다. 이렇게 되자 로컬에서 데이터를 처리할 필요가 생겼다. 네트워킹 속도가 더 빨라지기 전까지는(아무리 빨라져도 만족하지 않는다) 데이터가 있는 곳에서 처리하는 것이 가장 효율적이다. 많은 경우 웹과 모바일 애플리케이션의 증가로 이미 데이터는 데이터 센터에 존재한다.

더욱이 많은 웹 애플리케이션은 제대로 작동하려면 거대한 컴퓨팅 클라우드를 필요로 한다. 구글 같은 검색엔진은 인터넷 상의 모든 공개 페이지의 랭킹을 계산하기 위해 대용량 데이터 처리 알고리즘을 사용한다. 링크드인(LinkedIn)이나 페이스북의 소셜그래프는 매일 생성되는 대용량의 사용자 데이터 없이는 구축될 수 없다. 클라우드는 여전히 굶주려 있고 데이터를 먹어 삼킨다. 이 모든 결과로 인해 완전히 클라우드에만 존재하는 웹 서비스에 대해 흥미를 보이는 사람들이 많다. 서비스로서의 데이터 처리는 앞으로 이 분야가 더 성숙해지면 보게 될 트렌드다.

데이터 과학자의 흥망

어느 평판 좋은 비즈니스 잡지에서 "21세기의 가장 섹시한 직업"을 선언한다면 분명 주목을 끌 것이다. 토마스 H. 대번포트(Thomas H. Davenport)와 그레이록 파트너(Greylock Partner)의 데이터 과학자인 D.J. 파틸(D.J. Patil)이 2012년에 하버드 비즈니스 리뷰에 기고한 글에서 바로 이런 일이 일어났다[48]. 저자들에 따르면 가장 섹시한 직업은 놀랍게도 데이터 과학자다. 가장된 섹스 어필에도 불구하고 일부 분석가들은 데이터 과학자의 역할에 대한 수요가 공급을 초과할 것이라 예상한다. 맥킨지 보고서에서는 2018년도까지 미국에서만 최소 14만 명의 이 섹시한 데이터 과학자가 필요할 것이라 예상한다. 이렇게 중요하고 매력적인 사람들은 누구이고, 왜 그렇게 많이 필요한가?

----

48 http://hbr.org/2012/10/data-scientist-the-sexiest-job-of-the-21st-century/

많은 기술과 관련된 유행어들처럼 데이터 과학자도 사람마다 의미하는 바가 다르다. 데이터 기술의 현재 상황 때문에 이 분야에서 성공한 사람들은 다양한 역할을 맡을 때가 많다. 그들은 필요한 데이터를 모으고 추출하는 데 필요한 시스템과 소프트웨어에 대해 많이 이해해야 한다. 그들은 적어도 자신이 옳은 질문을 하고 있는지 이해하는 데 필요한 통계학 및 계측 지식을 충분히 가지고 있다.

그렇다면 정확히 그들은 어떤 사람들인가? 개발자인가? 통계학자인가? 대번포트와 파틸은 데이터 과학자는 지적 호기심과 도메인 지식, 데이터 문제를 해결할 수 있는 기술력을 두루 겸비한 사람이라고 주장했다. 그들이 기고한 글에서는 이미 많은 조직에서 이 같은 사람들을 많이 보유하고 있고, 아마도 문제를 해결하는 개발자나 통계학자라는 현재 직책에서 그러한 능력을 보여주기 시작했다고 지적했다. 파틸 같은 사람들은 데이터 과학자의 역할을 정형화하고 전파함으로써 그러한 기여자들이 조직 내에 있다는 점에 주목하길 희망한다.

당시 NYU에서 박사 과정을 밟고 있던 션 테일러(Sean Taylor)는 자신의 블로그에 "진정한 과학자는 자신만의 데이터를 만든다"라는 제목의 흥미로운 글을 올렸다. 테일러의 주장 중 하나는 데이터 과학자라는 용어와 관련된 문제는 실제로 과학자가 아닌 사람들에게 적용된다는 것이다. 그의 관점에서는 진짜 과학자들은 자신만의 데이터 집합을 만들어내기 위해 시간을 들이는 사람들이다. 고전적인 과학자의 역할을 하는 사람들이 있다. 과학자들은 이야기를 하고 자신들의 관점을 확신시킬 증거를 찾기 위해 실험 데이터를 사용한다. 데이터 과학자들도 이것을 잘 할 수 있을까? 과학은 관찰과 실험을 통해 기본 원리를 확립하는 것과 관련이 있다. 데이터 과학자들은 데이터의 기본 원리를 연구하지 않는다. 데이터 과학자들은 보통 엔지니어링이라고 여겨지는 응용 또는 실용적인 업무를 하는 경향이 있다.

이것은 데이터 과학자라는 용어가 잘못 지어졌다는 것을 의미할지도 모른다. 더 유용한 질문은 "사람들이 이런 역할을 성공적으로 수행하려면 어떤 기술이 필요한가?"다. 데이터 분석 기술을 제안하는 사람들은 대용량 데이터를 수집하고 분석하고 관리하는 데 필요한 기술들이 자동화될 수 있는지 여부를 놓고 논쟁한다. 일각에서는 현재 데이터 도전과제를 다루는 데 필요한 기술이 향후에 많이 생길 새로운 직업군을 구성한다고 주장한다. 어떤 이들은 소프트웨어 도구가 성숙해져서 이러한 기술 업무는 완전히 자동화될 것이라고 주장한다.

어떤 사람들은 현재 데이터 과학자들이 맡고 있는 역할을 1990년대 후반의 웹 마스터의 역할에 비유한다. 웹 마스터는 웹 사이트를 만들고 관리하는 데 필요한 기술들을 이해하고 있던 사람이다[49].

---

49 http://blogs.msdn.com/b/microsoftenterpriseinsight/archive/2013/01/31/what-is-a-datascientist.aspx

그러한 기술로는 서버 관리, 디자인에 대한 약간의 지식, 자바스크립트나 펄에 대한 지식, 〈blink〉와 〈marquee〉는 비표준 태그라는 것 정도는 아는, HTML에 대한 충분한 친숙도 등이 있다. 몇 십 년 후 각종 전문 웹 개발 업무에는 특화된 지식이 필요하다는 점이 분명해졌다. 웹 스타트업들은 그 래픽 디자이너, 프론트엔드 개발자, 시스템 개발자, 심지어 UX 연구자까지 고용하기도 한다. 프론트엔드와 모바일 버전의 애플리케이션을 개발하는 개발자들은 애플리케이션 백엔드 시스템을 유지 관리하는 사람들과 다른 종류의 기술과 다른 도구에 대한 지식을 필요로 한다. 많은 애플리케이션들이 이제는 아마존 웹서비스, 랙스페이스(Rackspace), 또는 헤로쿠(Heroku) 같은 플랫폼에서 완전히 관리된다. 웹 마스터가 해야 했던 업무는 전문가들이 보강되면서 향상됐고, 어떤 것들은 유틸리티 컴퓨팅 덕분에 자동화됐다.

만물박사격 데이터 과학자들의 역할이 오래가지는 않을 거라 생각한다. 확실히 많은 전문 통계학자들은 위대한 프로그래머이고, 그 반대도 성립한다. 그러나 이상적인 상태는 그 중간 어디쯤에 있다는 것을 믿는 데 어려움을 겪었다. 개발자들은 코딩을 원하고 통계학자들은 통계에 열정이 있다. 대용량 데이터 프로젝트의 많은 어려움은 데이터 파이프라인의 다양한 부분을 차지하는 소프트웨어들이 잘 연결돼 있지 않고 데이터는 정형화돼 있지 않기 때문에 발생한다. 데이터에 관해 질문하기를 좋아하는 사람들은 프로그래머이고, 통계학자들은 일을 진척시키기 위해 개발 기술을 배운다. 때로는 데이터 문제에 대한 경제적으로나 기술적으로 가장 타당한 해결책이 다양한 기술을 한꺼번에 활용하는 것일 때가 있다. 즉, 다양한 기술들을 관리하지만 그러한 모든 기술들은 잠시 동안만 첨단 분야일 뿐이다.

맵리듀스 시대 이전의 전문적인 역할들은 여전히 매우 유사하게 갈 것이다. 많은 경우 노드 클러스터를 관리하고 빅데이터 파이프를 연결하는 소프트웨어를 개발하는 것은 재미있지만 궁극적으로 그와 같은 업무는 규모의 경제에 의한 자동화 영역으로 들어갈 것이다. 혁신은 상호운용성 쪽으로 기울고 오늘날 데이터 과학자들이 수행하는 교묘한 변환과 수집 업무는 점점 더 보이지 않게 될 것이다.

데이터 기술에서 고도로 혁신적인 영역을 살피는 더 나은 방법은 이 분야의 어떤 기술들이 가장 파괴에 민감한지를 생각하는 것이다. 파괴적 기술은 여러 산업에서 새로운 발판을 마련하기도 하는데, 이를 통해 적당히 좋은 것이 유용하고 현재 기술이 줄 수 없는 엄청난 혜택을 얻을 수 있다. 이것은 전문적인 역할에도 똑같이 적용된다. 통계학자나 수학 전문가가 업무를 수행하는 데 충분할 만큼의 프로그래밍 노하우를 제공해줄 수도 있다.

통계 왕국의 또 다른 사례는 대용량 데이터의 역할과 모델을 구축하는 것과 관련이 있다. 인구조사나 인구 데이터를 취급할 때 모든 데이터를 수집하고 처리하는 것이 통계적 샘플링의 종말을 뜻하는가? 데이터에서 사기 행위와 같이 비정상적인 부분을 찾는 것과 같은 제한된 경우에는 전체 대용량 데이터를 다루는 것이 유용하다. 하지만 통계 분석을 위해 데이터에서 통찰을 얻거나 상관관계를 계산하거나 데이터를 클러스터링할 때와 같은 경우에는 데이터 집합의 모든 레코드를 사용할 필요가 없다. 더 중요한 것은 통계학자는 어떤 종류의 질문을 해야 하고 데이터를 이용해 가장 강력한 이야기를 어떻게 전달하는지를 정확히 알고 있다는 것이다. 달리 말하면, 수백 기가바이트에 달하는 데이터를 수 초 내에 수집하고 처리하는 시대 이전에 중요했던 것들이 오늘날에도 여전히 중요하다는 것이다.

융합: 궁극의 데이터베이스

1970년대 초기, 현재 인터넷으로 알려진 것의 시초는 비호환 네트워킹 프로토콜의 집합이었다[50]. 초기 인터넷 개척자들은 다양한 프로토콜이 각기 기술적 장점이 있다는 점을 알았지만 따로따로 설계했기 때문에 서로 호환되지는 않았다. 다른 프로젝트에서 배운 경험으로 더 나은 프로토콜 패턴이 만들어졌다. 지금 친숙한 TCP/IP 프로토콜이 개발됐고 오늘날에도 광범위하게 사용되고 있다.

비슷한 패턴이 현재 데이터 기술 세계에서도 벌어지고 있다. 거대한 웹 규모의 데이터를 다뤄야 한다는 압박은 관계형 데이터베이스의 일관성 모델이 지닌 요구사항을 압도하기 때문에 종종 NoSQL 데이터베이스라고 하는 문서와 객체 저장소인 비관계형 데이터베이스가 진화하고 있다. 심지어 SQL을 이용하는 것에도 의문을 제기한다. 비관계형 저장소의 데이터를 질의하기 위해서는 프로그래밍 언어나 비표준 질의 언어를 이용해 맞춤형 함수를 구현하는 편이 더 적합하다. 그렇다고 해서 강력한 일관성이라는 개념에 반대하는 것은 아니다. 단지 특정 활용 사례에 대해서는 관계형 데이터베이스가 지닌 특징들을 항상 최우선적으로 지켜야 한다는 것은 아니라는 것이다.

만약 기술의 제약 없이 이상적인 데이터베이스를 만든다면 그것은 항상 가용하고 무한대로 확장 가능한, 클라우드에 있는 관계형 데이터베이스일 것이다. 이 데이터베이스는 표준 SQL을 지원하므로 새로 뽑은 분석 담당 직원이 다른 시스템을 사용하는 것을 다시 교육하지 않아도 된다. 이 데이터베이스는 수평적으로 확장 가능해서 많은 양의 데이터를 추가하더라도 질의는 매우 빠르게 실행되고

---

50 http://www.garykessler.net/library/tcpip.html#evol

웹 서비스를 통해 데이터베이스에 접근할 수 있다. 가장 중요한 것은 이 마법과도 같은 이상적인 데이터베이스는 대부분의 개발자들에게는 완전히 보이지 않고 잊혀질 것이라는 점이다. 이 데이터베이스는 안정적이고 신뢰할 수 있을 것이다. 다른 비즈니스 도구에서 기대할 수 있는 것처럼 그냥 작동할 것이다.

이처럼 항상 사용 가능하고 무한대로 확장 가능한 클라우드 내의 관계형 데이터베이스는 아직 존재하지 않는다. 다양한 데이터베이스 모델의 장점들이 교차되고 공유되기 시작했다. 웹 규모의 데이터를 다루는 관계형 모델의 제약사항 때문에 비관계형 데이터베이스 기술이 늘어났다. 시간이 지나면서 비관계형 데이터베이스의 핵심 설계 개념이 기존의 관계형 데이터베이스에도 나타나기 시작했고, 그에 반대되는 현상도 발생하고 있다. 어떤 관계형 데이터베이스는 분산 환경에서 운영하기 쉬워졌다. 확장 가능한 데이터베이스는 SQL 인터페이스가 제공하는 장점을 인지하기 시작했다. 오픈소스 데이터베이스인 리싱크DB(RethinkDB)가 적당한 예다. 리싱크DB는 스스로 "직관적인 질의 언어, 자동화된 병렬 질의, 그리고 간단한 관리"가 가능하다고 광고한다. 애플리케이션 백엔드에 최적화된 상용 데이터베이스 제품인 파이어베이스(Firebase)는 "실시간 협업 애플리케이션을 지원하도록 설계된 클라우드 데이터베이스"라고 주장한다. 시터스DB(CitusDB)의 SQL on Hadoop 제품은 또 다른 예다. 시터스DB는 PostgreSQL 인스턴스를 개별 하둡 데이터 노드에서 실행함으로써 사용자가 값비싼 맵리듀스 잡을 실행하지 않고도 질의할 수 있다.

마지막으로 다른 예는 맵리듀스 패러다임뿐 아니라 비관계형 데이터베이스 모델의 초기 아이디어를 최초로 설명한 논문을 공개한 회사에서 나왔다. 구글의 새로운 F1 데이터베이스는 스패너(Spanner) 상에 구축됐고 공개된 논문[51]에 잘 설명돼 있다. 이 데이터베이스는 세계에 존재하는 최고의 기술들을 결합하는 트렌드의 한 예나. 간단히 설명해서 F1은 여러 데이터 센터에 지리적으로 분산된 스패너 스토리지 레이어를 활용해 강력한 일관성 모델을 구축하는 관계형 데이터베이스다. 이러한 전 세계적인 규모의 일관성은 데이터를 완벽히 커밋하는 시간을 대가로 만들어졌지만 스패너를 사용하는 프로그램의 애플리케이션 레이어에서 사용하는 기법들은 지연을 최소화한다. 스패너가 사용하는 질의 언어는 SQL의 변종인데, 이는 사용자들의 강력한 요구 때문이라고 논문에서 밝히고 있다.

---

51 http://static.googleusercontent.com/external_content/untrusted_dlcp/research.google.com/en/us/archive/spanner-osdi2012.pdf

미래에는 계속되는 효용 및 성장을 위한 최소한의 기능으로 수렴하는 인기 있는 데이터베이스 기술 도구가 만들어질 것이다. 이 진화의 끝은 적당히 좋은 데이터 솔루션들이 대중화되고 신뢰할 수 있으며 보이지 않게 되는 시대일 것이다.

문화의 융합

현재 데이터 기술은 캄브리아기와 같은 진화적 교체기를 지나고 있는데, 한 가지 흥미로운 필연적 결과를 목격할 수 있다. 이 책의 공통 주제는 데이터 웨어하우스와 비즈니스 분석가가 활동하는 전통적인 엔터프라이즈 세계와 하둡과 같은 개발자 중심의 맵리듀스 기반 도구 세계 사이의 긴장이다. 이 충돌은 오픈소스와 독점 데이터베이스 제품 사이에서 일어날 때가 많다. 이러한 문화적 사일로는 조직의 데이터에서 최대한의 가치를 얻는 것을 방해하는 물리적 사일로를 반영한다.

예를 들어, 첨단 분석형 데이터베이스에서 SQL-92와의 호환성이 부족해서 당황하는 스타스키마 세계의 전문가를 본 적이 있다. 심지어 이 시스템은 테라바이트 규모의 데이터를 갈기갈기 찢어놨다. 또한 분석가들이 왜 데이터베이스에서 어떤 객체도 기술할 수 있는 특정 스키마를 제공해 주기를 바라는지 의아해 하면서 샤딩되고 스키마가 없는 몽고DB 문서 저장소를 사용하는 웹 개발자들을 본 적이 있다. 이러한 효용에 관한 논쟁에서 현실은 모두가 일부는 옳다는 것이다. 상호운용 가능한 시스템이 최고의 가치를 지닌다. 지금 우리가 목격하고 있는 주된 풍경은 서로 다른 요새에 있는 사용자들이 벽 위로 몰래 들여다보면서 서로를 감시하고 다른 시스템은 어떻게 작동하는지 질문하고 있는 모습이다.

정리

데이터 분석 기술의 상태는 혁신적이고 빠르게 변하고 있지만 미래의 트렌드를 밝히는 데 도움이 되는 패턴들이 등장하고 있다. 웹과 모바일 애플리케이션을 지원하는 솔루션으로서의 유틸리티 컴퓨팅의 성장은 분명 사용자 데이터와 이 데이터를 클라우드 내에서 처리하는 애플리케이션을 이끌고 있다. 그 결과, 완전히 클라우드 내에서 작동하는 새로운 애플리케이션이 늘어나고 있다. 많은 양의 데이터를 만들어내는 이 같은 애플리케이션뿐 아니라 이러한 데이터를 처리하는 도구도 유틸리티 컴퓨팅 자원으로 구축된다.

아파치 하둡 프로젝트는 빅데이터 솔루션 주변의 기술 과잉과 동의어로 자리 잡았다. 거대한 사용자 기반과 지원 기업의 증가로 하둡 생태계는 엔터프라이즈에 친화적이고 기존의 비즈니스 분석 도구와 상호운용하게끔 확실히 성장 및 진화하고 있다. 하지만 하둡 생태계 상에 구축된 도구가 항상 데이터 도전과제에 대한 최고의 해결책은 아니다. 다시 말해, 특정 활용 사례에 맵리듀스 프레임워크를 사용하려고 할 때 기술의 빠른 발전으로 해당 사례에 더 적합한 다른 종류의 데이터 도구가 이미 등장하고 있다는 의미다. 새로운 분산 분석형 데이터베이스의 증가는 주요 데이터 이정표에 추가될 수 있을 만한 비맵리듀스 기술의 좋은 예다. 이 같은 통찰은 사람들이 맵리듀스를 사용할 때나 관계형 데이터베이스나 스프레드시트 같은 전통적인 도구를 사용할 때 가장 좋은 실행 방안이 무엇인지를 이해하는 데 유용하다.

이 분야에 종사하는 개발자, 분석가, 시스템 관리자의 역할 또한 변화한다. 단기적으로는 올바른 질문을 하고, 답변을 찾는 데 필요한 다양한 도구를 활용할 수 있는 기술적 능력까지 갖춘 전능한 데이터 과학자에 대한 수요가 증가할 것이다. 일반적으로 데이터로 이야기를 만늘고 전달하는 역할은 하둡 같은 도구 이전과 같은 상태로 남아있다. 통계학자, 응용수학자, 모델 아키텍트 및 연구자에 대한 수요가 증가할뿐더러 앞으로 더 중요해질 것이다. 현재 데이터 과학으로 간주되는 가상 서버 관리와 같은 기술적인 관리 업무는 자동화된 소프트웨어로 대체될 것이다.

데이터 기술의 또 다른 흥미로운 트렌드는 단독으로 개발됐던 다양한 데이터 기술들이 수렴하리라는 것이다. 맵리듀스, 비관계형 데이터베이스, 클라우드 기술 등에 충분한 경험을 지닌 사용자 층이 증가하고 있고, 전 세계에서 가장 좋은 것만 합친 도구를 요구하기 시작했다. 다양한 기술의 가장 좋은 기능들은 점차 다른 기술에도 등장할 것이다. 새로운 비관계형 데이터베이스는 관계형 데이터베이스의 특징들을 수용하고 있다. 비즈니스 지향적인 ETL 도구는 맵리듀스 프레임워크와 통합되고 있다. 마침내 주요 데이터 소프트웨어에 수많은 데이터 기술 모델의 가장 좋은 특징들이 통합되는 시점이 오기를 기대할 수 있다. 지금 혁신적인 것은 나중에는 흔해지고 많은 사용자에게 감춰질 것이다.

마지막으로 전통적인 비즈니스 분석가, 통계학자, 데이터 애플리케이션 개발자와 다른 많은 사람들 간의 문화적 충돌이 용광로에서 녹아서 합쳐지는 모습을 목격하는 것은 흥미로울 것이다. 통계학자 들은 대용량 데이터를 다루는 것의 장단점에 관해 논쟁하고 있다. 연구자들은 과거에는 웹 기업에 서만 활용했던 도구들을 사용할 수 있다. 비즈니스 분석가들은 하둡 전문가들과 어떻게 잘 협업할 수 있을지 고민하고 있다. 많은 프로젝트와 스타트업에서는 이러한 공간 사이의 틈을 채우려고 경 쟁하고 있다. 다양한 기술을 조합해서 사람들이 데이터에 관해 올바른 질문을 하고 최선의 답변을 찾기 위해 최적의 기술을 사용하는 방법을 배우게 되길 바란다.